浙江省党的创新理论"走心工程"系列丛书

XINSHIDAI QINGNIAN LILUN XUANJIANG DE
LONGYOU SHIJIAN

新时代青年理论宣讲的龙游实践

李梦云 金敏军 等◎著

浙江工商大学 出版社
ZHEJIANG GONGSHANG UNIVERSITY PRESS

·杭州·

图书在版编目(CIP)数据

新时代青年理论宣讲的龙游实践 / 李梦云等著. —
杭州:浙江工商大学出版社,2024.1(2025.4重印)
ISBN 978-7-5178-5473-9

Ⅰ. ①新… Ⅱ. ①李… Ⅲ. ①青年—思想政治教育—
经验—龙游县 Ⅳ. ①D432.62

中国国家版本馆 CIP 数据核字(2023)第092323号

新时代青年理论宣讲的龙游实践
XINSHIDAI QINGNIAN LILUN XUANJIANG DE LONGYOU SHIJIAN

李梦云 金敏军 等 著

责任编辑	金芳萍
责任校对	李远东
封面设计	望宸文化
责任印制	屈 皓
出版发行	浙江工商大学出版社
	(杭州市教工路198号 邮政编码310012)
	(E-mail:zjgsupress@163.com)
	(网址:http://www.zjgsupress.com)
	电话:0571-88904980,88831806(传真)
排 版	杭州朝曦图文设计有限公司
印 刷	浙江全能工艺美术印刷有限公司
开 本	710 mm×1000 mm 1/16
印 张	17.25
字 数	283千
版 印 次	2024年1月第1版 2025年4月第3次印刷
书 号	ISBN 978-7-5178-5473-9
定 价	72.00元

序　一

习近平总书记《在纪念五四运动 100 周年大会上的讲话》指出："无论过去、现在还是未来,中国青年始终是实现中华民族伟大复兴的先锋力量!"青年是国家的未来、民族的希望。青年蕴含着巨大的创造力和开拓力。让青年开辟党的创新理论宣传新格局,用青春的朝气绽放真理之光,是新的百年征程上,推动党的创新理论实现大众化的关键之举。

党的十八大以来,习近平总书记高度重视党的宣传思想工作,先后做出一系列重要指示,提出一系列明确要求,强调要让党的创新理论"飞入寻常百姓家",强调"积极探索有利于破解理论宣传工作难题的新举措新办法"。

理论与"后浪"碰撞,回荡起时代的"潮音"。2019 年 9 月以来,浙江省衢州市龙游县紧紧围绕让党的创新理论"飞入寻常百姓家"的重要课题,从青年的思想认识规律出发,积极搭建平台,培育宣讲团队,创新组建 8090 新时代理论宣讲团①,透过青年视野、青年思维、青年话语,期冀青年人把党的创新理论讲给青年人听,让更多青年人受教育、受洗礼,成长为担当民族复兴大任的时代新人。

新思想引领新时代,新征程凝聚新力量。自龙游县 8090 新时代理论宣讲团成立以来,从龙游到整个三衢大地,一场场青春四溢的宣讲活动持续接力,青年宣讲员们在火热的实践中迅速成长。从田间地头到工厂车间,从村口巷尾到校园课堂,从机关讲台到社区广场,青年宣讲唱响三衢大地,成为浙江打造"重要窗口"、建设共同富裕示范区的理论宣讲"金名片"。

《新时代青年理论宣讲的龙游实践》是李梦云、金敏军两位同志带领的团队对龙游县新时代青年理论宣讲实践活动的总结分析,是系统总结新时代青年理

---

① 本书中的"8090"用以形容出生于 20 世纪 80 年代与 90 年代的青年群体。"8090 新时代理论宣讲团"是以"80 后""90 后"为主体力量的青年理论宣讲队伍。

论宣讲的通俗性与学术性兼具的成果。全书行文流畅、逻辑缜密，从宣讲队伍打造、宣讲技巧应用、宣讲工作保障等多方面进行了总结阐述，我读后很有收获。在我看来，本书不仅可以帮助从事宣讲工作的青年人快速提升宣讲能力，更处处充满着教育工作者育人至上、未来至上的情怀。这本思想性、理论性、实践性俱全的读物，解开了新时代青年理论宣讲工作的密码。

本书对浙江省衢州市龙游县开展的新时代青年理论宣讲工作做了系统梳理，具有重要的学术价值、实践价值。学术价值表现在通过加强对中国共产党基层宣传工作的研究，可以发现并提炼出党的基层宣传工作一般性的规律，使之上升到理论高度，在为党的基层宣传工作实践提供直接的指导思想的同时，也可以更好地继承和发展马克思主义的宣传理论；实践价值表现在本书可以作为基层工作者学懂弄通做实党的创新理论的辅导读本，有助于深化基层工作者对宣传思想工作的规律性认识，贯彻落实党对意识形态工作的领导权，贯彻落实宣传思想工作"两个巩固"的根本任务，贯彻落实用习近平新时代中国特色社会主义思想武装全党、教育人民，形成推动中华民族伟大复兴的更基本、更深沉、更持久的力量。

本书基本上做到了雅俗共赏、深入浅出。作者对习近平总书记关于宣传思想工作的重要思想的把握是准确的，论述是紧贴基层工作实际、群众生活实际的，可以帮助广大基层工作者做好基层理论宣讲工作。

中国特色社会主义已经进入新时代，这是一个中国由大国成为强国的时代。强国时代需要进行具有许多新的历史特点的伟大斗争，这场斗争既包括硬实力的斗争，也包括软实力的较量。随着我国经济持续健康发展、综合国力不断提升，中国在国际上的影响力也在不断提升，成为世界舞台上举足轻重的力量；国际社会对中国的关注也在不断加深，中国道路愈来愈成为人们研究的对象。这就要求我们因时而动、顺势而为，开展好中国特色社会主义宣传教育，讲好中国故事、传播好中国声音，把全国各族人民团结和凝聚在中国特色社会主义伟大旗帜之下，激发全社会团结奋进的强大力量，为全面建设社会主义现代化国家、实现中华民族伟大复兴提供强大的精神力量和有力的道德支撑。

初心易得，始终难守。希望龙游县8090新时代理论宣讲团能始终如一，不负时代、不负韶华，以坚持真理的骨气、坚守理想的底气把党的创新理论送进千家万户。马克思主义理论研究需要百花齐放，需要人才辈出，需要更多高质量高水平的成果。希望更多的青年人在学习研究宣传习近平新时代中国特色社会主义思想的进程中成长、成才。

是为序。

韩庆祥

2022 年 10 月 16 日

序　二
红色后浪燃星火　理论宣讲聚人心

龙游是一方红浪滚滚的热土，是青年理论宣讲工作闪耀的新星。2020年6月，浙江省衢州市8090新时代理论宣讲团得到了习近平总书记的批示肯定，这带给我们无上荣光。青年理论宣讲工作更是被推升到了全新的高度，被赋予了特殊而重大的时代意义。

三年多来，我们始终牢记使命嘱托，坚决扛起责任担当，站在"广泛传播伟大思想"的政治高度、"赢得青年赢得未来"的历史维度，持续推进青年理论宣讲工作迭代升级，倾力打造以"80后""90后"为主体力量的青年理论宣讲队伍，不断激发出青年理论宣讲工作的创造性张力，让党的创新理论源源不断地"飞入寻常百姓家"。青年理论宣讲的声音响彻龙游大地、传向祖国各地，逐渐形成了一批具有龙游特色的实践成果、理论成果、制度成果，为浙江奋力打造"重要窗口"贡献出积极的力量。

播下思想火种，聚起奋进力量。通过青年理论宣讲打通理论宣传"最后一公里"，让理论与"后浪"碰撞，在兼顾思想广度、理论深度和情感温度的青年理论宣讲中，培养出大批能把马克思主义中国化讲好的人才，推动党的创新理论深入一线、深入群众、深入人心、"飞入寻常百姓家"，从而实现政治思想与社会价值的交相辉映，这是立足现实需要、回应时代关切的凝心聚力工作，是一项非常有意义有意思的融心铸魂工程。

同样让我感到有意义的是，在习近平总书记批示浙江省衢州市8090新时代理论宣讲团工作三周年之际，在"八八战略"实施二十周年之时，《新时代青年理论宣讲的龙游实践》一书即将付梓出版。这是一部系统总结、生动反映龙游积极探索实践新时代青年理论宣讲工作的精品力作，也是龙游在"八八战略"实施二十周年之际献出的一份厚礼，对县域更好地找准实施推广新时代青年理论宣讲工作成功密码,对帮助广大基层工作者更好地学懂弄通做实党的创新理论、做好基层理论宣讲工作,都极具借鉴意义。

前进的步伐永无懈怠,理论的传播永不停歇。党的二十大号召全党要把青年工作作为战略性工作来抓,用党的科学理论武装青年,用党的初心使命感召青年,做青年朋友的知心人、青年工作的热心人、青年群众的引路人。龙游将一如既往支持重视青年工作,持续推进青年理论宣讲工作扬帆再起航、迈上新台阶,不断深化青年发展型县域建设,推动青年思想向行动转化、宣讲向创造跃升,引导激励广大青年敢为、敢闯、敢干、敢首创,为以中国式现代化的龙游实践加快推进区域明珠城市建设,汇聚起逐浪前行的澎湃动力,形成更多龙游经验,展现更多龙游精彩!

是为序。

中共龙游县委书记　祝建东

2023 年 9 月 21 日

前言：缘起

　　"这些小老师的课讲得真好！不但把党中央的方针政策和精神传达明白了，还用小案例提醒我们警惕保健品骗局、网络诈骗等，非常有用！""在溪口待了这么久，第一次从宣讲里听到本地的地名故事，很有意思，听完了想再看看你的稿子。"群众的赞许，让宣讲员受到鼓舞。正是深厚的群众土壤，使得龙游县8090新时代理论宣讲团不断发展壮大，成为宣讲思想战线上亮丽的风景线。

　　2019年9月，浙江省衢州市龙游县牢牢把握青年的思想认识规律，创新组建8090新时代理论宣讲团，让党的创新理论"飞入寻常百姓家"。宣讲团自成立以来，积极搭建平台，培育宣讲团队，打造特色品牌，提升青年理论宣讲的感染力和吸引力、针对性和实效性，让新思想在青年群体中内化于心、外化于行，促进青年成长为担当民族复兴大任的时代新人，在群众中引起良好反响。相关事迹获得央视、《光明日报》等国内主流媒体关注报道。

　　2020年6月，习近平总书记对浙江省衢州市8090新时

◎《光明日报》2020年5月18日第5版刊发《青春力量让创新理论飞入寻常百姓家》

代理论宣讲团做出重要批示。多
位中央领导和省、市领导也相继做
出了一系列指示要求。宣讲团所
有工作人员倍感荣耀、倍受鼓舞。
三年多来,在浙江省委、衢州市委
引领部署下,省、市新时代青年理
论宣讲工作现场会先后在龙游召
开。会上积极总结青年理论宣讲
的龙游经验,以龙游县8090新时代
理论宣讲工作为实践样本,在衢州
市全市域体系化推进青年理论宣
讲工作。在省、市各级部门的合力
推动下,衢州市全市域推广青年理
论宣讲取得重大进展,衢州市8090
新时代理论宣讲团获评全国"基层
理论宣讲先进集体",成为宣传思
想战线上一个具有浙江辨识度的

◎ 2020年11月6日,全国基层理论宣讲先进典型表彰会在北京举行。宣讲员李陈代表衢州市8090新时代理论宣讲团领取"基层理论宣讲先进集体"荣誉奖牌,并做现场交流发言

标志性成果。在众多媒体的大量报道和传播中,"8090新时代理论宣讲团"也成为被社会高度关注的热词。龙游县作为8090新时代理论宣讲工作的发源地,自觉扛起"当好样本、走在前列"的政治担当,薪火传承再出发,持之以恒深化青年理论宣讲工作,唱响新时代的青春之歌,奋力打造浙江省新时代青年理论宣讲样本县。

读懂青年理论宣讲的龙游实践,首先要读懂新时代龙游县开展青年理论宣讲工作的理念。当今世界正经历百年未有之大变局,我国正处于实现中华民族伟大复兴关键时期,信息传播也已进入实时性、交互性、平等性日益明显的微时代。人们思想更加活跃,更渴望在理论中寻找民族自豪感和身份认同感。"加强传播手段和话语方式创新,让党的创新理论'飞入寻常百姓家'"成为新时代党中央对宣传思想战线开展理论宣讲工作的新要求。国家的希望在青年,民族的未来在青年,加强对青年群体的思想引领,是一项事关长远、事关全局、事关未来的战略工程。龙游县组建以青年为主体的8090新时代理论宣讲团，选取人民群众身边的事为宣讲素材，运用生动有趣、机动灵活的微宣讲方式，坚持"用青年人的话语讲好党的创新理论"，增强党的创新理论宣讲的吸引力、影响力和凝聚力，让青年人成为传递新时代好声音的主角，让青年人成为信仰信念的播种机，让理论宣讲成为凝聚青春力量、锻造优秀青年的大熔炉。质言之，龙游县8090新时代理论宣讲团开展的青年理论宣讲，就是要让青年人做党的创新理论的坚定信仰者、有力传播者和忠实践行者。

读懂青年理论宣讲的龙游实践，其次要掌握新时代龙游县开展青年理论宣讲工作的精髓。开展好青年理论宣讲工作，理念创新是前提，手段创新、方法创新、机制创新是保证，要以思想认识新飞跃打开工作新局面。龙游县8090新时代理论宣讲团开展的青年理论宣讲，在内容上，以小故事阐释大道理，以小话题反映大主题，以小切口讲政策、讲理论，用身边的鲜活案例讲发展、讲变迁，通过谈身边事、说家常话，把理论宣讲"落细、落小、落地"，做到"上接天线、下接地气"；在方式上，以线下线上全媒体互动并进的方式，借助富有时代特色的新手段、新载体，推动青年理论宣讲实现形象化、大众化；在组织上，通过打造队伍、课程、场景、管理、实践、保障等六大运行体系，推动青年理论宣讲高质量发展。质言之，龙游县8090新时代理论宣讲团开展的青年理论宣讲，就是以青年人为宣讲主体，以围绕中心、服务大局为基本职责，找准工作的切入点，在不固定的传播场域，运用灵活机动的宣讲手段，高质量开展短时间、大主题的理论宣讲活动。

读懂青年理论宣讲的龙游实践，最后要读懂新时代龙游县开展青年理论宣讲工作的未来走向。中国特色社会主义进入新时代，新时代党的理论创新每前进一步，理论武装就要跟进一步。新时代青年理论宣讲，要把学习贯彻党的创新理论作为思想武装的重中之重，同学习马克思主义基本原理贯通起来，同学习党史、新中国史、改革开放史、社会主义发展史结合起来，同新时代我们进行伟大斗争、建设伟大工程、推进伟大事业、实现伟大梦想的丰富实践联系起来，在学懂弄通做实上下苦功夫，在解放思想中统一思想，在深化认识中提高认识，切实增强贯彻落实的思想自觉和行动自觉。新形势下，龙游县8090新时代理论宣讲团必须以习近平新时代中国特色社会主义思想为指导，增强"四个意识"、坚定"四个自信"、做到"两个维护",自觉承担起举旗帜、聚民心、育新人、兴文化、展形象的使命任务,坚持正确的政治方向,不断提高宣讲工作质量和水平,推动青年理论宣讲工作向实践学习、向生活学习、向群众学习,让新时代青年理论宣讲工作实起来、活起来、受欢迎,用青春的声音让党的创新理论飞越城乡山川。

习近平新时代中国特色社会主义思想是马克思主义中国化最新成果,是中国共产党吸引当代青年的真理之光。坚持不懈地用习近平新时代中国特色社会主义思想教育引导青年,在青年一代中构筑起强大的精神支柱,既是新时代开展青年理论宣讲首要的政治任务和核心业务,也是新时代青年理论宣讲工作的主题主线。本书简要回顾了龙游县8090新时代理论宣讲团工作开展的背景,记叙了在浙江省委、衢州市委和龙游县委的坚强领导下,在各级党组织的带领下,宣讲团不断健康成长、发展壮大的历程,较为翔实地记述了宣讲团打造具有龙游辨识度的理论宣讲模式的生动历程。

作为一本介绍青年理论宣讲工作的读物,本书的出版有利于我们深入学习宣传贯彻党的二十大精神,有利于我们深化对宣传思想工作的规律性认识,不断提高青年理论宣讲工作的引导力、影响力,有利于理论宣传者不断提升能力和水平,讲好中国故事、传播好中国声音,开创理论宣讲工作新局面。这对新时代背景下推动党的宣传思想工作开展具有重要意义。

目 录
CONTENT

第一章

使命:新时代宣传新思想

一个时代有一个时代的主题,一代人有一代人的使命。新时代是属于奋斗者的时代,新思想是引领新时代的伟大旗帜,新征程是实现中华民族伟大复兴的征程。当今世界正处于百年未有之大变局,国内外环境复杂多变,我国发展处于重要的战略机遇期,处于实现中华民族伟大复兴战略的关键期。中国共产党作为执政党,在处理改革、发展、稳定的关系方面、在应对矛盾风险挑战方面,在提升治国理政能力方面,都面临前所未有的重大考验。在全面建设小康社会取得决定性成就的基础上,全党全国各族人民要在迈向第二个百年奋斗目标、实现中华民族伟大复兴的新征程中赢得优势、赢得主动、赢得未来,就必须高举习近平新时代中国特色社会主义思想伟大旗帜,坚持不懈地用新时代中国特色社会主义思想武装全党、教育人民、推动工作,在学懂弄通做实上下功夫,推动当代中国马克思主义、21世纪马克思主义深入人心、落地生根。

第一节 | 时代潮头的思想先声

党的二十大明确提出，新时代新征程中国共产党的使命任务就是"团结带领全国各族人民全面建成社会主义现代化强国、实现第二个百年奋斗目标，以中国式现代化全面推进中华民族伟大复兴"[①]。"全面建设社会主义现代化国家，必须坚持中国特色社会主义文化发展道路，增强文化自信，围绕举旗帜、聚民心、育新人、兴文化、展形象建设社会主义文化强国，发展面向现代化、面向世界、面向未来的，民族的科学的大众的社会主义文化，激发全民族文化创新创造活力，增强实现中华民族伟大复兴的精神力量。"[②]

党的二十大锚定了新时代宣传思想工作的新使命和新坐标，那就是要准确把握世界范围内思想文化相互激荡、我国社会思想观念深刻变化的趋势，加强宣传思想工作，要用党的创新理论武装全党、教育人民、指导实践，高度重视传播手段建设和创新，坚持以社会主义核心价值观引领文化建设，注重用社会主义先进文化、革命文化、中华优秀传统文化培根铸魂，广泛开展中国特色社会主义和中国梦宣传教育，推动理想信念教育常态化制度化，结合新的时代条件讲好中国故事、中国共产党故事，传播好中国声音，为新时代开创党和国家事业新局面提供坚强的思想保证和强大的精神力量，这是宣传思想文化战线的头等大事和使命任务。

青年强，则国家强。青年是整个社会力量中最积极、最有生气的力量。龙游县8090新时代理论宣讲团着眼于将青年人培养为开展思想理论宣讲工作的主体，用青春召唤青春，让青年人成为学的主角、讲的主力、听的主体，让青年人

---

① 习近平：《高举中国特色社会主义伟大旗帜　为全面建设社会主义现代化国家而团结奋斗——在中国共产党第二十次全国代表大会上的报告》，北京：人民出版社，2022年，第21页。
② 习近平：《高举中国特色社会主义伟大旗帜　为全面建设社会主义现代化国家而团结奋斗——在中国共产党第二十次全国代表大会上的报告》，北京：人民出版社，2022年，第42—43页。

在宣讲中学习、在学习中宣讲,学习理论知识、学习实践经验,坚定理想信念、锤炼党性修养,增强与群众交流的本领、提升做群众工作的能力,让年轻人引领社会风向,用年轻人的话语体系凝聚青春正能量,用年轻人的视角和表达方式,把党的创新理论传播到群众中去,为党的创新理论插上"青春"的翅膀,真正把宣传党的理论与满足群众需求结合起来,让党的创新理论成为群众离不开的主心骨、定盘星。

一、唱响新时代的青年理论宣讲

2020年11月8日,在龙游县石角村文化礼堂里,8090新时代理论宣讲团成员正向村民们宣传党的十九届五中全会精神。宣讲结合村里的发展实际,既通俗易懂又生动有趣,在座的每个人都听得十分认真。村民们纷纷表示:"这样的宣讲接地气,我们爱听。"年轻人的声音,让党的发展政策和创新理论"飞入寻常百姓家",让人民群众了解了党和国家的发展蓝图。

(一)青年理论宣讲的形势与挑战

理论宣讲活动是一定的组织通过传播思想理论或者开展实践活动,对人们的思想和行为产生实际影响的精神交往活动。中国共产党成立至今百余年的发展历程中,中国共产党人把马克思主义基本原理同中国革命、建设和改革的具体实践相结合,在完成马克思主义在中国两次飞跃的基础上,实现了新时代马克思主义中国化新的飞跃,马克思主义中国化理论成为中国革命、建设和改革的强大思想武器。1949年中华人民共和国成立至今,中国共产党领导中国人民经历70余年的风雨沧桑,找到了适合自己的发展道路,中华民族实现从站起来到富起来再到强起来的伟大飞跃,这也是整个人类历史上第一次,一个社会主义国家成功实现了和平崛起。可以说,马克思主义的命运已经深深融入中国共产党的命运、中国人民的命运和中华民族的命运。

着重加强理论宣讲工作,开展思想建设,是中国共产党把马克思主义与中国革命实践紧密结合的一大创造,是中国共产党一以贯之的建党思想,也是中国共产党带领中国人民不断取得革命、建设和改革胜利,使古老的东方大国中国创造了人类历史上前所未有的发展奇迹的重要原因。

早在1929年,毛泽东就在《中国共产党红军第四军第九次代表大会决议案》中明确提出:"红军宣传工作的任务,就是扩大政治影响争取广大群众。由这个宣传任务之实现,才可以达到组织群众、武装群众、建立政权、消灭反动势力、促进革命高潮等红军的总任务。所以红军的宣传工作是红军第一个重大工作。若忽视了这个工作,就是放弃了红军的主要任务,实际上就等于帮助统治阶级削弱红军的势力。"①对于中国共产党人来说,思想理论宣传工作是开展革命斗争、克敌制胜的重要武器,需要站在军事战略的高度来把握思想理论宣讲工作。

党的十八大以来,中国特色社会主义进入新时代,我国进入新发展阶段,这是以习近平同志为核心的党中央依据国内经济社会发展特征和国际格局变化做出的重大判断。

新时代孕育新思想,"面对改革发展稳定复杂局面和社会思想意识多元多样、媒体格局深刻变化,在集中精力进行经济建设的同时,一刻也不能放松和削弱意识形态工作,必须把意识形态工作的领导权、管理权、话语权牢牢掌握在手中,任何时候都不能旁落,否则就要犯无可挽回的历史性错误"②。开展社会主义现代化建设,推动实现中华民族伟大复兴,要按照高举旗帜、围绕大局、服务人民、改革创新的总要求,做好宣传思想工作,加强社会主义文化建设,壮大主流思想舆论,重点推动统一思想、凝聚力量。但同时我们也应该看到,新时代开展思想力量宣讲工作,既面临前所未有的机遇,也面临前所未有的挑战。这些挑战对新时代开展好青年理论宣讲工作提出了更多更高的要求,需要有志青年肩负起时代重任,做好思想理论宣讲工作。

首先,国内形势错综复杂,推动实现中华民族伟大复兴,需要通过开展思想理论宣讲统一思想、凝聚力量。

新时代,随着改革开放的不断深入,社会经济快速发展的同时,也使利益格局和人们的生活方式发生了深刻的变化,这些变化也推动了人们思想的多元化发展。物质财富的不断丰富,使人们对精神文化生活的需求上升到了新的更高

---

① 中共中央文献研究室编:《毛泽东文集》(第一卷),北京:人民出版社,1993年,第96页。
② 习近平:《论党的宣传思想工作》,北京:中央文献出版社,2020年,第21页。

层次。党的十九大报告明确指出,新时代我国社会主要矛盾是人民日益增长的美好生活需要和不平衡不充分的发展之间的矛盾。换言之,由于经济的快速发展,我们尚未形成与经济发展水平相匹配的社会保障体系,使得各种社会矛盾和问题不断显现。收入差距大、房价高、看病难、教育不公等问题凸显,食品安全、药品安全、交通安全、环境安全等难以有效保障,各类社会热点问题多发频发,牵动着每一个人的神经。人们的社会经济生活在遭受各种问题困扰的同时,人们也容易因某一事件或某些偏激思潮的鼓动,出现过激行为,使个别社会问题升级为群体性事件。

2019年末,新冠疫情的出现,给我国社会经济发展带来前所未有的冲击,也深刻影响着人们的日常生活和心理心态。习近平总书记明确指出:"我国经济正处在转变发展方式、优化经济结构、转换增长动力的攻关期,经济发展前景向好,但也面临着结构性、体制性、周期性问题相互交织所来带来的困难和挑战,加上新冠肺炎疫情冲击,目前我国经济运行面临较大压力。"①当前我国正处于实现中华民族伟大复兴的关键时期,面对国内经济社会发展新形势,如果不能对广大人民群众进行正确的思想引导,尤其是对代表祖国发展未来的青年群众进行正确的思想引领,则有可能使青年群众被一些别有用心的人加以利用,引发群体性事件,削弱党执政的政治基础,最终不利于社会经济发展,不利于实现中华民族伟大复兴。因此,通过开展思想理论宣讲,引导广大人民群众以及青年群体正确认识改革发展过程中出现的矛盾和问题,做好答疑解惑工作,既是解决人民群众现实思想问题的需要,也是在推动社会主义现代化建设过程中强信心、聚民心的需要。

其次,国际局势风云变幻,我国正经历百年未有之大变局,需要通过开展思想理论宣讲提升国际影响力、增强国际话语权。

随着新一轮科技革命和产业变革深入发展,当今世界也正经历百年未有之大变局,一方面世界多极化、经济全球化、文化多元化等向纵深发展,全球治理体系和国际秩序变革加速推进,国家之间相互联系和相互依存日益加深;另一

---

① 习近平:《坚持用全面辩证长远眼光分析经济形势 努力在危机中育新机于变局中新开局》,《人民日报》2020年5月24日,第1版。

方面,世界经济增长动能不足,贫富分化日益严重,地区热点问题此起彼伏,恐怖主义、气候变化、重大传染性疾病等威胁人类生存安全的问题持续蔓延,人类社会发展面临诸多挑战。可以说,面对日益复杂的国际局势,各种不确定性、不稳定性明显增加。从国家发展的外部环境来说,中国发展既充满了希望和机遇,也充满了风险和挑战。

随着中国综合国力不断增强,中国也日益走近世界舞台中央,国际社会的目光空前聚焦中国。在国际上大多数国家积极寻求跟中国合作发展的同时,也不乏部分西方国家在经贸、科技及人员交往等诸多领域对中国限制打压,妄想阻碍中国崛起。在政治上,部分西方国家将中国的和平崛起视为对其价值理念和制度文化的威胁,想方设法攻击中国特色社会主义道路,攻击我国的制度、文化,试图通过意识形态和价值观念渗透,诱导广大人民群众,尤其是青少年群体,使其淡化政治意识、丢失理想信念和民族传统,脱离中国共产党领导,抛弃马克思主义科学理论,转而学习西方价值理念和生活方式。在经济上,世界经济增长持续放缓,加之受新冠疫情影响,世界经济复苏更加艰难曲折,发展的不平衡问题更加突出,"逆全球化"思潮涌动,保护主义、单边主义持续蔓延,全球经济不确定性明显增加。世界主要发达国家妄图通过实施贸易壁垒、制造经济摩擦掌握发展主动权,从我国攫取更多发展利益。在文化上,不少西方媒体持政治偏见,歪曲报道中国。虽然我国综合实力不断提升,但我国的发展优势和综合实力尚未有效转化为话语优势。尤其是新冠疫情期间,面对中国与国际社会的友善互动,部分西方政客和媒体给中国的医疗救助行动"贴标签",抹黑中国。习近平总书记强调:"落后就要挨打,贫穷就要挨饿,失语就要挨骂。"①新形势下,推动实现中华民族伟大复兴,需要统筹世界百年未有之大变局,积极推动构建人类命运共同体,扩大中华文化影响力,推动国际传播能力建设,讲好中国故事,向世界展现真实、全面的中国,为中国发展营造和谐稳定的外部环境。

历史和现实反复证明,只有国家的物质力量和精神力量都增强,人民群众的物质生活和精神文化生活都得到满足,中国特色社会主义事业才能得到顺利推进。因此,我们在集中精力进行社会主义现代化建设的同时,一刻也不能放

① 习近平:《在全国党校工作会议上的讲话》,《求是》2016年第9期。

松意识形态领域的建设。

党的创新理论是与中国特色社会主义建设实践相结合不断发展的理论成果,符合中国社会经济发展的实践需要,是推动实现中华民族伟大复兴的行动指南,是践行全面建设社会主义现代化国家的理论基础。

思想是行动的先导,宣传是聚力的号角。在推动实现中华民族伟大复兴和中国特色社会主义现代化建设的过程中,没有思想的统一,就不可能有步调一致的行动;没有力量的凝聚,就不可能有攻坚克难的勇气。伟大的思想只有与伟大的时代同频共振,才能相辅相成,我们只有把科学的思想理论转化成认识世界和改造世界的物质力量,才能形成磅礴的思想伟力引领时代发展前进。推动中国特色社会主义不断向前发展,践行第二个百年奋斗目标,需要我们立足新阶段、找准新方位、锚定新坐标,守正创新、担当作为,推动开展青年理论宣讲工作,以更加适应群众口味的方式推动党的创新理论为广大群众所吸收掌握,使广大人民群众高质高效地理解掌握党的创新理论,形成推动社会发展的强大精神力量。

龙游县8090新时代理论宣讲团自觉肩负起推动中华民族伟大复兴的使命任务,紧紧围绕党中央重大决策部署,把握大局大势大事,既深入宣讲党的理论和路线方针政策,宣讲党中央关于形势的重大分析判断,又生动宣讲各地各部门和人民群众的火热实践,讲好中国故事,讲好中国共产党故事,讲好新时代中国特色社会主义故事,展现亿万人民在新时代的新风貌,反映人民群众的获得感、幸福感、安全感。

(二)政策指引下的青年理论宣讲

人民有信仰,民族有希望,国家有力量。实现中华民族伟大复兴的中国梦,物质财富要极大丰富,精神财富也要极大丰富。党的十八大以来,中国特色社会主义进入新时代,以习近平同志为核心的党中央把宣传思想工作摆在全局工作的重要位置,做出了一系列重大决策,形成了完善的理论宣讲工作体系,为龙游县8090新时代理论宣讲团开展高质量的理论宣讲工作提供了必要的政策依据和政策保障。

首先,党中央制定出台的一系列宣传工作指示,为宣讲团开展理论宣讲工作提供了行动指南。

进入新时代以来,党中央先后颁布了一系列政策文件和活动通知,对新时代开展好宣传工作提出了系统的工作要求,为宣讲团开展理论宣讲工作指明了方向,提供了政策指南。

2012年11月,中共中央印发了《关于认真学习宣传贯彻党的十八大精神的通知》,要求"充分认识学习宣传贯彻党的十八大精神的重大意义""全面准确学习领会党的十八大精神""认真做好党的十八大精神的宣传""坚持联系实际、推动工作""切实加强组织领导"①。通过切实抓好学习培训、集中开展宣讲活动、精心组织新闻宣传、积极开展网络宣传,使党的十八大精神更好地为广大干部群众所掌握。

2013年11月,中共中央组织部、中共中央宣传部联合发出通知,要求组织对党员干部进行党的十八届三中全会精神学习培训。通知强调:"各地各部门要把深入学习宣传贯彻党的十八届三中全会精神,作为当前一项重大政治任务,加强对党员干部的学习培训,推动兴起学习宣传贯彻全会精神的热潮……要参照中央宣讲团的做法,广泛开展面向基层的宣讲活动,组织上下结合的宣讲团,领导干部带头宣讲,力求联系实际、研机析理、解疑释惑,把全会精神讲全、讲透、讲实,推动全会精神进基层、进群众、进工作。要紧紧围绕全会提出的新思想新论断新举措,围绕干部群众在学习贯彻过程中提出的热点难点问题,有针对性地做好宣传阐释工作,帮助人们准确理解和把握全会精神。"②

2014年11月,中央宣传部、司法部、全国普法办联合印发《关于认真学习贯彻落实党的十八届四中全会精神 深入开展法治宣传教育的意见》,对深入开展法治宣传教育、推动全社会树立法治意识做出安排部署。该意见明确要求:"各级党委宣传部门、司法行政部门和各级普法依法治理工作领导小组,要健全普法宣传教育机制……要加强组织协调,明确责任分工,采取过硬措施,及时解决实际问题。要加强队伍建设,进一步发挥讲师团、普法志愿者在普法工作中

---

① 人民出版社编:《关于认真学习宣传贯彻党的十八大精神的通知》,北京:人民出版社,2012年,第1—14页。

② 《中组部中宣部发出通知要求加强三中全会精神学习培训》,《人民日报》2013年11月27日,第4版。

的重要作用。"

2015年1月，中共中央办公厅、国务院办公厅印发《关于进一步加强和改进新形势下高校宣传思想工作的意见》，要求切实加强党对高校宣传思想工作的领导。该意见明确指出，要"推动校内外协同配合、全社会支持参与，构建高校宣传思想工作新格局"。

2018年8月，中共中央组织部、中共中央宣传部下发《关于在广大知识分子中深入开展"弘扬爱国奋斗精神、建功立业新时代"活动的通知》，要求各地各部门全方位、立体化开展宣传解读习近平总书记关于爱国奋斗精神的重要指示，迅速兴起学习弘扬爱国奋斗精神的热潮。

2019年，中共中央办公厅印发了《关于加强和改进新时代党委讲师团工作的意见》，要求各地精心谋划党委讲师团建设的实施意见；同年8月，中共中央印发了《中国共产党宣传工作条例》，要求各级党委（党组）要进一步加强党对宣传工作的全面领导，确保党中央关于宣传工作的重大决策部署落到实处。

党中央出台的一系列关于开展宣传工作的政策文件和工作指示，进一步提高了宣讲团对开展宣讲工作的政策认知，也为宣讲团解决宣讲过程中遇到的困难和问题提供了强有力的政策遵循和保障，对做好新形势下的理论宣讲工作具有重要的指导作用。

其次，浙江省委以及当地市委、县委印发的政策文件，为宣讲团开展思想理论宣讲提供了直接的工作指导。

"让马克思主义掌握群众，让群众掌握马克思主义"，是推动马克思主义理论中国化的重要经验，也是开展思想理论宣讲工作的重要目标。在党中央一系列关于开展宣传工作政策文件的基础上，2020年6月，中共龙游县委印发了《关于高水平体系化推进8090新时代理论宣讲工作的实施意见》，对加强新时代的理论宣传工作做了系统而清晰的规定，为推进8090新时代理论宣讲工作的规范开展提供了政策保障。除此之外，浙江省在总结各省各地各部门宣讲经验做法的基础上，印发了《关于加强新时代理论宣讲工作的实施意见》，进一步明确了新时代开展思想理论宣讲工作的任务书、施工图。

1. 8090新时代理论宣讲团宣讲任务的政策规定

在新时代，开展高质量的理论宣讲工作，要自觉承担起举旗帜、聚民心、育新人、兴文化、展形象的使命任务,创新方法载体,为全面贯彻党的基本理论、基本路线、基本方略提供有力宣传支撑,不断开创理论宣讲工作新局面。在党中央宣传工作精神指示下,中共龙游县委印发了《关于高水平体系化推进8090新时代理论宣讲工作的实施意见》,明确了新时代理论宣讲工作要以青年为主体,不断激发青年人加强思政学习内生动力,坚持"微""新""活"的理念,运用群众喜闻乐见的形式和通俗易懂的语言,全方位深入企业、社区、农村、学校等基层一线开展宣讲,推动习近平新时代中国特色社会主义思想走进青年、走进基层,让广大青年在理论宣讲中思想得到升华,让党的创新理论"飞入寻常百姓家"。

浙江省根据中央和省委统一部署及形势任务需要,结合各地各部门开展理论宣讲工作的经验,对宣讲团的主要任务进行再强调、再明确。具体说来,就是要加强习近平新时代中国特色社会主义思想宣传,明晰习近平新时代中国特色社会主义思想的科学体系、思想伟力和实践伟力;要做好党中央和省委重大决策部署的思想理论宣讲,让广大群众和党员干部明晰党中央及省委决策部署的重大背景、战略意义以及实践要求,将广大群众和党员干部思想及行动统一到贯彻落实党中央及省委决策部署上来;要做好党史、新中国史、改革开放史、社会主义发展史的宣讲工作,让广大群众和党员干部在学史中增信、在学史中明理、在学史中崇德,通过力行而后知真知;要做好浙江改革发展形势及政策宣讲,让广大群众和党员干部明晰新时代浙江发展的任务使命、发展理念、发展格局,尤其是要明晰党中央关于推动实现共同富裕取得实质性进展的战略安排,以及浙江开展建设共同富裕示范区的目标和要求,引导广大群众和党员干部积极投身共同富裕示范区建设,推动新时代浙江高质量发展。

2.8090新时代理论宣讲团工作保障的政策规定

做好新时代的思想理论宣讲工作,不仅需要明确宣讲内容、创新宣讲手段和方式,更需要依托强大的技术支撑和人、财、物等全方位保障,从而推动新时代思想理论宣讲工作常态化开展,常态长效推进习近平新时代中国特色社会主义思想在青年人中走深走实。

中共龙游县委印发的《关于高水平体系化推进8090新时代理论宣讲工作的实施意见》,一则明确发挥"人"的主体作用,按照"全员＋自愿"原则,不断做强宣讲队伍,形成总团、分团、小组三级联动的宣讲队伍组织架构。二则强化技术支撑,按照系统集成、改革创新的思路推行"一码一课一指数",不断做优顶层设计;同时,实行"线上＋线下"双向发力,进一步发挥"龙游通"平台8090理论宣讲功能,加大8090理论宣讲在抖音等当红社交媒体平台上的传播影响。三则优化组织管理服务,加强8090新时代理论宣讲导师团队,做实后台支撑;构建精品课程孵化机制,做精课程孵化;依托全县组团联村(社区、企业)现有网格单元,做细网格管理;依托农村文化礼堂等活动场所,做活平台阵地;结合全县各级各部门各自分管领域,加强组织领导,明确责任分工,营造良好氛围,完善考核激励,最大限度动员8090青年,不断挖掘典型和亮点,凝聚共识,产生最大合力,推动新时代理论宣讲工作不断走深走实。

浙江省在总结各省各地各部门宣讲经验做法的基础上,就如何开展好新时代思想理论宣讲工作提出了实施意见。浙江省颁布的《关于加强新时代理论宣讲工作的实施意见》,在队伍建设、工作体系和组织保障方面做出了明确要求,为新时代思想理论宣讲工作"谁来讲""怎么讲""如何提高宣讲效果"提供了有效保障。一则浙江省明确实施"个十百千万"宣讲队伍建设工程,通过推动领导干部示范带动、组织全省"大宣讲团"、打造特色宣讲团队、发挥青年宣讲团主力军作用、建好用好宣讲志愿者联盟、建立专家顾问团等方式,不断加强宣讲队伍建设,为新时代思想理论宣讲"谁来讲"提供人才保障。二则浙江省根据新时代思想理论宣讲任务要求,不断改革工作体制机制、创新工作手段方法,搭建"12345"工作体系,通过完善工作激励创新、以赛促讲、评价考核、培训提升、服务保障等一个闭环管理体系,建好"线上线下"两个平台,建立完善"导师制""结对制""赛马制"三项机制,实施固定宣讲点、流动宣讲点、特色宣讲点、海外宣讲点四个宣讲场景,集成省级专家库、基层名师库、文献资料库、宣讲视频库、优秀教案库五个资源库,为新时代思想理论宣讲"如何讲"提供有效支撑。三则浙江省进一步强化落实组织领导责任,增强各部门工作合力,强化思想理论宣讲的培训、财政等工作保障,增加新闻报道,营造浓厚氛围,在"实"责任、"强"合力、"足"后劲、"浓"氛围上下功夫,为提高新时代思想理论宣讲效果提供坚实保障。

可以说,中共龙游县委的政策规定,为8090新时代理论宣讲团开展宣讲工作提供了直接保障;浙江省关于开展宣讲工作的政策规定,则为宣讲团进一步深化开展宣讲工作指明了方向,为宣讲工作的提质增效提供了政策保障。

二、现实境遇中的青年理论宣讲

2018年8月，习近平总书记在全国宣传思想工作会议上发表重要讲话，提出："要把握正确舆论导向，提高新闻舆论传播力、引导力、影响力、公信力，巩固壮大主流思想舆论。要加强传播手段和话语方式创新，让党的创新理论'飞入寻常百姓家'。要扎实抓好县级融媒体中心建设，更好引导群众、服务群众。"① 如何加强县级思想理论宣传工作，打通思想理论宣传工作服务群众的"最后一公里"，是各地党委必须直面的重要问题。为此，各地开展了内容丰富、形式多样的实践探索。

（一）精准化、分众化宣讲党的创新理论

中国共产党始终注重加强思想理论建设工作。习近平总书记明确指出："建设具有强大凝聚力和引领力的社会主义意识形态，是全党特别是宣传思想战线必须担负起的一个战略任务。要做好做强马克思主义宣传教育工作，特别是要在学懂弄通做实新时代中国特色社会主义思想上下功夫。"② 习近平新时代中国特色社会主义思想是马克思主义中国化最新理论成果，深入学习宣传贯彻习近平新时代中国特色社会主义思想和党的二十大精神，不仅是全党全国首要的政治任务，更是开展思想理论宣传工作的头等大事。进入新时代以来，随着社会经济多元快速的发展，人们的思想发展呈现多样化、个性化和差异化的特点，要推进思想理论宣讲工作的深入发展，进行分众化、精准化宣讲势在必行。

面对新形势下网络媒体多样化表达和定制化服务的强力冲击，以西藏山南、浙江杭州、河南叶县等地为代表的地方宣传部门，精准把握时代发展规律，以问题为导向，将宣传党的创新理论与满足人民群众需求紧密结合起来，推动思想理论宣讲的精准化、分众化，受到了广大人民群众的热烈欢迎。西藏山南以习近平总书记给西藏自治区山南市隆子县麦玉乡群众回信为契机，深入开展

---

① 习近平：《论党的宣传思想工作》，北京：中央文献出版社，2020年，第340页。
② 习近平：《举旗帜聚民心育新人兴文化展形象　更好完成新形势下宣传思想工作使命任务》，《人民日报》2018年8月23日，第1版。

"讲党恩爱核心、讲团结爱祖国、讲贡献爱家园、讲文明爱生活"群众教育实践活动,着力弹好理论宣讲、树立典型、分类施教、主体实践、结合融学、督导检查"六弦琴",推动习近平新时代中国特色社会主义思想在青藏高原落地生根。浙江杭州充分发挥网络传播、内容制作等方面的优势,打造"互联网＋理论宣讲"新平台,推出"三分钟理论快讲"网络理论节目,推动思想理论宣讲网络化、大众化,形成"热播追剧"的良好效果。河南叶县准确把握贫困地区农村群众的生活方式、交往习惯,探索出"小广播、大喇叭"的思想理论宣传方式,将宣传党的创新理论与打赢脱贫攻坚战紧密结合,在强化思想理论教育过程中帮助群众解决生产生活等实际问题,既教会群众"怎么看",又教会群众"如何干",打通了思想理论宣传的"最后一公里",受到广大人民群众热烈欢迎。可以说,西藏山南、浙江杭州、河南叶县三地宣传部门,在开展思想理论宣讲工作方面,高举习近平新时代中国特色社会主义思想伟大旗帜,坚定扛稳"我来讲"的职责,把握人民群众需求,精准解决"讲什么"的问题,盘活媒体资源,生动解决"如何讲"的问题,充分发动党员干部群众,解决"谁来讲"的问题,推动思想理论宣讲工作往深里走、往实里走,推动习近平新时代中国特色社会主义思想深入人心。

(二)引领推进新时代精神文明建设工作

中国共产党从成立之日起,就坚持把为中国人民谋幸福、为中华民族谋复兴作为初心使命,团结带领中国人民为创造自己的美好生活进行了长期艰辛奋斗。在新时代,党中央把脱贫攻坚摆在治国理政的突出位置,把脱贫攻坚作为全面建成小康社会的底线任务,组织开展了声势浩大的脱贫攻坚人民战争,脱贫攻坚取得了重大历史性成就。然而,仅仅从物质上摆脱贫困是远远不够的,在习近平总书记看来,"摆脱贫困首要并不是摆脱物质的贫困,而是摆脱意识和思路的贫困。扶贫必扶智,治贫先治愚。贫穷并不可怕,怕的是智力不足、头脑空空,怕的是知识匮乏、精神委顿。脱贫致富不仅要注意'富口袋',更要注意'富脑袋'"[①]。因此,各地宣传部门将开展思想理论宣传工作与国家乡村振兴的战略工作相结合,积极开展文化下乡工作,在文化和精神层面对农村地区群众

---

① 中共中央文献研究室编:《习近平关于社会主义经济建设论述摘编》,北京:中央文献出版社,2017年,第232页。

进行造血帮扶,提高农村地区人口素质,激发农村地区群众脱贫的内生动力,形成乡村振兴的强大驱动力。

为更好地将物质脱贫和精神脱贫有效结合起来,各地宣传部门深入开展送温暖、送志气、送信心活动,贯彻落实习近平总书记关于"扶贫先扶志""扶贫必扶智""坚持扶贫与扶志、扶智相结合"等扶贫战略思想。内蒙古科右中旗深入实施新时代农牧民素质提升工程,针对部分贫困群众"等靠要"思想严重等问题,创新性提出"一学一带两转三改"的工作思想,以党员带动为引领,引导群众树立脱贫攻坚志向,推动农牧区物质文明和精神文明协同发展,激发农牧民脱贫致富的内生动力,提升农牧民的精神面貌。湖北省宜昌市坚持问题导向,精准施策,集中开展"扶志向强动力、扶文化强精神、扶文明强素养、扶生态强后劲"农村精神扶贫"四扶四强"专项行动,激发广大农村群众自我发展内生动力,变"要我脱贫"为"我要脱贫",为实现脱贫致富提供强大精神动力。云南省怒江州结合本地区实际情况,以"峡谷红旗飘"活动为总抓手,深化感恩教育、开展讲习培训、抓实乡风文明、培养乡村能人,以扎实举措激发群众脱贫内生动力,为打赢脱贫攻坚战凝聚强大合力。广西壮族自治区百色市田东县以地方特色文化为载体,发挥文化扶贫的扶智补脑、凝魂聚气作用,以文化扶贫来啃脱贫攻坚的"硬骨头",以扶贫文化引领人、塑造人、激励人、武装人、感染人、鼓舞人,让贫困群众充满强烈的脱贫意志,激发他们对美好生活的向往、催生脱贫的最强动力。总之,内蒙古自治区科右中旗、湖北省宜昌市、云南省怒江州、广西壮族自治区百色市田东县宣传部门以文化扶贫的方式开展思想理论宣传工作,将文化扶智与物质扶贫工作相结合,积极服务国家脱贫攻坚战略中心工作,通过思想文化教育帮扶,不断推动贫困地区群众改变思想观念、生活方式,提升文明素质,改善生活环境,使文化扶贫活动成为脱贫工作的加速器,有力地推动国家脱贫攻坚战略中心工作开展。

(三)努力讲好中国故事,展现中国魅力

随着中国综合国力的大幅度提升和国际地位日益提高,中国日益走近世界舞台中央,参与国际事务的能力显著提升,顺势也就成了世界舆论的聚焦点。党的十九大开启了全面建设社会主义现代化国家新征程,推动中华文化"走出

去",提高中华文化的影响力,成为新时代思想理论宣传工作的重要任务,更是我国深化改革开放、建设社会主义文化强国、积极应对全球化的战略任务。习近平总书记明确指出:"中华优秀传统文化是中华民族的文化根脉,其蕴含的思想观念、人文精神、道德规范,不仅是我们中国人思想和精神的内核,对解决人类问题也有重要价值。要把优秀传统文化的精神标识提炼出来、展示出来,把优秀传统文化中具有当代价值、世界意义的文化精髓提炼出来、展示出来。要完善国际传播工作格局,创新宣传理念、创新运行机制,汇聚更多资源力量。"① 如何讲好中国故事,在国际舆论传播中展现中国魅力,成为宣传部门开展思想理论宣传工作的重要任务。

习近平总书记提出的"一带一路"发展倡议,在推动中国经济快速发展的同时,也为推动中华文化"走出去"创造了重要机遇。湖南省长沙市以打造"世界媒体艺术之都"为契机,紧密对接国家"一带一路"发展倡议,推动实施文化走出去发展战略;通过加强顶层设计、完善基础设施、培育特色产业、打造文化交流平台,向世界展示"世界媒体艺术之都"的城市形象,向共建"一带一路"国家和人民积极展示湖南深厚的文化底蕴和风采,推动中华文化的传播,增强中华文化的影响力。四川省自贡市以国家非物质文化遗产自贡彩灯这一艺术表达方式为载体,积极打造具有本土特色、巴蜀气派和中国精神的艺术精品,在文化交流中不断提高中华文化的影响力。在推动自贡彩灯发展方面,自贡市注重中西兼顾、与时俱进,不断丰富彩灯文化内涵;夯实内功,实施产业融合创新发展,提高彩灯质量;打造平台多方互动,提升彩灯知名度,推动彩灯成为巴蜀文化以及中华传统文化"走出去"的前沿窗口。陕西省铜川市积极挖掘耀州窑的文化底蕴,聚焦内容建设,将耀瓷文化作为传播中华优秀传统文化、讲好中国故事的重要组成部分,通过数字化传承、国际化传播、多元化交流、精品化呈现、品牌化打造、产业化发展等方式,大力实施"丝路瓷都"耀瓷文化品牌传播活动,推动耀瓷文化成为展示铜川形象、讲述陕西故事、传递中国声音的重要桥梁和纽带。浙江省温州市立足侨乡特色,构建海外宣讲矩阵的生动实践。2021年温州在"海外宣讲团"的基础上,培育了"青骑团""新青言"外语宣讲等小分队,充实海外宣

---

① 习近平:《论党的宣传思想工作》,北京:中央文献出版社,2020年,第342页。

讲载体。除此之外,温州龙湾"新青言"外语宣讲队还推出"建党百年·龙青说"双语宣讲视频节目,用英语、日语、阿拉伯语等语言向全球传递党史故事,并通过新华社"中国好故事""In Zhejiang"英文平台等各大海内外主流平台同步推送,累计点击量超500万次。在新时代,以习近平同志为核心的党中央高度重视新形势下的对外思想理论宣传工作,提出"联接中外、沟通世界"的新发展要求,以湖南长沙、四川自贡、陕西铜川、浙江温州为代表的宣传部门,创新对外文化传播的新表述,探索对外传播的新路径,打造连接中外的新名片,拓展对外交流的新载体,有效地向世界传播了中华文化,讲述了中国故事,展现了中国魅力。

党的二十大明确提出"新时代新征程中国共产党的使命任务",擘画了中国发展未来的宏伟蓝图。在这样一个新的伟大时代,面对"世界百年未有之大变局",党要领导人民开展"具有许多新的历史特点"的伟大斗争,则必须用马克思主义中国化最新成果统一思想、统一意志、统一行动,这是我们党取得伟大斗争胜利的鲜明特色和光荣传统。毛泽东同志曾明确指出:"掌握思想教育,是团结全党进行伟大政治斗争的中心环节。"①为此,各地宣传思想文化战线深入学习贯彻习近平新时代中国特色社会主义思想和党的二十大精神,开展思想理论大学习活动。除上述介绍的具有典型特点的思想理论宣传活动外,还有诸如浙江省杭州市余杭区打造"寻根良渚,琢玉成器"特色思政课活动;杭州市拱墅区开展的"小沙龙"推动优秀传统文化"大振兴"活动;等等。这些思想理论宣传活动紧扣思想文化宣传文化工作中心大局,坚持理论联系实际,主题突出、特色鲜明,有效推动了思想理论宣传工作的开展,也为龙游县8090新时代理论宣讲团的工作开展提供了借鉴和参考。在这当中,龙游县8090新时代理论宣讲团从全域性体系化推进宣讲工作方面,做出了很好的实践与探索。

---

① 中共中央文献研究室编:《建国以来重要文献选编》(第四册),北京:中央文献出版社,1993年,第532页。

第二节 | 新时代要秉持新理念

　　思想理论宣讲是党和国家工作的重要组成部分,中国共产党作为用先进思想孕育催生、用科学理论指导武装起来的马克思主义政党,历来重视加强开展思想理论宣讲工作,将开展思想理论宣讲工作作为实现党和国家长治久安的头等大事。

　　"明者因时而变,知者随事而制。"新时代推动思想理论宣传工作高质量发展,必须要因势而变、应势而新、顺势而创,推动思想理论宣传工作理念不断创新,用新思路解决新问题,用新方法产生新成效,用新格局构建新态势。

　　党中央着眼提升思想理论宣传工作的引导力、影响力,坚持推动思想理论宣讲工作不断创新,以新理念引领思想理论宣讲工作高质量发展。2015年,中办、国办印发了《关于推动传统媒体和新兴媒体融合发展的指导意见》,要求在把握数字信息时代媒体内在发展规律的基础上,在舆论格局快速重构的背景下,做好思想理论宣讲工作。各省市在推动新媒体与宣讲工作融合方面率先破冰,迈出了实质性步伐。具体到区县级层面,思想理论宣讲工作如何适应新的发展形势、贯彻新发展理念、落实新发展要求,还需不断努力探索。

　　新形势下,龙游县8090新时代理论宣讲团以习近平新时代中国特色社会主义思想为指导,在吸收借鉴其他地区开展思想理论宣传工作优秀经验的基础上,坚持思想理论宣传工作全领域时代性发展、全过程创新性推进、全方位体系化运作,打造新时代思想理论宣传工作高质量开展的青年理论宣讲力量,以"后浪潮音"推动党的创新理论"飞入寻常百姓家"。

一、思想理论宣讲时代性发展

　　思想理论宣讲活动是一项与人的思想发展、生产生活实践息息相关的实践活动，随着时代的发展，思想理论宣讲活动的目标、内容和方法等存在许多区别，这些区别决定了思想理论宣讲活动具有时代性。在恩格斯看来，"每一个时代的理论思维，包括我们这个时代的理论思维，都是一种历史的产物，它在不同的时代具有完全不同的形式，同时具有完全不同的内容"①。换言之，龙游县8090新时代理论宣讲团宣讲工作的高质量发展，要关注和把握时代发展的前提条件与历史背景，明晰时代发展的趋势和潮流，根据社会经济发展状况在不同环境形势下的不一致性，不断变革、创新和发展思想理论宣讲活动，使思想理论宣讲工作能够适应时代特点、服务中心任务、满足人民群众需求，在理论和实践过程中体现思想理论宣讲的时代性。

中国共产党作为马克思主义政党，自成立以来便根据不同历史时期中心工作的变化调整思想理论宣传工作方式，始终坚持与时俱进的理念开展思想理论宣讲。在社会主义革命与建设时期，以毛泽东为主要代表的中国共产党人，围绕"革命"和"建设"这两个中心任务，结合中国的历史现状和特殊国情，将马克思主义宣传工作思想与中国实际相结合，形成具有中国特色、符合中国革命发展和建设需要的宣传工作思想，教育指导全国人民在中国共产党带领下，推翻"三座大山"，建立人民当家作主的新中国，翻身解放做主人。在改革开放和社会主义现代化建设新时期，和平与发展取代革命与战争，成为时代发展新主题，以邓小平为主要代表的中国共产党人坚持解放思想、实事求是、与时俱进，继承和发展马克思主义宣传工作思想以及毛泽东同志宣传工作思想，在吸取和总结新中国成立以来宣传工作发展经验教训的基础上，确立了"以经济建设为中心"的宣传工作主线。在中国特色社会主义市场经济建设过程中，面对诸多不利因素的冲击和多元思想文化的侵袭，中国共产党人坚持宣传党的思想路线和社会主义核心价值理念，完成对广大人民群众的思想武装、理论引导、人格塑造和精神鼓舞的任务，不断地为改革开放和现代化建设提供精神动力、智力支持、思想保证，创造良好的社会舆论和社会心理环境。

在新时代，以习近平同志为核心的党中央，团结带领全国各族人民，围绕实

---

① 中共中央马克思恩格斯列宁斯大林著作编译局编译：《马克思恩格斯选集》（第三卷），北京：人民出版社，2012年，第873页。

现"两个一百年"奋斗目标和中华民族伟大复兴中国梦,统筹"五位一体"总体布局和"四个全面"战略布局,积极应对国内外复杂局势,推动中国特色社会主义发展进入新阶段。在此背景下,党的思想理论宣传工作的中心任务是坚持以习近平新时代中国特色社会主义思想为指导,坚持增强"四个意识"、坚定"四个自信"、做到"两个维护",自觉承担起举旗帜、聚民心、育新人、兴文化、展形象的使命任务,服务党和国家事业全局工作。思想理论宣传活动存在于社会意识领域,不断发展变化的社会现实是开展思想理论宣传工作的内容来源。要使思想理论宣传工作有助于推动社会经济发展,就需要使思想理论宣传工作的目标不断与时俱进,与社会发展方向和目标保持高度一致,这也是党的思想理论宣传工作不断向前发展的重要原因。

8090新时代理论宣讲团站在"在青年中播撒信仰种子"的政治高度、"赢得青年就是赢得未来"的历史纬度、"全省打造'重要窗口'"的现实角度,理解和把握新时代理论宣讲工作。宣讲团聚焦习近平新时代中国特色社会主义思想主题主线,突出"青年讲青年听",加强对青年群体的思想引领,深刻把握青年理论宣讲工作的重大意义,切实增强突出青年理论宣讲工作时代性的思想自觉和行动自觉。宣讲团围绕"我最喜爱的习近平总书记的一句话"、《习近平谈治国理政》、党的十九届五中和六中全会精神及党的二十大精神等主题,结合理论、结合当下、结合基层、结合网络、结合工作,协同设计有地方特色的共享课程,推动"一堂课百家讲"。聚焦重大战略、重要部署、重点工作,利用宣讲日固定讲、进村入户随机讲、送戏送电影下乡配套讲等契机,流动式嵌入式宣讲新形势新政策,做优宣讲实效。坚持"实战练兵、宣讲先行",中心工作推什么就宣讲什么,中心工作推到哪里就宣讲到哪里,把每场宣讲会变成重点工作动员会、培训会、吹风会,推动8090年轻干部在"双招双引"、项目推进、乡村振兴、文明创建等一线宣讲、一线比拼,在助推中心工作中发挥8090青春优势和独特作用。在村社换届期间,组织开展"8090常态化宣讲助力村社换届"活动,紧扣"五好两确保"目标、"十严禁十不准"纪律等重点,深入一线开展主题宣讲,实现宣讲与换届同频共振、互促共进。

可以说,龙游县8090新时代理论宣讲团在新的历史条件下,以习近平新时代中国特色社会主义思想为指导,用马克思主义立场观点解读党的政策、回答人民群众的时代之问,精准把握时代发展的大趋势,用人民群众喜闻乐见的方式开展思想交流,构筑实现中华民族伟大复兴的最大同心圆,有力助推了中心工作、重点工作开展。

二、思想理论宣讲创新性推进

创新是龙游县8090新时代理论宣讲团推动理论宣讲工作高质量发展的动力源泉。不日新者必日退。以人为对象的思想理论宣讲工作,只有与时俱进,不断提升思想理论宣讲工作的创新能力和管理服务水平,才能适应世情、国情、党情、社情、民情的发展变化,推动思想理论宣讲工作高质量开展。习近平总书记指出:"做好宣传思想工作,比以往任何时候都更加需要创新。"[1]"宣传思想工作创新,重点要抓好理念创新、手段创新、基层工作创新,努力以思想认识新飞跃打开工作新局面,积极探索有利于破解工作难题的新举措新办法,把创新的重心放在基层一线。"[2]宣讲团针对新形势下思想理论宣讲工作的对象、条件、环境等变化,根据时代特色、受众特点,在把握好政治性的前提下,不断创新宣传思想工作理念和方式方法,提高党的宣传思想工作的成效。

在宣讲工作理念创新方面,宣讲团坚持把握大势、立足大事,坚持从时代发展的潮流和社会经济发展的趋势来推进宣传思想工作,善于找到时代主流,回应时代声音;坚持从关乎根本、关乎紧要、关乎民心的事情出发来开展宣传思想工作,回应群众对于重大事件的关切;坚持开展成就宣传、典型宣传、主题宣传,增强吸引力和感染力,让群众爱听爱看、产生共鸣;坚持把握好思想理论宣传的时、度、效,精准把握舆论引导的时机,不滞后也不盲目超前;坚持恰当的宣传尺度,不过分也不夹生;坚持增强宣传实效性,发挥好鼓舞人、激励人的作用。

在宣讲工作基层创新方面,宣讲团坚持思想的敏锐性和开放度,打破传统思维定式,聚焦青年充实宣讲团队,突出"青年讲青年听",传递新时代的好声音。为增强宣讲效果,宣讲团在团队建设方面,坚持"全员＋自愿""体制内＋体

---

① 人民出版社编:《学习习近平总书记8·19重要讲话》,北京:人民出版社,2013年,第27页。
② 习近平:《论党的宣传思想工作》,北京:中央文献出版社,2020年,第16页。

制外""党内＋党外""县内＋县外"的原则，从地方智库的负责人、具体政策的优秀执行者、离退休工作者、教师、各领域的专业人士和优秀人才、各行业的模范代表和技术能手等群体中选拔宣讲主体，形成了多行业、多层次、跨领域、多元化的宣讲主体，推动宣讲主体一核多元发展。

在宣讲工作手段创新方面，宣讲团致力于用新媒体技术手段创新理论宣讲表达方式和传播手段，用好"龙游通"平台，常态化开展8090新时代理论宣讲直播；精心运作FM954"8090小李说理"、"微龙游"专栏、"8090青春之光"微视频和抖音等平台，推出音频、短视频等网上微课；打造线上宣讲栏目。除此之外，通过开发"8090＋"青年宣讲应用系统，进行数字赋能，推动青年理

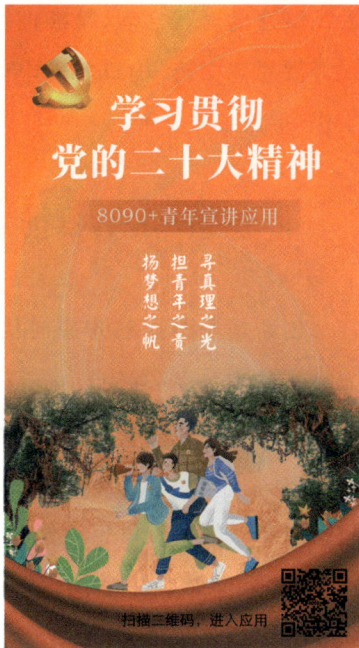

◎"8090＋"青年宣讲应用，于2022年9月正式推出，入选浙江省"一地创新、全省共享""一本账"S0清单

论宣讲清单化、可视化、可量化，实现群众与宣讲员的有效互动和宣讲内容的精准触达。

三、思想理论宣讲体系化运作

思想理论宣讲工作具有多层次性、多组织性、多群体性和复杂性的特点，需要开展思想理论宣讲工作内部各群体之间以及外部各组织部门之间紧密联系、相互作用，构成运行有序且高效的组织体系。可以说，体系化地开展思想理论宣讲工作是推动思想理论宣讲工作高质量开展的重要条件。

2020年6月，习近平总书记对8090新时代理论宣讲工作做出重要批示。龙游县第一时间专题研究部署习近平总书记重要批示精神贯彻落实工作，确保新时代青年理论宣讲工作常抓常新、走深走实。龙游县8090新时代理论宣讲团围绕"如何推动思想理论宣讲工作高质量开展"这个问题，不断开展理论和实践

探索。2020年8月,龙游县召开县委十一届九次全会,审议通过《中共龙游县委关于持之以恒深化8090新时代理论宣讲工作凝聚青年力量助推浙西新明珠建设的决定》,强化队伍、内容、培训、服务、保障五大体系,持续放大青年理论宣讲先行效应,引导广大8090青年学思践悟伟大思想,让青春的力量在宣讲中迸发,让青春的担当在宣讲中彰显,以"龙游之讲"促"龙游之干"、成"龙游之治",为全省"重要窗口"建设贡献力量,推动新时代青年理论宣讲工作高质量开展。2022年4月,龙游县8090新时代理论宣讲工作领导小组根据党中央领导以及省市主要领导对8090新时代理论宣讲工作的批示精神,持续推动8090新时代理论宣讲工作迭代升级,构建并完善队伍、课程、场景、管理、实践、保障六大体系,推动8090新时代理论宣讲工作成效更加突出、品牌更加响亮。

在做强宣讲队伍体系方面,龙游县8090新时代理论宣讲团协同各职能部门,聚焦青年群体,迭代升级完善宣讲队伍体系。一方面,在原有的县级总团、乡镇部门分团、基层网格小组的三级宣讲结构基础上,进一步完善《宣讲团章程》及理论宣讲团组织架构,升级管理办法;在宣讲团《分团管理办法》基础上,因情施策,推动各宣讲分团规范化管理。另一方面,宣讲团在巩固完善现有宣讲队伍体系的基础上,全域化吸纳宣讲力量,不断完善"0010后"宣讲梯队建设。除此之外,宣讲团还通过组织成立宣讲名师工作室,打造培育更多高素质宣讲人才。

在迭代升级研学体系方面,龙游县8090新时代理论宣讲团立足打造立体式研学体系,不断提升宣讲团成员专业素养。宣讲团一方面积极打造青年理论宣讲培训基地,聘请省市县专家以及宣讲导师,每年按计划对宣讲团成员进行业务培训和研习,在提升宣讲成员业务能力和专业素养的同时,不断扩大青年理论宣讲工作的影响力。另一方面,宣讲团建立并完善各理论宣讲团研习制度,对宣讲团成员开展理论学习、提升宣讲素养做出制度性规定,为高质量开展理论宣讲工作提供制度保障。除此之外,宣讲团还通过开展大学习、大调研、大宣讲活动以及宣讲比赛活动,不断提升宣讲质量、营造宣讲氛围、强化宣讲效果。

在做优宣讲课程体系方面,龙游县8090新时代理论宣讲团一方面在进一步落实"群众需求—课程孵化—讲堂宣讲—实践运用"工作闭环的基础上,不断升级完善课程开发机制,不断打造宣讲金课。另一方面,宣讲团不断丰富全领域课程内容,系列化、序列化开发宣讲课程;同时,因地制宜,创新宣讲方式,推动理论宣讲方式多元化,让理论宣讲既有"趣味",还有"鲜味",更有"土味",推动宣讲课程体系迭代升级。

在做活宣讲场景体系方面,龙游县8090新时代理论宣讲团一方面继续整合提升"固定＋流动"场景,在各基层宣讲阵地打造沉浸式宣讲场景的同时,继续扩大"流动宣讲点",两者结合,为理论宣讲提供场地保障。另一方面,宣讲团立足新媒体、突破网络场景,用好"龙游通"平台,常态化开展8090新时代理论宣讲直播。精心运作网络媒体平台,推出音频、短视频等网上微课。同时,办好线上微宣讲大赛,打造现象级的线上宣讲栏目场景。宣讲团还建立并完善"十必讲"制度,为固定宣讲场所开展常态化宣讲提供制度保障。

在做实宣讲管理体系方面,龙游县8090新时代理论宣讲团一方面通过探索实施宣讲课程项目化管理和宣讲资源数字化建设,推动宣讲课程和宣讲资源的持续推进与螺旋递进,推动宣讲工作提质增效。另一方面,宣讲团协同各职能部门,积极探索与高校、媒体等教育和传播平台交流合作,通过常态化、立体式开展宣讲活动,分享学习宣讲经验,不断拓展8090新时代理论宣讲的影响力。宣讲团还组织力量及时总结宣讲工作经验,在总结过去工作成效的基础上,制定未来发展规划,推动理论宣讲工作有序开展。

在做深宣讲保障体系方面,龙游县8090新时代理论宣讲团一方面加强组织领导,继续落实县领导挂联制度,全面明晰宣讲工作开展情况;同时,龙游县委在社科联增设新时代青年理论讲习中心,对照"专办＋专班"运作机制,统筹开展青年理论宣讲工作。另一方面,宣讲团在龙游县组织和宣传部门领导下,进一步修订完善《龙游县关心关爱8090新时代理论宣讲团八条措施》,不断浓厚宣讲氛围。宣讲团还协同相关督察部门,强化宣讲工作督查考核,落实宣讲主体责任,推动宣讲有效开展。

工欲善其事,必先利其器。习近平总书记明确指出:"手段创新,就是要积极探索有利于破解工作难题的新举措新办法,特别是要适应社会信息化持续推进的新情况,加快传统媒体和新兴媒体融合发展,充分运用新技术新应用创新媒体传播方式,占领信息传播制高点。"①在推动宣传思想工作手段创新上,宣讲团坚持全方位、立体化、多主体的宣传方法和工具的系统整合,推动思想理论宣讲工作高质量开展。面对当前社会信息集聚、更新、传播速度快的特点,宣讲团遵循现代社会信息传播的规律和方式,积极将多媒体技术、网络等现代化手段广泛地运用到宣讲工作中,创新媒体传播方式,占领信息传播制高点。宣讲团通过在全县公共区域设置8090宣讲二维码,与"龙游通"平台无缝衔接,方便群众随时随地扫码听课、扫码点评、扫码反馈;通过在"龙游通"平台上线8090宣讲专栏,策划开展8090理论宣讲"百团大战"视频比赛,把宣讲课堂搬上"云端";通过制作理论宣讲"潮"视频并在"微龙游"发布,登上"学习强国"学习平台,扩大理论宣讲线上传播力;通过开通8090在线直播,并通过"微龙游"抖音号等发布宣讲视频,推动理论宣讲走进"朋友圈""移动端"。可以说,宣讲团针对不同的宣讲内容、对象、环境,与时俱进地创新宣讲方式,推进宣讲艺术化和宣讲载体多样化发展,实现宣讲方式从"面对面"走向多媒体,推动思想理论宣讲工作高质量发展。

① 人民出版社编:《学习习近平总书记8·19重要讲话》,北京:人民出版社,2013年,第27页。

小　结

　　中国特色社会主义进入新时代,新时代要有新气象,新时代要有新理论,这就需要大批的理论工作者,以只争朝夕的紧迫感和舍我其谁的使命感,勇立时代潮头,发时代之先声。面对世界百年未有之大变局,推动实现中华民族伟大复兴,则一刻也不能缺少理论思维,缺少了理论思维,就难以在复杂环境中战胜各种风险困难,就难以推动中国特色社会主义不断向前发展。在复杂的国内外环境中,锻造"金刚不坏"之身,则必须不断用科学理论武装头脑。习近平新时代中国特色社会主义思想作为马克思主义中国化最新理论成果,具有坚定的政治伟力、鲜明的时代伟力、强大的实践伟力、科学的理论伟力、巨大的人民伟力、深远的世界伟力,是21世纪中国的马克思主义,有力地开辟了马克思主义发展的新境界。因此,龙游县8090新时代理论宣讲团的首要任务是用理论武装广大群众和党员干部的头脑,把学习宣传贯彻习近平新时代中国特色社会主义思想作为首要政治任务,不断构筑并完善广大群众和党员干部的精神家园。

第二章

集结:青年理论宣讲逐梦之旅

习近平总书记在全国宣传思想工作会议上指出，做好新时代的宣传思想工作，要"努力打造一支政治过硬、本领高强、求实创新、能打胜仗的宣传思想工作队伍"①。龙游县8090新时代理论宣讲团从最初的30余人发展到如今90余个分团、4000余人，形成了一支强大的宣传思想工作的有生力量。宣讲团着眼于宣讲队伍建设，把宣讲员的吸纳与管理工作放在首位，选拔培养各行业各领域的优秀青年，通过挖掘青年群体自己的故事，以青年群体独特的视角和表达方式，满足群众对宣讲内容的多层次需求，让群众听得清、听得进、听得懂，引起广大听众的情感共鸣、思想共鸣和理论共鸣，拉近了理论宣讲与人民群众，尤其是青年群体的距离，让新时代的理论宣讲工作充满朝气和活力。

① 习近平:《举旗帜聚民心育新人兴文化展形象 更好完成新形势下宣传思想工作使命任务》,《人民日报》2018年8月23日,第1版。

第一节 | 多领域全覆盖，稳步成长的新青年

　　宣讲队伍始终是构成龙游县8090新时代理论宣讲团开展各项工作的基本要素，也是最活跃、最富有创造性的中坚力量。宣讲团自成立以来，队伍建设经历了从小到大，由重点领域扩展到多领域的发展过程。成立初期，宣讲队伍主要由龙游县"微党课"大赛的参赛选手们组成。在深入开展宣讲工作的过程中，为了实现"群众想听什么就讲什么，什么时候听就什么时候讲，哪里有听讲需求哪里就有宣讲声音"的目标，各领域、各层级的宣讲分团也随之应运而生。这些宣讲分团的建立和发展，使得龙游县8090新时代理论宣讲团的成员数量、职业种类与工作性质不断丰富。除此之外，为全面提升队伍的宣讲质量，龙游县协调各方资源，采用专业指导和自主学习相搭配、政治学习同业务提升相结合、理论指导和实践操作相统一等方法，为宣讲员提供提升宣讲水平的学习机会与研修氛围，最终成功组建了一支拥有坚定政治信念、突出业务能力、严格工作纪律和良好思想作风的宏大宣讲队伍。

一、宣讲队伍茁壮成长

　　龙游县8090新时代理论宣讲团成立后，宣讲活动不断增加，宣讲影响力不断增强，最初由龙游县"微党课"大赛的参赛选手们组建的宣讲队已经难以满足宣讲工作需要。为了尽快壮大宣讲队伍，满足群众需求，龙游县采取了"外引"加"内育"的办法。在宣传队伍规模不断扩大的过程中，整个队伍的职业结构也逐渐得到了丰富。宣讲团的宣传成员通过广泛利用各类宣传媒介，不断提升理论宣讲的效果和影响力。

（一）初心发轫，8090宣讲团的诞生

2019年9月，党中央"不忘初心、牢记使命"主题教育领导小组印发了《关于开展第二批"不忘初心、牢记使命"主题教育的指导意见》，龙游县委第一时间召开"不忘初心、牢记使命"主题教育动员大会，明确提出要紧紧围绕学习贯彻习近平新时代中国特色社会主义思想这个主题主线，精心设计一批接地气、有实效的载体和抓手，把主题教育延伸到党外、延伸到基层、延伸到千家万户，让伟大思想落地生根、深入人心。

与此同时，龙游县第八届"微党课"大赛正在开展。全县各部门、乡镇（街道）累计共有2000余名青年干部参与比赛。他们认真写稿、磨稿、背稿、试讲，本着"台上一分钟，台下十年功"的精神，用奋斗与激情为听众们呈现了一场场精彩纷呈的宣讲。比赛过后，31名优秀宣讲员脱颖而出，他们带着参赛作品回归单位，将比赛中学习到的宣讲技巧运用到日常的理论宣讲中，结合"不忘初心、牢记使命"主题教育活动，深入基层开展主题宣讲，获得了广大群众的喜爱，产生了良好的效果。龙游县委、县政府当即决定组建理论宣讲团，在县域内广泛开展理论宣讲工作。

宣讲员范磊说："比赛结束后往往很少有机会和途径去宣讲，所以一得知要成立宣讲团，我立即就报名了，让理论宣讲有更多的用武之地。"宣讲员王莘子对于能加入宣讲团感到非常自豪："通过'微党课'比赛，我有幸成为一名宣讲员，觉得身上的责任和使命更重了，以后要更努力地宣传党的方针政策，当好新时代的宣讲轻骑兵。"

在龙游，像范磊和王莘子这样怀着满腔热忱、勇于尝试探索的青年还有很多，他们纷纷加入了新时代理论宣讲工作。渐渐地，通过"微党课"大赛、"金点子"大赛等活动，以赛促学、以赛促讲、以赛练兵，龙游组建了第一支有思想、有活力、能创新的新时代理论宣讲队伍。由于宣讲员都是"80后""90后"，宣讲团也就有了自己的名字：龙游县8090新时代理论宣讲团。2019年9月30日，龙游县举行了8090新时代理论宣讲团授旗仪式，首批宣讲员就是31名参加龙游县第八届"微党课"大赛的优秀选手。

◎2019年9月30日,龙游县8090新时代理论宣讲团正式授旗成立

(二)队伍扩充,宣讲领域的全覆盖

随着理论宣讲工作的深入推进,理论宣讲队伍的凝聚力、影响力不断扩大。截至2022年底,宣讲团人数从最初的31人增加至4000多人,龙游县委、县政府起到了推波助澜的作用,积极采取"内育+外引"的方式壮大宣讲力量。

一方面,通过举办"青春心向党 奋斗谱新篇"等主题宣讲比赛,以赛选优、丰富人才,不断挖掘、培养党政机关的年轻干部和基层党员干部成为理论宣讲生力军,扩充宣讲队伍;另一方面,深入农村讲好脱贫攻坚、乡村振兴,深入城市社区讲好文明城市建设、未来社区建设,深入企业讲好供给侧结构性改革、产业数字化,深入校园讲好"扣好人生第一粒扣子",等等,通过讲好群众最关心的问题,不断扩大社会影响,吸引不同行业领域的能人创客和热心民众自愿加入宣讲团,为宣讲团开展理论宣传工作培养和储备了人才。

1. 党政机关年轻干部

宣讲的地域有多广、领域有多宽,影响着宣讲的质量和效果。龙游县要求全县所有部门、乡镇(街道)40周岁以下的青年干部自动纳入龙游县8090新时代理论宣讲团,为新时代理论宣讲提供了更坚实的人才支撑,推动党政机关干部深入基层、推进理论宣讲"最后一公里"。

1995年出生的孙颖是龙游县东华街道的年轻干部,对于基层理论宣讲工作,她有着自己独特的理解。在她看来,理论宣讲就是要"让教育者先受教育,让有信仰者谈信仰,每次宣讲既是传播理论的窗口,更是我个人学习能力和理论素养提升的机会。通过宣讲,让经常坐在办公室的我'走出去''沉下去',真正了解群众所需所想,拉近彼此的距离,更好地开展工作"。在日常工作中,为了给村民普及换届知识,她前前后后花费了半个多月的时间,向村民宣讲村(社)党组织换届工作的有关政策,引导村民积极参与村(社)换届,推动了换届工作的顺利进行。当得知龙游县成立8090新时代理论宣讲团的消息后,她第一时间报名加入。渐渐地,越来越多像孙颖一样的年轻人被宣讲吸引,他们怀着满腔热忱,志愿申请加入宣讲团,推动宣讲队伍不断壮大。

2022年10月11日,浙江省深化"千万工程"建设新时代美丽乡村现场会在龙游县召开。当天上午,在小南海镇团石村,来自县资源规划局的夏冰、孙恬、叶寅三人,围绕"小县大城共同富裕"农民集聚转化工作,用通俗易懂的语言将老百姓最关切的政策讲细讲透,赢得现场观众的阵阵掌声。

◎ 夏冰、孙恬、叶寅《搬出集聚转化共富路》

◎2022年10月11日,宣讲员夏冰、孙恬、叶寅在团石村开展宣讲

　　来自党政机关的年轻干部将党的创新理论以自己熟悉的形式带到了千家万户，吸引了无数的"小粉丝"，很多"90后""00后"被他们的宣讲感染，纷纷表示要成为8090新时代理论宣讲团的一员，将理论知识普及给更多群众。而这些年轻干部自身也在基层宣讲实践中获得锻炼与成长。这群功底深厚、业务能力出众、热爱理论宣讲的优秀青年，渐渐成了8090新时代理论宣讲团的中坚力量。

2. 村社党员干部

　　基础不牢，地动山摇。基层是服务群众的最前线，加强基层建设是人民安居乐业、国家长治久安的基础。

　　"作为一名基层党员，也作为一名村党支部书记，我认为，在工作中坚持党的领导就是要发挥党建统领、党员示范的作用。"1995年出生的杨晨是罗家乡荷村村的党支部书记、村委会主任。党的十九届六中全会召开后，他第一时间学习研究，并将干部和村民们召集起来，宣讲了党的十九届六中全会精神。

◎2021年11月16日，宣讲员杨晨在龙游县罗家乡荷村村宣讲党的十九届六中全会精神

　　他的宣讲时不时地穿插着地方话和网络语言，逗得现场听众欢笑连连。杨晨还架起了手机支架，通过"龙游通"App现场直播宣讲，让全乡的村民都可以

收听收看。"很新颖、很亲切,让人充满了信心。"村民陈洁华听完宣讲,有了很多感触。辛苦准备的宣讲得到村民的肯定,更坚定了杨晨的宣讲信心。

"足不出户,日赚千元,听到这你心动了吗?这就是我们常说的网络刷单。那刷单通常是什么套路呢……"来自东华街道的网络普法宣讲员陶琴是一名社工,她以"刷单"一词为题开展宣讲,向村民普及网络安全法律法规,帮助村民识别网络陷阱、增加上网安全防护等知识,告诫村民远离网络谣言,提高防范意识。

习近平总书记明确要求要让党的创新理论"飞入寻常百姓家",让基层理论宣讲活起来。为了活跃基层理论宣讲,龙游县8090新时代理论宣讲团积极培育基层理论宣讲队伍,培养选拔政治素质好、理论水平高、熟悉社情民情、宣讲经验丰富的村社干部等群众身边的"草根名嘴",在田间地头、村社广场、农家院坝,用群众听得懂的、喜闻乐见的方式,采取集中的、小型的、分众式的形式,聚焦群众关心的问题,在心贴心的交流中把党的政策讲实讲透。

3. 新生代企业家、创客

为做好理论宣讲工作,龙游县8090新时代理论宣讲团不断加强宣讲队伍建设,除发掘党政机关年轻干部以及热爱宣讲工作的基层党员干部之外,还将热爱宣讲的各领域的能人创客吸纳到宣讲工作队伍中,组建新生代企业家等各类特色宣讲分团,积极开展理论政策宣讲和各种志愿服务活动,以身边人讲身边事,以身边事化身边人,让老百姓听得懂、听得进、听了受益,让灵活性、小范围的宣讲遍地开花,推动形成人人都是宣讲员、人人传播好声音、人人弘扬正能量的宣讲新气象。

宣讲员王蓓蓓是顺帆工贸有限公司的总经理,在接手管理这家行业龙头企业时,她也曾有迷茫与畏难心理,甚至被父辈否定过。凭着一股不服输的心气,王蓓蓓从车间的钥匙装配工干起,把全公司的财务、生产、销售等基层岗位都历练了一遍。2020年突如其来的新冠疫情给企业带来前所未有的挑战,顺帆工贸有限公司按下生产暂停键的同时,面临着银行利息交付、员工工资支付、税费缴纳等多重压力。在政府支持、政策助力下,王蓓蓓带领企业向智能化转型。如今,具有图像存储、可视通话、夜视等功能的智能门成为公司

◎ 王蓓蓓《扬龙商旗帜 逐共富梦想》

主打产品，订单量稳步提升。截至2022年9月，顺帆工贸有限公司的生产总值同比增长20%，企业发展又迈上了新台阶。

2021年9月，作为县人大代表的王蓓蓓第一次参加了8090新时代理论宣讲团的宣讲活动，从此与8090新时代理论宣讲团结缘。2022年2月，新生代企业家分团正式成立，王蓓蓓担任副团长。之后的日子里，她在自己的企业讲党史，在开发区讲共富，和企业家讲龙游政策，与大家分享自己的故事，用亲身经历阐述新时代青年企业家敢于突破、勇于创新的坚定信心。

"如何发家致富奔小康"是广大群众关注的热点话题之一，"龙游飞鸡"品牌创始人胡潇文以自己的创业经历为宣讲内容，向老百姓宣讲自己顺应党的乡村振兴政策，实现发家致富奔小康的故事。

"龙游飞鸡是怎么来的？是我吃出来的！"胡潇文一句话逗笑了大家。

"在龙游还有没有更好的既好吃又可以实施标准化养殖的鸡种呢？我觉得应该为家乡父老做点事情，那就从教他们养鸡、帮他们卖鸡开始。""85后"的胡潇文曾在外打拼多年，2016年在乡村振兴有关政策的感召下，毅然决定回到家乡创业，把老家的传统土鸡打造成网红品牌"龙游飞鸡"，把一只只不起眼的土鸡变成了老百姓的"致富鸡"。

◎ 宣讲员胡潇文创办的企业获评"全国脱贫攻坚先进集体"

在创业之初,胡瀞文尝遍了各种酸甜苦辣,经过不懈努力,她成立了一家以互联网为销售平台、以物联网为支撑的现代农业平台型企业,开创"龙游飞鸡"数字农业发展模式,带动家乡村民致富,推动了乡村振兴。至今,她在龙游建有500个"飞鸡场",在四川叙永建有1000个"飞鸡场",共带动1462户近4000多人脱贫。

"'龙游飞鸡'能够融入并服务脱贫攻坚大业,为全面建成小康社会做贡献,我别提有多兴奋!"她的故事是8090一代的创业缩影。加入龙游县8090新时代理论宣讲团后,她的宣讲振奋和吸引了更多有志之士、寓外乡贤加入宣讲队伍,也更好地带动了一批拥有技术和资本的人积极投身农村创新创业热潮,为乡村振兴奉献青春力量,实现人生价值。

"我们是锦鲤文化特色村。"龙游县湖镇镇文林村村民郑健正在投喂鱼池里的几十条锦鲤,他朝着自家房子指了指说,"还空了好几间房,下一步想要打造成民宿,吸引更多游客。"在文林村,像郑健一样的锦鲤养殖户还有20多家,而帮养殖户们解决销路问题、提供技术指导的正是兴隆观赏鱼养殖有限公司负责人李义。

◎ 宣讲员李义参加2022年度龙游县"百团大战"总决赛

　　文林村锦鲤养殖带头人李义因家庭变故辞去杭州的工作返乡创业。"以前在杭州读书、工作时就关注过观赏鱼市场，由于老家文林村的水质不错，周围的环境也非常好，有山、有水、有农田、有池塘，因此我看好在家乡壮大这个产业。"虽然创业的过程极其艰辛，但其间李义得到了许多好心人的帮助和政府的大力支持，锦鲤养殖场逐渐起色。如今，"文林锦鲤"的品牌已打响，年产值达上千万元。8090新时代理论宣讲团将李义吸纳进来，希望通过他的宣讲，让更多的青年人看到农村创业的机会、增强返乡创业的信心，从而建设家乡、发展家乡。李义的宣讲深深地触动了衢州学院大学生创客朱海鹏，他说："主题很明确，讲得很真实，对我现在做的智能输液创业项目是有帮助的。现在国家对创新创业很重视，有不少好政策，我希望最终能成功。"两代创客相互对望，是8090新时代理论宣讲队伍发展成果的缩影。

　　在理论宣讲中，中浙高铁轴承有限公司"90后"青年工程师张佩思，用自己的故事生动地诠释开拓创新的意义。张佩思在2016年毕业后选择进入了一家行业内顶尖的外资轴承企业。但在这家企业工作时，他清醒地认识到技术只有掌握在自己手里，才不会被"卡脖子"。他最终选择离开这家外资企业，加入中浙高铁轴承有限公司，致力于研发高端轴承技术。

◎ 宣讲员张佩思宣讲"创新从一套轴承开始"

如今,作为宣讲团成员的张佩思,利用自己的周末休息时间奔走于企业和学校,向青年人讲述这段关于中国制造的故事。在宣讲团专业导师的悉心指导下,张佩思将"为大国重器贡献青春力量"作为自己的宣讲主题,台上宣讲轻松欢快,台下互动踊跃热烈。张佩思通过分享自身的求学经历、工作感言、人生梦想,通过一个个引人入胜的小故事,串联起他心中的强国梦,深切感染了群众。张佩思的宣讲,吸引更多的青年创客、年轻工匠走出自己的小圈子,加入青年理论宣讲团,在结合自身故事进行理论宣讲的同时,也可以认识更多志同道合的好伙伴,共同提升成长。

企业家群体、青年创客以及来自企业、农村等地的产业人才是发挥示范引领作用,为家乡出谋划策、牵线搭桥,激励更多创业者支持家乡、反哺家乡的重要群体。通过8090新时代理论宣讲这个平台,分享企业家励志创业故事,可以进一步彰显企业家精神,传播正能量,发挥好宣讲团在民营经济人士理想信念教育中的重要作用。

在大家的共同关心和努力下,这些来自各行各业的年轻人因为热爱聚到一起,也因为理想而奋力拼搏。"80后""90后"青年成了一颗火种,他们坚定了使命和责任,去感染更多的年轻人,在理论宣讲的战线上不断壮大新生力量。

4. 青年学生群体

青年一代充满朝气和活力,富有表现力,学好党的创新理论,讲好中国故事,传承好红色基因,以"00后""10后"为代表的青年学生同样不能缺席。习近平总书记指出:"一代人有一代人的长征,一代人有一代人的担当。建成社会主义现代化强国,实现中华民族伟大复兴,是一场接力跑。我们有决心为青年跑出一个好成绩,也期待现在的青年一代将来跑出更好的成绩。"[1]因此,新时代开展好理论宣讲工作,还要立足青年视角、聚焦青年主角,让青年召唤青年、让青年带动青年、让青年影响青年,为新时代理论宣讲源源不断地注入青春力量,推动实现理论之树常青。

龙游县8090新时代理论宣讲团在壮大宣讲队伍的过程中,不断培育以"00后""10后"为代表的青年宣讲队伍。通过创设并用好"8090百员联百校""大学

---

① 习近平:《在纪念五四运动100周年大会上的讲话》,《人民日报》2019年5月1日,第2版。

生假期实践联盟""高校青年宣讲共建基地"等载体，举办"开学第一课""国旗下讲话""接力8090""牢记嘱托循足迹话共富"等主题活动，不断吸纳以"00后""10后"为代表的青年群体加入理论宣讲队伍，进而推动"80、90、00、10后"同台宣讲、同步成长。

2021年暑假，"8090接力有我"2021年龙游县大学生联盟暑期研习实践营活动在龙游县举办，此次研习实践营特别融入8090新时代理论宣讲，为"00后"学生搭建了一个青年理论宣讲的舞台，把宣讲主体从"80后""90后"向"00后""10后"群体延伸，让8090新时代理论宣讲团成为培育时代新人的重要阵地。

◎ 龙游县举办大学生联盟暑期研习实践营活动

来自龙游县大学生联盟暑期研习实践营的"00后"大学生钟欣也首次参与理论宣讲就获得了现场听众的连连掌声。"2020年我就听过8090新时代理论宣讲团的宣讲，在听了哥哥姐姐们以生动活泼的方式分享党的创新理论后，我一直念念不忘。"当她得知宣讲团在招纳大学生时，作为"00后"大学生的她便第一时间报名加入宣讲团。在宣讲团导师的鼓励和帮助下，钟欣也对中国共产党的历史、中国共产党人的信仰有了更深的认识。暑期结束回到北京的母校，她加入了学校组建的第一支校宣讲团，理论宣讲星星之火开始燎原。

2021年9月，为进一步推动理论宣讲工作走深、走实、走新，用年轻人的方式，让广大青少年从宣讲中汲取力量，点燃青少年爱党爱国之情，提升他们对党史学习的热情，激励他们接好历史的接力棒，龙游县启动了"百员联百校"活动，8090宣讲团成员把党史知识和"七一"讲话精神带进"开学第一课"的课堂，将理论宣讲进一步向"00后""10后"青年学生群体延伸。

宣讲员吴巽表示："很开心能与大朋友、小朋友一同上开学第一课，可以一起成长共进。"她在横山小学直播间内化身思政老师,与同学们分享美丽中国的变化。塔石初中的学生邓悦听了宣讲后深受启发,表示自己将向哥哥姐姐们好好学习,希望以后也能成为宣讲团的一员。

"10后"的宣讲员范亚乔是红领巾宣讲分团的一员,他的父母都是宣讲团的"金牌讲师"。范亚乔说:"在家里爸爸妈妈都会练习他们的宣讲内容,有时候还会把我当成听众。"在父母的影响和鼓励下,小亚乔也跃跃欲试。

2020年10月,恰逢龙游县举办龙游县少先队员宣讲比赛暨"红领巾宣讲团"成员选拔赛,范亚乔在父母指导下,声情并茂地讲述了《一粒米的故事》,带动大家响应总书记的号召,一起抵制餐饮浪费,自觉践行光盘行动。最终,范亚乔在比赛中脱颖而出获得一等奖,并被聘为"红领巾宣讲团"宣讲员,他的故事便是"粉丝"到"讲师"的一个真实的写照。

◎宣讲员范亚乔(右一)在"红领巾宣讲团"成员选拔赛现场

以"00后""10后"为代表的学生群体,热情、认真、充满活力、善于思考,他们可爱、正直、富有知识、满怀理想。在他们身上,可以看到对党和国家事业的自信、对民族前途命运的自信,这让老前辈们感到后生可畏。

正是这样的接力与传承,为8090新时代理论宣讲源源不断地注入最青春、最活跃的力量,凝聚起强大的宣讲力量。

5.各领域的能工巧匠

三百六十行,行行出状元。各行各业的能工巧匠也成了8090新时代理论宣讲的宝贵资源。龙游县将这些有特长、有影响力的特殊人群集结起来,形成各具特色的宣讲分团,他们用大白话、家乡话,用亲身经历的故事、群众喜闻乐见的方式,把理论宣讲做成人民群众喜爱的"口味菜"。

截至2022年12月,龙游县组建了对宣讲员不设年龄限制的特色分团,譬如文艺宣讲团、榜样宣讲团、巾帼宣讲团、劳动者之歌宣讲团等。这些宣讲团将县里一些优秀文艺工作者、最美龙游人、能工巧匠等召集起来,面向不同受众开展有针对性的宣讲。

2022年5月,8090新时代理论宣讲团巾帼分团正式成立,19位来自乡镇工作一线的巾帼宣讲员进行了一次别开生面的宣讲PK赛。她们结合自己的亲身经历,用朴实而生动的语言,向村民讲解党关于共同富裕及乡村振兴的政策理论。

湖镇镇新光村妇联主席王素仙将带动新光村妇女制作"手工丝袜蝴蝶"的照片带到现场,讲述劳动妇女团结一心在家门口就业的故事。大街乡新槽村村干部傅宁是土生土长的新槽村"95后",对家乡日新月异的变化也是备感骄傲:"我亲眼看着村民的黄泥房变成了小洋楼,大家从贫穷走向小康。今天我就以新槽村的发展为主题,让大家听听新槽村的变化,为全县共同富裕贡献我们新槽力量。"接下来,县妇联将继续选拔、挖掘一批优秀的巾帼宣讲员,不断壮大巾帼宣讲团队伍,继续开展丰富多彩、生动活泼的学习宣讲活动,肩负起传递党的好声音的光荣使命,把党的历史和创新理论讲给更多的人听,在助力共同富裕示范区建设中贡献青年巾帼力量。

龙游县人民医院重症医学科的主治医师俞啸是榜样宣讲团的一员,作为一名援鄂医师,他结合自己的亲身经历,讲述了前往武汉战疫49天的故事。俞啸说:"家文化是中国文化的'基因',正是有了家的信念,我才有出征武汉的勇气,甚至为抗疫战斗做好了牺牲的准备。"他用质朴的语言和真实的情感讲出了抗疫一线医护人员和志愿者不惧生死的付出,讲出了党中央的科学指挥和强大力量,讲出了厚植于中国人民心中五千年的文化底蕴和文化传承,引发了听众的强烈共鸣。

随着龙游县8090新时代理论宣讲团不断从各行各业、各战线、各领域吸纳优秀人才,宣讲团的宣讲力量不断加强,辐射范围不断扩大,龙游经验不断走出龙游、走出浙江、走向全国。

二、星星之火开始燎原

品牌打响了,如何不断精进、持续发力,让党的创新理论潜移默化地延伸到基层,传递到每一位老百姓心中,成为一个更重要的目标。

在组织层面,龙游县强调规范化标准化建团,组建由党政"一把手"任组长、组宣分管领导任副组长的领导小组,实现领导小组成员覆盖的全面性、工作的权威性,并落实定期议事制度,进一步统筹推进全县青年理论宣讲工作。原则上各分团体制内青年干部职工全员参与,积极吸收本区域本系统体制外热爱理论宣讲的优秀青年。大力依托微党课、百团大战、电视大赛等比赛活动平台,挖掘全县理论基础扎实、宣讲能力突出的骨干青年,充实进入宣讲团,打造一支有思想、有活力、能创新的宣讲队伍。结合本地事、新鲜事、国家事,将抽象的理论通俗化、大众化、故事化,从小切口反映大道理、以小故事讲好大发展。强化县职能部门合作,有针对性地解决群众在农技、医疗、基础设施等方面的困惑并满足他们的需求,挖掘各行各业的人才。聘请资深专业人士作为宣讲团的导师顾问,帮助"80后""90后"青年从"小粉丝"逐步成长为独当一面的"讲师",形成名师效应,扩充队伍建设,将"乡村振兴讲堂"讲师库中的"80后""90后"干部人才纳入宣讲团,动员县级以上双重管理两新党组织中的优秀年轻人才加入宣讲团,将"龙游飞鸡""文林锦鲤""一盒故乡"等群众认可度高、特色鲜明的品牌的创始人纳入宣讲团。按照一定程序,选树一批表现突出的优秀宣讲员、先进的基层党组织,形成优秀典型事迹进行通报表扬。通过电视、新媒体等渠道对优秀典型进行宣传,发挥典型的引领和带动作用。

在个体层面,龙游县8090新时代理论宣讲团的宣讲员注重以学促讲,他们既是理论宣讲的"参与者",又是"实践者",为提升自身宣讲能力开展好每一场理论宣讲。"80后""90后"青年紧抓"学""讲""干",使之环环相扣,打造理论宣讲"轻骑兵"。"学"就是深入理论学习、厚植理论功底。来自各行业、各领域的宣讲员可以用于提升宣讲技能的时间十分有限,于是宣讲团在队伍建设上配合使用专业培训和自我学习两种方法,最大效率地提升宣讲员的宣讲能力。"讲"就是使理论指导和实践操作相统一。宣讲员加强实践锻炼,不断在学习中成长,在宣讲中提升,在实践中磨炼。"干"则注重政治学习同业务提升相结合,提升宣传工作服务政治需求的能力,使宣讲员真正地学有所获,以更高的标准严格要求自己,在奉献中成就自我。

(一)专业指导和自我学习相结合

新时代做好理论宣讲工作,一方面需要青年宣讲员具有扎实的理论功底,深入学习并全面把握党的创新理论。具体说来,青年宣讲员要把握好党的创新理论的"时、度、效"特性;要不断查阅资料,求证理论出处,明晰理论的精神本义;要讲清楚理论出台的时代背景和意义;要将对创新理论的解读渗透到人民群众的习惯中去,渗透到他们的生活常规中去,满足社会公众的多元化需求。另一方面需要青年宣讲员具备灵活的宣讲技巧。具体说来,青年宣讲员要把握宣讲的选题定位;要通过撰写讲稿明晰宣讲逻辑和思路;要掌握宣讲的语言技巧、态势语运用技巧等。

年轻人朝气蓬勃、求知若渴、勤奋好学,但宣讲员提升宣讲技能的机会有限,而宣讲团恰好为他们提供了各种学习和提升的机会。在具体形式上不拘泥于固定的传统教学模式,而是根据宣讲员的实际情况,采取了专业指导和自我学习相结合的方法,帮助这群年轻人在理论宣讲的舞台上持续发光发热。

为使青年宣讲员的宣讲能力得到快速提升,宣讲团一方面聘请专家作为宣讲团导师,定期举办骨干宣讲员培训班,为青年宣讲员提供理论培训、讲稿把关、宣讲技巧指导等服务,不断提升青年宣讲员的理论水平、宣讲技巧,丰富宣讲形式,让群众"听得懂、听得住、听得进";另一方面,组织宣讲员列席各级党委(党组)理论学习中心组学习会,选派优秀宣讲员参加上级举办的各类政治学习和轮岗轮训。此外,宣讲团还通过开展宣讲员星级评定以及考核工作,推动宣讲员合理安排时间,加强自主学习,不断提升宣讲技能。

来自龙游县总工会的李姗认识到，作为一名宣讲员，她的责任重大。"一堂精彩的宣讲，既要贴近听众、内容有深度，又要有回味。要达到这样的效果，需要前期后期持续发力。"因此，宣讲前，李姗会通过各种渠道了解当地的特色和听众的特点，积极融入听众；在宣讲时，又精心设计互动，提高听众参与度，力求打动听众；宣讲后，她会积极寻求听众的反馈，及时调整自己的稿件，力求最佳宣讲效果。李姗说，通过一场场的公开宣讲，她学习理论的内生动力被彻底激发出来。"我会坚持下去，浅尝辄止的理论学习说服不了自己，更打动不了别人，今后我会更加主动学习，做足功课。"

龙游县资源规划局的汪杏怡第一次宣讲时的感觉是无比迷茫的。"无论是写的内容还是讲的气场，都处于负的状态，头脑仿佛处于真空的状态。硬着头皮写完了稿子，但总觉得内容上有所偏差，琢磨不到自己想要的点。"

慢慢地，她开始参加宣讲团的理论培训和宣讲技巧培训，并观摩其他选手的精彩宣讲，用榜样的力量鞭挞自己前行。通过观看宣讲视频、阅读优秀宣讲稿，记下他们的亮点、创新点，她大开眼界、拓宽了思路，为之后的宣讲注入源源不断的活水。

◎ 龙游县举办8090新时代理论宣讲团集体试讲会

汪杏怡坚持宣讲学习入耳入心、学思并行,坚持"会学""会写""会讲""会干"全面发展,讲好党的理论、学好党的精神,使理论宣讲层层推进、自身信念层层加固、初心使命代代相传。

这种由内而外的学习主动性,让青年人的学习热情不断攀升、学习积极性不断升高。青年人发自内心地爱上了理论、坚定了信仰,他们在学中干、干中信,更是从中收获了快乐感、存在感、成就感、价值感和认同感。

(二)政治学习同业务提升相结合

理论宣讲是加强理论武装、传播党的政策、广泛凝聚人心的一种重要形式,具有很强的政治性、思想性、导向性,这就决定了开展党的理论宣讲不同于一般的宣讲,要站在讲政治的高度,突出精准对标,做到忠实于原文、原著、原意。要保持政治清醒,把牢宣讲的方向,把增强"四个意识"、坚定"四个自信"、做到"两个维护"贯穿宣讲全过程;要把握重点精准阐释,以准确展现习近平新时代中国特色社会主义思想精髓为遵循,做到观点论证准、言语表达准;要站高谋远讲清大局大势大事,围绕党中央决策部署和新时代新要求,讲好中国故事,讲好中国共产党的故事,扛起传播党的声音、服务党的事业发展大局的历史使命。因此,宣讲团在加强宣讲队伍建设的时候,为避免青年宣讲员在工作与学习中只注重业务能力,而疏于政治理论学习,尤其需要注重建立并完善政治学习与业务提升相结合的学习方法。

以政治理论学习,提升工作精神动力。宣讲团牢牢把握政治理论学习方向,带领宣讲员围绕"党的二十大精神""十九届六中全会精神""习近平浙江足迹"和《习近平谈治国理政》第四卷等主题,深刻学习领悟、准确把握主要内容,在个人自学和集中学习的基础上,及时召开讨论会、备课会,逐一发言交流研讨。

在理论学习的同时,宣讲团结合重大会议、重要节点,第一时间发布征稿主题,广泛开展宣讲稿征集,既保障宣讲内容时效性,又强化宣讲课程的政治理论性,以便于打造出一批高质量的精品宣讲课程。

宣讲团还组建理论宣讲选题收集小组,搜集基层群众、青年群体感兴趣的热点、难点问题,为青年宣讲员的理论宣讲提供导向,增强宣讲员理论宣讲的针对性、实效性、吸引力。

2021年,龙游县全面开展"8090学党史讲党史"系列主题宣讲活动。此次活动不仅有利于宣讲员们重温党的历史,也提升了宣讲员们的宣讲能力,让大家在宣讲中接受思想政治洗礼。

在撰写宣讲稿的过程中,宣讲员黄钊慧通过阅读烽火家书,重新认识了因为革命工作不得不把孩子寄放在孤儿院的瞿秋白夫妇,认识了放弃殷实家业独自前往异国他乡求学的傅烈,读懂了一份空无一字的家书如何承载千钧深情。之前她曾有过一些疑惑:为什么会有父母把孩子寄放在孤儿院,难道他们不知道陪伴是最好的教育?为什么会有人愿意放弃殷实家业,难道他们就喜欢过风雨飘摇的生活?为什么会有夫妇在新婚时就选择分离,难道他们不是真心相爱?有的时候她甚至会觉得影视作品中催人泪下的革命故事总带着一点文学的修饰。直到她开始重温革命烈士的家书,直面真实鲜活的文字,她才知道即便是轻飘飘的一封信也可以承载如山般的拳拳深情。

◎ 宣讲员黄钊慧参加"8090学党史讲党史"系列主题宣讲活动

通过学习,黄钊慧写出了宣讲稿《红心写就烽火家书》。一名党员干部听完宣讲后,和她分享了自己的想法:"在山河飘零、满目疮痍的战争岁月,我们党内真的出了许许多多优秀的共产党员。谢谢你让我知道了许多我之前没听过的,但为新中国英勇奋斗过的革命英雄。我自问也是一个爱国的人,感谢现在我们强大的祖国,让我们远离战争动乱,我知道这个世界并不和平,和平的只是我们国家。我很遗憾自己没能从军,守卫国土,但现在我也是在自己的岗位上切切实实地为人民服务。虽说没有像革命英雄一样抛头颅洒热血,但是我甘愿为群众付出我的时间和精力,只要群众有需要我从不推辞。"

立足本职,发挥理论引领作用。龙游县农业农村局的宣讲员王舒洁在龙游县小南海镇汀塘圩村,向当地养殖大户和村两委宣讲了生猪养殖技术重点及相关政策安排,通过正反典型例子生动、充分地讲解了养殖过程中需要注意的地方,获得了村民们的一致好评。

龙游县国调队的宣讲员黄璐、曹晓萱、吴玲下乡入村走户,采取一对一的方式对住户、记账户开展统计法治、业务规范等方面的宣讲,提醒记账户要如实记录家庭收支情况,做到应记尽记,不重不漏,确保数据客观真实,为政府科学制定保障和改善民生相关政策保驾护航。

龙游县公安局东华派出所和十里坪戒毒所的青年宣讲员们一起走进龙游县华茂中学开展宣讲活动,在宣讲理论的同时展示毒品仿真模型,并开展互动答疑,为全校师生送上了反诈、禁毒、反邪教的别样的"开学第一课",让同学们"元气满满"地安全学习。

(三)理论指导和实践操作相统一

龙游县8090新时代理论宣讲团的青年热情、朴实、自信,他们的风采打动了很多年轻人,让年轻人愿意去接触理论、学习理论、传播理论,加入这支朝气蓬勃的队伍。但很多年轻人都是宣讲"小白",第一次走上舞台难免面临手足无措的尴尬境地,只有在导师指导和宣讲实践中才能不断得到历练与成长,在宣讲中学会宣讲。

开展好理论宣讲工作,宣讲员要积极主动地学习理论知识,借助宣讲的时机和更多的同龄人一起探讨交流,将理论知识学扎实、学深入、学透彻,还要紧贴现实多做实事,从群众的兴趣点入手,从生活、工作、家庭、社会的所见所闻等直观感受出发,描绘理论在实践中的模样,使理论宣讲紧紧贴近现实,不空洞、不乏味,立足实际,把党的方针政策聊透彻,多讲点百姓身边事,以通俗易懂的方式讲述理论政策,让大家能够看进去、听下去、记得牢。

罗家乡"90后"宣讲员范珊加入宣讲团后,经历了写宣讲稿的"绞尽脑汁",体会了第一次宣讲的"手足无措",接受了导师悉心的指导,走向了田间地头,走近了村民身边……最后她展现了星级宣讲员的魅力。

加入宣讲团后,范珊接到的第一个任务是到联系村开展一次宣讲。为了更好地撰写宣讲稿,乡里组织召开了宣讲交流会,交流选题以及思路,并进行试讲。当真正开始宣讲的时候，面对村民，范珊又感到了莫名的紧张。庆幸的是，村里老百姓鼓励的目光消除了她不少紧张情绪。为了能更好地拉近彼此的距离，范珊用起了方言。卡顿好几次的宣讲"首秀"终于结束，她也从此开启了当宣讲员的旅程。加入宣讲团以来，范珊奔赴乡村、社区、企业，观摩优秀宣讲员用亲切、质朴的话语讲好"本地事"、讲好"新鲜事"、讲好"国家事"。

何双双是龙游县人民医院的一名援鄂护士。2020年6月，她第一次接触宣讲。没有任何宣讲经验的她，写出的第一稿就被导师给否决了。导师蒋爱军带着她一次次地阅读素材，一次次地试图走进她的内心世界，一次次地修改稿件，一次次地推翻，在反反复复中，终于找到了最适合何双双的表达体裁——日记体。由于工作素材的积累足够多，第二稿出得很快，但是内容太多，在8分钟的规定时间里讲不完，于是，蒋爱军按照为什么去驰援武汉、战疫中最难忘的是什么、这次战疫给人生带来了什么改变的顺序，帮助何双双厘清了思路，并一对一辅导试讲。蒋爱军说："每次听她讲到'我在呼吸科、感染科待过，我还有哥哥，我报名'时，我的眼泪就禁不住地流，这是个多么勇敢的小姑娘啊！"

2020年7月21日，全省青年理论宣讲工作现场会在龙游县召开，何双双的宣讲让现场很多人都流泪了。后来何双双带着《武汉战"疫"日记》在全县各村社、学校、企事业单位宣讲，参加了"8090赴新疆宣讲"的活动，成为浙江传媒学院的特聘宣讲员。她说："宣讲和战疫一样，都是人生的历练。"经过一次次宣讲后，芳华28岁的何双双光荣地加入了中国共产党。

◎何双双《武汉战"疫"日记》

在余村金村的小广场前，宣讲员陈昕现场邀请村民合唱村歌，当《罗家就是好》的旋律响起，在场村民的热情迅速被燃起。紧接着，一张张照片、一段段故事，把村民的思绪带回到2007年1月习近平同志来村里调研的那天。村民们跟随着宣讲员感受了家乡的变化、政策的红利，宣讲结束时，村民们意犹未尽、掌声不停，好几位村民动情感慨："共产党真好！"

理论宣讲不一定需很大的舞台，村口的大樟树下、社区小广场前的小舞台，在宣讲员们的点缀下，同样可以被赋予无限的活力与无尽的精彩。可以说，龙游县8090新时代理论宣讲团安排的这些教学实践不仅有力推动了理论宣讲工作的开展，也让青年宣讲员的理论水平和实践能力得到了提升。

第二节 规范化制度化,日趋完善的好队伍

"1+97" 宣讲团架构

《龙游县8090新时代理论宣讲员星级评定管理办法》　《龙游县8090新时代理论宣讲团社团章程》

三星级宣讲员
四星级宣讲员
五星级宣讲员

"00后"宣讲团
骨干宣讲团
榜样宣讲团

1 县团

社 团

97 分团

体制内
分团77个　乡镇分团15个 部门分团62个

体制外
分团20个　企业行业分团15个 合作共建分团5个

《龙游县8090新时代理论宣讲团县团管理办法》　**+**　《龙游县8090新时代理论宣讲团分团管理办法》

宣讲队伍从成立初的30余人增长到4000余人,累计宣讲达1.7万余场次

◎ 龙游县8090新时代理论宣讲团队伍架构

组织的高效运转离不开高质量的人才队伍建设,而人力资源管理是推动组织高质量人才建设的关键环节。龙游县8090新时代理论宣讲团在推动宣讲队伍高质量建设的过程中,通过采取科学的管理方法,对宣讲员展开有针对性的管理、组织和调配,确保资源比例的科学性与合理性,对宣讲员进行科学引导,在行为与心理上产生相应的影响,利用人的主观能动性,发挥人力的最大效能,实现宣讲团树立的宣讲目标。

一、搭建宣讲队伍管理架构

理论宣讲工作的高效开展,需要组建高质量的宣讲队伍,而要激发宣讲队伍的内在力量,还需要宣讲团内部形成权责明确、有效协调的组织结构体系,强化队伍管理。龙游县委组建8090新时代理论宣讲工作领导小组和工作专班,工作专班在工作领导小组的领导下开展工作。

(一)宣讲工作领导小组和工作专班

2020年6月10日,龙游县围绕"理论进万家、最后一公里、走群众路线、育时代新人"的发展目标,对照县委"专办＋专班"运作机制,成立由县委、县政府主要领导担任组长,县委组织部、县委宣传部主要领导担任副组长,各乡镇(街道)机关有关部门主要领导为成员的县委8090新时代理论宣讲工作领导小组,统筹推进全县青年理论宣讲工作,领导小组办公室设在县委办。

龙游县成立8090新时代理论宣讲工作专班(以下或简称"8090工作专班"),搭建"领导小组＋工作专班"组织架构。实行集中办公、实体运作,专人专职、专业专办,对全县8090新时代理论宣讲工作开展协调、指导、督查、考核,对宣讲团成员进行教育培训,负责全县理论宣讲工作的宣传和活动策划。8090工作专班为宣讲团成员提供全面、系统的培训和服务,并根据任务需要,及时组织专题培训,帮助宣讲团成员掌握最新政策、最新理论,提高履职能力和水平。同时,8090工作专班对宣讲团成员进行综合评价,评价结果作为对宣讲团成员考核评级的重要依据。

(二)总团和分团

为加强宣讲员的统筹管理,龙游县构建了"县级总团、乡镇部门分团、基层网格小组"的三级组织架构,并在后续的工作实践中不断完善和优化,促进理论宣讲队伍梯队建设,实现青年理论宣讲的全覆盖。截至2023年1月,龙游县8090新时代理论宣讲团已经形成"1个县级总团＋97个分团＋N个研习小组"的组织架构。

依据《龙游县8090新时代理论宣讲团社团章程》,制定了《龙游县8090新时代理论宣讲团县团管理办法》,要求县级总团设团长一名、副团长若干名、联络员一名。团员是从全县优秀宣讲员中选拔产生的星级宣讲员,他们有着较强的宣讲能力和过硬的理论素养,是宣讲员中的佼佼者。截至2023年1月,县级总团组建了十个研习小组,分别是形势与政策组、"两山"理念组、乡村振兴组、文明有礼组、民主法治组、百姓民生组、经济发展组、科普教育组、文化自信组、理想信念组,每个小组组长由乡镇(街道)宣传委员担任,从县委宣传部机关及

8090工作专班选配一名青年干部作为联系人,负责协调落实研习、宣讲等具体任务。

县团还采用"内请＋外聘"形式聘请县内外理论功底深厚、工作经验丰富、业务能力突出的专家学者担任县团导师,提升县团宣讲员的理论素养和宣讲技巧,加强对分团精品稿件、宣讲指数①等方面的业务指导。

按照"全员＋自愿"原则,宣讲团在全县各部门、乡镇(街道)组建宣讲分团,并制定《龙游县8090新时代理论宣讲团分团管理办法》和《8090分团规范化标准化建设操作要点》,要求每个分团都要建立组织领导机构、规范人员进出机制、建立研习制度、配强导师队伍、打造精致场景、开展常态宣讲等,实现理论宣讲的规范化标准化建设。每个宣讲分团配备团长一名、联络员一名,宣讲员不少于三名,不足三人可联合建团,二十人以上可内设研习小组。除部门、乡镇(街道)分团外,还组建新生代企业家、劳动者之歌、红领巾宣讲团等体制外特色分团。

龙游县8090新时代理论宣讲团依托全县组团联村(社区、企业)现有网格单元,做细做实网格管理。按照"划小网格、属地负责、区域联盟"原则,把各乡镇(街道)、经济开发区划分成小、中、大网格。村(社区、企业)"小网格"以现有组团联村(社区、企业)网格为依托划定,按照"固定＋流动"原则,以乡镇(街道)、机关部门(单位)派驻网格指导员为基础,将宣讲员编入网格,确保每位宣讲员都进入一个固定网格,每个网格至少有一名固定宣讲员,主要负责需求征集、组织发布、场景布设、效果反馈等工作;以各乡镇(街道)、机关部门为"中网格",每个乡镇(街道)由一到三名县领导挂联、若干个机关部门(单位)联系,主要负责日常管理服务、宣讲员星级评定、精品课程打造等工作;以县领导分片区联系乡镇(街道)和机关部门(单位)挂联乡镇(街道)为依托,建立网格区域联盟,将全县划分为五个片区大网格,每个大网格由一名县委常委挂联;区域联盟大网格进行组织培训、互看互学和宣讲比拼,要经常性地对各网格宣讲工作组织情况进行督查,常态落实、长效推动。

---

① 宣讲指数,是通过设置宣讲员宣讲素材贡献率、群众满意度和日常宣讲评价等指标,搭建的青年理论宣讲评估体系,以督促宣讲员提升宣讲实效。

二、用好队伍多样管理手段

宣讲队伍的规范管理不仅需要搭建完整的组织架构,还离不开多样化的管理手段。龙游县根据8090新时代理论宣讲团组织建设与人员管理的需求,采取了一系列具体有效的措施,不断推动宣讲队伍向前发展。通过加强制度建设、组织开展常态化宣讲活动、举办品牌赛事、组织宣讲员星级评定等手段,不断加强队伍管理与建设,提高了宣讲员的综合素质,多样化、常态化地推动全县新时代理论宣讲工作。

(一)制度建设促进队伍管理规范化

扎实推进宣讲队伍制度化、规范化建设,是推动宣讲队伍高质量发展的切实举措,是推动宣讲团有序运转、理论宣讲工作有效开展的重要保障。宣讲团通过制定社团章程、建立规章制度,明确宣讲团发展的目标,确认宣讲员责任和义务,推动宣讲队伍管理各项工作的有效落实。

1. 制定社团章程

2022年1月,龙游县召开8090新时代理论宣讲团团员代表大会,表决通过了《龙游县8090新时代理论宣讲团社团章程》(以下简称《章程》),为进一步规范化制度化管理宣讲团提供了坚实的保障。

《章程》对宣讲团团员入团条件、入团程序、权利义务、荣退机制做出了明确规定,对社团的最高权力机构——团员代表大会及相关事项做出了详细规定,对县团和各分团的设立制定了必要的规则,并对团徽、团旗、团歌等团队文化的组成部分进行了简要的介绍。除此之外,文件还包含资产管理和使用原则等其他信息。

《章程》规定,县委宣传部要为县团的讲师配备理论导师,各分团、小组可根据本单位实际情况,指定具有一定理论功底、基层实践经验较为丰富的老同志作为导师,为宣讲员补理论、补语言、补专业、补技巧,让宣讲员充分感受到团队的力量,拥有归属感。龙游县人力社保局的郑素红表示,加入宣讲团后,感觉自己的理论学习愿望更强了、宣讲能力提升了、宣讲方式也灵活了。"这些点滴的进步与成长离不开这个宣讲团队,离不开团队导师们的辛苦指导。"可以说,导师和顾问的制度性规定在宣讲团成员的成长过程中发挥着举足轻重的作用。

《章程》重视吸纳与发展团员工作,进一步健全了人员进退及队伍准入制度。从各行各业的优秀青年中选拔团员,要求团员年龄在40岁以下、政治立场坚定、道德品质优良且热爱理论宣讲。这种选拔方式不断巩固并强化宣讲团以青年为主体、以青春力量传播党的声音的重要特征,使理论宣讲队伍永葆青春活力。

宣讲团实行入团和退团自愿的原则,建立了宣讲员荣退机制,鼓励优秀荣退宣讲员加入导师团、顾问团。

2022年1月20日,龙游县举办8090新时代理论宣讲团社团成立大会,并在会上举行了县团骨干宣讲员荣退仪式和徽章交接仪式。老宣讲员们取下团徽,为新加入的宣讲员佩戴上。荣退宣讲员吴森邦说:"两年多的宣讲让我对龙游县8090新时代理论宣讲团有着深厚的感情,我见证了它的成长、壮大和荣光,在每次的宣讲选题、磨课、学习和实践中,我的思想得到洗礼,也更加坚定了永远跟党走的信念。""这枚徽章佩戴在我胸前的时候,我内心是十分激动的,因为这代表着我们新一批的宣讲员从那些优秀的骨干老宣讲员手中接过了责任的接力棒,我也将在今后的工作中担起宣讲重任,为8090新时代理论宣讲贡献自己的青春力量。"新晋宣讲员郑丽云坚定地说。

2. 制定分团管理办法

截至2023年1月,龙游县8090新时代理论宣讲团已经形成了"1个县级总团＋97个分团"的队伍架构。根据上述《龙游县8090新时代理论宣讲团社团章程》,宣讲团还制订了《龙游县8090新时代理论宣讲团县团管理办法》(以下简称《县团管理办法》)和《龙游县8090新时代理论宣讲团分团管理办法》(以下简称《分团管理办法》),对8090新时代理论宣讲团下属分团的相关组织工作做出了明确规定。

《分团管理办法》要求各分团做到"年初有计划、月度有动态、季度有比拼、半年有总结、年度有考评",确保各项工作落实落地。以精品稿件为例,要求各分团每月推荐优秀稿件一篇以上,每年入库精品稿件不少于四篇,要不断加强稿件创作工作。在常态化宣讲工作上,要求各分团每月至少宣讲四场;要创新丰富宣讲形式,探索文艺式、互动式、情境式、沉浸式宣讲;要推动数字赋能8090理论宣讲,用实用好"8090＋"青年宣讲应用,明确专人负责,落实素材上传、点单约单、视频报送等任务。此外,各分团要将8090宣讲纳入大党建体系,组织开展内部考核,对积极开展宣讲且效果突出的宣讲员及下属单位宣讲分队进行表彰奖励;要积极开展团队文化建设,结合自身实际打造各具特色的团队文化。

依据《分团管理办法》,龙游县人社分团严格抓队伍建设和工作落实,结合党史学习教育,在伊利乳业、龙洲街道驿前村等地开办"红色宣讲会",把惠民政策打包送到车间;利用"周二无会日",在联系结对的方门街社区莲花小区开办"板凳会",采用"居民说事、多方议事、人社办事"的模式解决居民的急难愁盼问题;在小区内组建"小喇叭"宣讲队,走街串巷宣讲疫情防控知识。自分团成立以来,累计开展理论宣讲活动200余场次,惠及受众达12000人次。

可以说,《分团管理办法》通过制定详细的规章制度,推动队伍建设、课程建设、场景打造等工作更加制度化、优质化,有机融合理论宣讲、惠民服务和公共文化,推动8090新时代理论宣讲团走深走实、迭代升级。

(二)"十必讲"让理论常讲常新

开展常态化宣讲,鼓励宣讲员们用贴近实际、贴近生活、贴近群众的小故事阐述大道理,不仅可以激起普通群众的"心灵共振",推进党的政策理论深入人心,还可以营造浓厚的宣讲氛围,培养宣讲员自主学习能力,不断提升宣讲水平。龙游县的"十必讲"制度正是推进理论宣讲常态长效的有效机制。

"十必讲"制度指的是各分团要严格落实重要会议必讲、重大活动必讲、中心工作必讲、惠民政策必讲、"每周夜学"必讲、主题党日必讲、"周二无会日"必讲、组团联村联企必讲、农村电影放映必讲、理论学习培训必讲等10个方面工作要求,每年开展各类宣讲2000场次、覆盖群众10万人次以上,让8090新时代理论宣讲团的好声音绽放在城乡大地。常态化宣讲的工作机制以及深层次、宽领域的理论宣讲,提升了宣讲员的宣讲能力,也增强了群众的获得感。

为落实好"十必讲"制度,龙游县总工会在组建劳动者之歌宣讲分团的基础上,创新推出"班前十分钟活动"红色小课堂。一方面以企业车间、职工之家、劳模工匠创新工作室等为主要阵地,在开工前十分钟开展线下理论宣讲;另一方面利用"龙游通""智享工会"等数字化应用平台开设网上宣讲阵地,为职工提供精准化、多层次的线上宣讲服务,扩大职工思想政治教育在线覆盖面,实现"线上＋线下"双向发力。截至2022年11月底,全县20家产改试点企业已开展"班前十分钟活动"541场,受众职工达5433人。

"民生事无小事,一枝一叶总关情。党的二十大报告中擘画的新的伟业蓝图中,'人民'是贯穿始终的一条主线……"龙游县溪口镇扁石村江边公园内人头攒动,来自龙游县纪委监委"姑蔑清风——8090说清廉"宣讲团的成员们用通俗易懂的语言,深入浅出地向当地村民宣讲党的二十大精神,大家聚精会神、认真聆听,现场学习宣传氛围浓厚热烈。

◎龙游县纪委监委《把好换届纪律关　选出共富干事人》

除此之外,各分团之间还通过联合开展宣讲活动,推动各具特色的理论故事齐聚一堂,送给听众一场场关于理论知识的"饕餮盛宴"。如林业水利分团、人力社保分团、农业农村分团、经信分团和发改分团联合举办了"请党放心,强国有我"主题以及"学党史、践承诺、见行动"反诈专题等多场宣讲"走亲"联谊赛。宣讲员们用质朴的"大白话",讲党百年奋斗取得的伟大成就、讲党的百年奋斗故事、讲"绿水青山就是金山银山"的发展理念、讲党的惠民政策,用小切口讲述大道理,解答广大民众最关心的问题。

截至2022年12月,龙游县在"十必讲"制度的推动下累计开展各类宣讲活动17000场次,覆盖受众达30余万人次,扎实推进理论宣讲工作再上新台阶。

(三)星级评定激活一池春水

宣讲成员考核是宣讲团队伍管理的重要组成部分。科学的考核标准会成为激励宣讲团成员的重要手段,可以有效激发宣讲员们工作的活力,也会对业绩落后的成员起到一定的警示作用。

为打造高质量的新时代青年理论宣讲队伍,高水平推进理论宣讲工作,龙游县自2020年开始,持续开展一年一度星级宣讲员评定工作,并每年印发《龙游县8090新时代理论宣讲员星级评定管理办法》。该办法通过标准化评定和动态化管理,依托宣讲员星级评定指数,建立"优胜劣汰、能进能出"的动态调整机制,将优秀青年不断吸收进宣讲团队伍,促进宣讲员不断提升内在动力。

星级宣讲员的评定过程分为个人自评、分团联评、总团定级、公示命名、表彰奖励等五个阶段,星级宣讲员分为三星级宣讲员、四星级宣讲员、五星级宣讲员三个层级。星级宣讲员自动纳入县团管理,评定结果有效期为一年,一年结束后依据本年度表现情况重新给予评定。被评定为三星级以下的宣讲员即被淘汰出县团管理队伍。自2020年宣讲员星级评定管理办法实施以来,累计评定年度星级宣讲员754名,其中"金牌讲师"157名,这些星级宣讲员推动着8090新时代理论宣讲不断走向系列化、体系化、精品化、特色化。

2020年,水务集团的宣讲员吴云龙初出茅庐,宣讲经历并不多,但是他秉持着对理论宣讲的热爱,积极参与各项宣讲活动,获评2020年度的三星级宣讲员。2021年3月17日,龙游县国资办组织开展国资系统"我心向党8090宣讲比赛",17名国资系统的宣讲员同台竞技,吴云龙也参加了这次比赛,并一举拿下一等奖。这次比赛经历让他对自己的宣讲更加充满信心。2021年,吴云龙获评四星级宣讲员。他说:"我一直很喜欢宣讲,这两年在导师和同事的帮助下,我对理论宣讲有了更加深刻的理解,也更加坚定了自己要一直通过宣讲服务群众的信念。"2022年,吴云龙在党的二十大召开之际,撰写了宣讲稿《担青春之责扬梦想之帆》,并与宣讲员方瑜组成搭档,共同演绎了情景式宣讲"穿越千年的时空对话",他们尝试在宣讲中融入说唱,在全省深化"千万工程"建设新时代美丽乡村现场会上宣讲了"12356,数说二十大",获得了现场观众的高度肯定。通过不断尝试与进取,吴云龙最终成为2022年度"金牌讲师"。

龙游县在发展培育青年宣讲员工作上继续积极创新,制定并发布了《龙游县高层次人才津贴及一次性奖励实施办法》,规定机关事业单位外被评为三星级、四星级、五星级的8090新时代理论宣讲员和导师,分别给予每人一定额度的政府人才津贴。此外,宣讲团还为每位星级宣讲员制作并发放私人订制的年度星级奖牌,给予宣讲员更多的荣誉感和归属感。

三、用团队文化凝魂聚力

毛泽东同志说:"没有文化的军队是愚蠢的军队,而愚蠢的军队是不能战胜敌人的。"①同样,一个没有文化的宣讲团也是一个没有灵魂的团队,注定难以发展壮大。团队文化是团队建设中一个非常重要的组成部分,如果把治理结构、管理制度看作团队的"硬件",那么团队文化就是"软件",可以有效增强团队凝聚力、向心力和持久力,并最大限度地激发团队成员的积极性和创造性,从而确保团队工作取得巨大成效,最终促进团队成长和发展。

龙游县8090新时代理论宣讲团在发展过程中,通过塑造团队文化标识、开展文化娱乐等方式,最大限度地统一宣讲员的意志,规范宣讲员的行为,凝聚宣讲员的力量,激发宣讲员的潜力和创造力,使宣讲团队拥有强大的生命力和战斗力,推动理论宣讲工作向前发展。

(一)塑造文化标识

团队文化标识是团队文化传播的重要载体,能够最直观地表现出团队形象,作为一种特定的视觉符号,是团队形象、特征、文化的综合与浓缩。龙游县8090新时代理论宣讲团通过设计"团徽"、发布"团歌"、配备"团服",塑造一系列优秀的团队文化标识,让青年宣讲员们快速直观地了解宣讲团发展理念,增加对宣讲团的认同感,建立起对宣讲团的良好印象和信赖关系,并将宣讲团的发展理念转化为个人文化信念,不断增加宣讲团对宣讲员的吸引力,提升团队凝聚力。

宣讲团的宣讲员们基于对宣讲团的理解和热爱,自发设计了团徽。

◎8090新时代理论宣讲团团徽

团徽整体呈现为一个圆,由红、白两色组成。中间的方形图案是"8090"的变体,配上下方的小字,组成了8090新时代理论宣讲团,十分醒目地展示了团队的名称。红色代表着热烈、勇气、斗志、激情澎湃,充分展现了"80后""90后"的自信担当和精神风貌。图形规则中又带着俏皮,轻快的笔触和看似随意的墨点展现出了"80后""90后"的朝气蓬勃、青春洋溢。

---

① 毛泽东:《毛泽东选集》(第三卷),北京:人民出版社,1991年,第1011页。

在圆形的下方，是宣讲团的口号："寻真理之光、担青年之责、扬梦想之帆。"短短三句话，充分概括了宣讲团的目标和团队内涵。"寻真理之光"是了解群众的所思所想所期所盼，听取群众的呼声，通过讲史、讲理、讲政策，让不同的听众受教育、受启发。同时宣讲团成员通过学习与宣讲，用理论联系实际，实现自我提升。"担青年之责"是在"青年宣讲、宣讲青年"中凝聚青年力量，打造青年理论宣讲"轻骑兵"，"80后""90后"的青年让"传统"理论宣讲不断地焕发"青春活力"，也让习近平新时代中国特色社会主义思想在青年中入耳入脑入心。"扬梦想之帆"是推动各项中心工作开展的"金钥匙"——因为共同的理想信念，"80后""90后"的青年们走在了一起，他们凝聚起逐浪前行的澎湃动力，为建设现代化美丽新龙游贡献青春力量。

2020年7月31日，龙游县8090新时代理论宣讲团团歌《8090青春之光》正式上线酷我音乐、QQ音乐、酷狗音乐、全民K歌等平台，获得广泛关注。

歌词脍炙人口又充满力量，曲调和谐优美又热情洋溢，展现了宣讲员们坚定的理想信念、强烈的使命担当、自信的气质风貌、深厚的家国情怀，《8090青春之光》成了8090新时代理论宣讲团闪亮的文化标识。

◎《8090青春之光》QQ音乐

第一季衢州市"8090说"新时代理论宣讲电视大赛，在龙游县8090新时代理论宣讲团团歌《8090青春之光》的旋律中拉开帷幕，八名参赛选手共同演绎这首青春之歌，让在场听众热血沸腾，感受到了"青春绽放出的最亮的光"，展示出新时代衢州青年朝气蓬勃的形象。2021年7月18日，宣讲

◎《8090青春之光》主题曲MV

团走进龙游火车站候车厅，为旅途中的乘客带去了一场别开生面的红色宣讲。宣讲又是以团歌作为开场，随着《8090青春之光》的旋律响起，宣讲员们从座位上缓缓站起，以快闪的形式演唱了"团歌"，吸引了众多旅客驻足观看。合唱《8090青春之光》已经成了8090新时代理论宣讲活动的保留节目。

宣讲员们还拥有统一的团服。亮人眼球的明黄色T恤上印有8090新时代理论宣讲团的logo，更衬出宣讲员们神采奕奕、青春飞扬。穿上团服，在流动场所宣讲时，青年宣讲员们就成了最亮丽的一道风景线！

80 90青春之光

龙游县"8090"新时代理论宣讲团团歌

赵春媚 词
张 驰 曲

1=D 4/4

♩=120 活泼欢快地

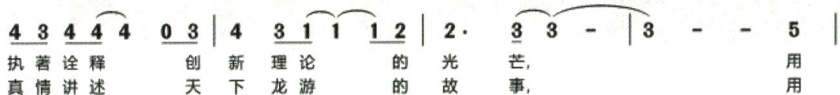

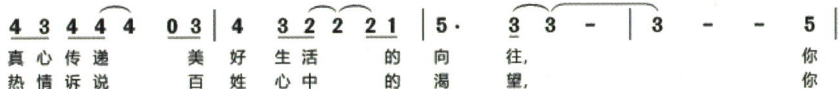

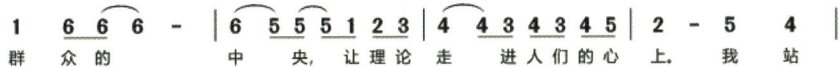

（曲谱）

我们是初露的锋芒，传播最明媚的阳光，牢记
使命在我的胸膛，一心一意只为心中的理想；我
们是奔涌的后浪，目光坚定脚步铿锵，80
90是青春之光，追逐梦想只为心中的信仰！用用

执著诠释创新理论的光芒，用
真情讲述天下龙游的故事，用

真心传递美好生活的向往，你
热情诉说百姓心中的渴望，你

的掌声是我最大的力量！我身
的笑容是我最大的荣光！

在最好的时代，让青春多彩绚烂；我站在
群众的中央，让理论走进人们的心上。我站
在平凡的舞台，让自信挥洒飞扬；我站在
蓝天之下，让青春绽放出最亮的

光！

D.S.

（间奏）

Rap: 我们是八零九零，是青春之光，心里装的是祖国人民，嘴里说的是党的声音，时代旋律、时政热点，让我通通说给你听，田间地头，村社广场，都是我们的讲台。青春也能这么地酷吧，新时代新青年新担当，就看八零九零的我们！

◎《8090青春之光》歌谱

◎ 8090新时代理论宣讲团团员身着团服留影

此外,宣讲团还设计了团旗和入团誓词,统一的团队文化让宣讲员们充满归属感与自豪感。

(二)举办团建活动

团建活动不仅可以增进团员间的感情、提升团员的团队精神和团队意识,还有助于团队成员相互了解、启发共同愿景、形成内部共识、凝聚向心力,推动团队向着更好的方向进步发展。宣讲团在组织宣讲员们常态化宣讲和比赛的同时,还不定期地开展了采风实践活动,组织了"8090环游记""8090红歌赛"等团建活动,在凝聚"团魂"中进一步厚植爱党情怀、汲取奋进力量、激发报国之志。

2021年5月,"古堰水乡8090环游记"系列活动之绿色骑行正在举行。成员们将党旗贴在面颊上,骑着公共自行车,在灵山江沿江绿道上尽情拥抱大自然,享受低碳出行带来的快乐,以实际行动推动绿色文明新风尚。来自县委党校分团的杨巧珍还为宣讲员们带来了一场以"党旗飘扬　我心向党"为题的党史宣讲。

◎ 杨巧珍《党旗飘扬　我心向党》

◎宣讲员参加"古堰水乡8090环游记"绿色骑行活动

2022年5月,以"共富绘'蓝'图　山水遇'莓'好"为主题的"8090环游记"第二季如约而至。龙山脚下,30名宣讲员穿戴整齐、摩拳擦掌。"大家出发吧!"随着一声令下,宣讲员们沿着蜿蜒的山路拾级而上,登山踏青,呼吸新鲜空气,尽情拥抱大自然,爬上绿葱葱的龙山,视野瞬间开阔起来,方圆数十里的龙洲风光尽收眼底。从95号联盟大道来到姜席堰,乘坐竹筏聆听古堰桨声,一路沿着灵山江来到龙洲街道洪呈村的蓝莓庄园,现场还开展了三场别样的共富故事宣讲。

2022年9月,"探共富之路　寻红色根源　燃青春之光"社阳乡首届红色文化节在社阳乡源头村举办,8090新时代理论宣讲员们兵分十组,开展红色趣味运动会。"挖地雷""插红旗""过草地""抬担架""运军粮"……丰富多彩的比赛活动极大地激发宣讲员们的参赛热情和团队精神,现场气氛十分高涨。

正是"8090环游记"、红色运动会等团建活动的开展,才不断提升着团队凝聚力,推动着宣讲队伍不断发展壮大、宣讲工作不断向前发展。

小　结

做好新时代理论宣讲工作队伍建设是一项长期艰巨的工作，也是一项重要的战略任务。只有宣讲队伍整体素质提高了，才能把党中央、省、市、县的精神实质、决策部署体现在具体行动上、落实在各项工作中，为实现中华民族的伟大复兴提供坚强的组织保证和人才支持。

8090新时代理论宣讲团队伍建设从团员的吸纳成长与队伍的规范管理两方面出发。通过使用"外引"＋"内育"的双重培养手段以及专业指导和自我学习相配合等学习方法，构建了全域覆盖、主体多元的理论宣讲队伍，提高了宣讲员的政治素质和业务能力，推动了宣讲队伍的建设；通过搭建"领导小组＋工作专班"的管理框架，运用多样化的管理手段，形成了权责明确、有效协调的组织结构体系，提高了宣讲员队伍的整体素质，加强了宣讲队伍的管理。其队伍建设体系方法科学、手段新颖，极大地提高了团员的积极性，产生了良好的宣讲成效。

8090新时代理论宣讲团将根据时代变化与实际需求不断完善队伍梯队建设、壮大宣讲队伍、提升宣讲水平、完善队伍管理、强化品牌塑造，提升8090新时代理论宣讲团的社会知名度和影响力，打造好理论宣讲的龙游样本，使理论宣讲走向全国。

第三章

锻造：研学体系锤炼个人本领

"行是知之始，知是行之成。"8090新时代青年理论宣讲研学体系，是指围绕"理论进万家、最后一公里、走群众路线、育时代新人"目标，以"一中心一书房两基地N场景"立体式研学阵地为依托，集智聚力持续放大龙游8090宣讲效应，通过为新时代青年理论宣讲员提供理论、业务等培训，让青年人在学中讲、讲中干，倾力构建集学、思、用于一体的全流程综合研学矩阵。宣讲团通过打造"学习—调研—实践"研学闭环，不断获取宣讲知识和经验，有效提升宣讲员整体素质，应对新时代理论宣讲工作需求。

第一节 读万卷书，在学习中沉淀

腹有诗书气自华。"宣讲要讲好，就要坚持'自己一桶水，给人一杯水'，这杯水才有滋有味。"①深入推进青年理论宣讲工作，必须以强有力的人才为支撑条件。当前，宣讲团成员主要由党政机关干部、青年学生构成，身兼数职，任务繁重，宣讲员的理论水平难以满足人民群众在宣讲内容、形式和层次上的多元需求。怎样开展好理论宣讲工作，如何办好宣讲团，培养什么样的宣讲员，怎么样培养宣讲员，是宣讲团需要解决的问题。基于此，龙游县8090新时代理论宣讲团多措并举优化完善研学体系，组织宣讲员加强自主学习，大力推进研学型宣讲团建设，不断提高宣讲员的政治理论素养，提升宣讲员对党的理论、路线方针政策的掌握水平和宣讲能力，推动高质高效开展理论宣讲相关工作。

一、学理论充实宣讲

在全球思想文化交流、交融、交锋日趋激烈的条件下，我国面临日益严峻的意识形态斗争，做好理论宣讲工作，让党的创新理论"飞入寻常百姓家"，必须以科学理论为指导，必须坚持以马克思主义中国化最新理论成果武装宣讲员头脑，引导人民群众掌握马克思主义的立场、观点、方法，做到对中国特色社会主义理论体系真懂、真信、真用，树立坚定的共产主义理想和中国特色社会主义信念，为全面建设社会主义现代化强国、实现中华民族伟大复兴不懈奋斗。

马克思说："理论只要说服人，就能掌握群众；而理论只要彻底，就能说服人。"②要想真正使党的创新理论能说服群众，为群众所了解掌握，并转化为认识

---

① 胡坚：《年轻人把创新理论讲给年轻人听》，《光明日报》2020年5月18日，第5版。
② 中共中央马克思恩格斯列宁斯大林著作编译局编译：《马克思恩格斯文集》（第一卷），北京：人民出版社，2009年，第11页。

世界和改造世界的精神力量,宣讲员必须加强自身对党的创新理论的系统性学习,并及时根据社会生活各方面的新变化,做出新的理论概括,并将这种理论创新成果及时传播到人民群众中去,转化为人民群众推动社会实践的强大精神力量。

(一)上接天线,夯实理论功底

理论宣讲工作具有思想政治教育的政治引领功能,对于宣扬社会主义主旋律、占领社会主义意识形态阵地有着非常重要的作用。在新时代,国家的发展站在了新的历史起点上,理论宣讲工作也进入了新阶段。宣讲员开展好思想理论宣讲工作,首先要用先进的、科学的理论武装头脑,与时俱进地加强政治理论学习,提高政治思想站位,深入学习中国特色社会主义理论体系,学习习近平新时代中国特色社会主义思想,不断增强贯彻落实党的创新理论的自觉性和坚定性。

◎2022年6月20日,宣讲员集中观看中国共产党浙江省第十五次代表大会开幕式

龙游县8090新时代理论宣讲团深入学习习近平新时代中国特色社会主义思想,认真领会党的二十大等重要会议精神和习近平总书记系列重要讲话精神,以及省、市、县全会精神,系统掌握党的创新理论,将其内化于心、外化于行,

做到与时代同频、与历史同向,在时代浪潮中为群众举旗定向,在宣讲中做到育人先育己,通过不断学习,保持宣讲员的积极性和先进性。

2022年10月16日,党的二十大在北京胜利召开,龙游县8090新时代理论宣讲团导师金敏军第一时间组织宣讲员召开备课会,讨论学习心得。来自龙游县委组织部的宣讲员李陈,听完党的二十大报告后,深受鼓舞、倍感振奋,他用"三个心"概括了对党自我革命的认知。"浙江新闻"客户端记者据此采写了题为《讲好"二十大"新故事》的报道。

◎《讲好"二十大"新故事》

◎集中观看党的二十大开幕式后,导师金敏军(中间)与宣讲员第一时间组织备课会

中国特色社会主义进入新时代,理论宣讲工作者立足新阶段、找准新方位、锚定新坐标,守正创新、担当作为,自觉肩负起党中央赋予的光荣使命任务。紧紧围绕党中央重大决策部署,把握大局大势大事,既深入宣讲党的理论和路线方针政策,宣讲党中央关于形势的重大分析判断,又生动宣讲各地各部门和人民群众的火热实践,讲好中国故事、讲好中国共产党故事、讲好新时代中国特色社会主义故事,展现亿万人民在新时代的新风貌,反映人民群众的获得感、幸福感、安全感。宣讲团紧跟国内外时事,通过理论宣讲让人民群众能够鉴往知来,明晰党的建设与发展的经验,把握历史发展规律和发展趋势,用先进理论武装

头脑、用榜样故事浸润人生;通过理论宣讲让人民群众能够把握时代脉搏,与时代发展同频共振,做有理想、有本领、有担当的时代新人,成长为堪当振国兴邦重任的时代新人。

(二)下接地气,为民排忧解难

在新时代,随着人民群众物质生活水平的不断提高,人民群众的精神文化生活日益丰富,人民群众的知识理论水平日益提高,为充分调动广大人民群众参与理论宣讲的积极性,就要提升宣讲员的宣讲能力,做到"按需宣讲"。

龙游县8090新时代理论宣讲团坚持以优质内容为核心,深入经济、政治、文化、社会、生态等各领域开展系统学习,加强宣讲内容同实践的联系,促进宣讲对象将内化的理论外化为现实生活中的实际行动。一方面,宣讲团围绕国家的大政方针时事政策,及时地更新理论宣讲工作的内容,不断增强理论宣讲工作的针对性;另一方面,围绕人民群众关心的重点、难点问题,要及时地给予权威、准确的回应。

浙江省第十五次党代会上,时任省委书记袁家军在参加衢州代表团审议时指出:"要把理论宣讲和老百姓急难愁盼问题结合起来。"龙游县积极探索实践,坚持"从群众中来,到群众中去",形成宣讲热线收集问题—线上研学定制课程—宣讲集市解决问题—群众反馈提升实效的闭环运行机制,走好新时代群众路线,真正打通理论宣讲服务群众"最后一公里"。

聚焦"缺什么""想什么",全方位、全渠道收集问题。坚持群众需求导向和问题导向,开通8090宣讲服务热线,通过"8090＋"青年宣讲应用数据采集、宣讲问卷调查、FM954电台互动、"8090"24小时有声书房留言信箱等线上线下途径,广泛收集群众急难愁盼问题。

聚焦"谁来讲""讲什么",协同化、精准化孵化课程。常态化开展急难愁盼问题梳理分类,依托"8090＋"青年宣讲应用,及时交办相应职责部门(单位)宣讲分团。充分发挥导师团、助教团"传帮带"作用,通过研习小组"网上研学＋线下磨课",及时孵化精品宣讲课程,组织宣讲员开展宣讲解惑。先后推出《搬出集聚共富路》《一度电》《舌尖上的安全》等精品宣讲稿,让宣讲真正服务群众日常。

聚焦"到哪讲""怎么讲",多形式、多场景答疑解惑。依托龙游电台、"龙游通"App、"两微一抖"等平台,通过电台唠嗑、宣讲直播等形式,向群众科普消防知识、解答社保政策、分享生活技能、交流青年发展型城市建设建议想法,让线上宣讲"声"入人心。建立8090分团轮值机制,结合送电影下乡、周二组团日等开展"宣讲集市"活动,形成"周周有宣讲、处处能答疑"的良好生态,实现群众家门口解决问题。

聚焦"好不好""听不听",闭环式、链条式管理反馈。建设"8090"24小时有声书房,开辟"我说你听""你说我听"互动模块,设立群众邮箱和留言墙,征求群众反馈意见。坚持"说得好不好,群众说了算",每次宣讲结束后,让群众当评委,在良性互动中汲取民智、汇聚民心。

二、用制度保障学习

制度作为明确的、硬性的、权威的规定和要求,具有规范、保障、引领和奖惩的作用,带有根本性、全局性、稳定性和长期性。研学制度是指宣讲团开展研学工作的各种规章制度,也包括相应的管理体制机制。制度建设对于开展研学工作和宣讲工作都具有十分重要的作用,它要求置身于该环境中的所有成员共同遵守,并对每个成员的行为是否符合工作要求做出判断,为建立一个健康、规范、有序的研学环境提供根本保障。

龙游县8090新时代理论宣讲团将县团划定为十个研习小组,并制定"五个一"任务清单,每年度依据实际情况制定《分团年终考核细则》,将8090新时代理论宣讲工作作为党建考核和意识形态考核的重要组成部分,推动宣讲团研学工作有效开展。

(一)建章立制,保驾护航

龙游县为深入推进8090新时代理论宣讲团学习制度化、规范化,全面提高团员的理论水平和宣讲能力,建立"每周一学"制度,即《8090新时代理论宣讲团学习制度》(以下简称《学习制度》),从学习时间、学习内容等方面对宣讲团的研学体系做了制度性规定,为整个研学体系的建立起了统领作用。

在学习时间上,要求宣讲团以"周一夜学""理论中心组专题学习会"等为载体,每周至少组织学习一次,确定每周一为8090工作专班固定学习日,学习理论知识,回顾交流一周工作,形成工作周报。

在学习内容上,要求宣讲团以政治学习为根本,深入学习贯彻习近平新时代中国特色社会主义思想,以及党中央和省委、市委、县委重大决策部署和相关重要会议精神等重要内容。

在学习形式上,要求宣讲团采取集中学习、自主学习、线上与线下相结合的形式,通过开展集体研讨、线上与线下自主学习、开展调查研究等形式,不断自我充实。

宣讲团制定研习小组学习任务清单,进一步推动新时代理论宣讲走向系列化、体系化、精品化、特色化。

1. 一月一研学。要求8090新时代理论宣讲团建立小组学习制度,组建学习群,落实研学场地,形成常态化研学机制;每月至少开展一次研学活动(集体学习、读书沙龙、调研采风、备课磨课等),并及时报送动态信息至8090工作专班。

2. 一月一精品。要求8090新时代理论宣讲团各研习小组每月围绕一个主题,督促小组成员完成一篇以上宣讲稿,每个研习小组每月至少报送两堂精品课,并争取一堂以上课程纳入精品课程库,形成"你追我赶、共创精品"的学习氛围。

3. 一季一PK。要求8090新时代理论宣讲团建立赛学机制,每季度组织一次研习小组PK赛,指导小组成员创新宣讲形式,探索文艺式、互动式、情境式、沉浸式宣讲,使宣讲员在比赛中成长。

4. 一组一提升。要求8090新时代理论宣讲团加强小组队伍建设,经总团批准后,每年可招募吸纳新人加入小组;每个小组每年至少需实现三名宣讲员提星升级,至少培养三名金牌宣讲员。

5. 一年一考评。要求8090新时代理论宣讲团每年根据小组成员宣讲活动开展和提星情况,对星级宣讲员和优秀导师进行评比表彰。

(二)多轮驱动,全面学习

为进一步加强宣讲队伍建设,优化完善研学体系,实现研学工作的制度化、科学化、规范化,龙游县突出"顶层设计",积极搭建学习平台,在培训、实践、保障上加大力度,多轮驱动,抓实宣讲员理论学习,保证青年理论学习活动有声有色、丰富多彩。

龙游县在溪口镇未来乡村建成新时代青年理论宣讲研学中心,以权威的理论授课、丰富的实践课堂,使青年宣讲员在基层实践中得到锻炼,在理论学习中有所提升。

在培训内容上,开展习近平新时代中国特色社会主义思想、党的重要会议精神、四史等理论宣讲教育培训;开展宣讲技巧指导、理论宣讲精品稿件指导、精品课程开发指导等技能培训;指导各宣讲分团开展制度、队伍、场景、课程、管理、保障等六大体系标准化建设;组织宣讲集市、宣讲快闪等各类宣讲实践活动。

在培训对象上,充分利用"8090"24小时有声书房、县博物馆文化驿站等阵地,通过理论学习沙龙、观摩精品宣讲、赛事比拼等开展星级宣讲员的集中理论学习、技术提升等培训;星级宣讲员在培训基地或研学中心每年开展一次集中培训;金牌宣讲员按照"关心关爱八条"要求,每年开展一次外出高校交流培训,并列入主体班次;所有分团内部每年开展一次以上培训研学。此外,充分利用县委党校"8090新时代理论宣讲培训基地",在青年干部培训班、初任公务员培训班等常规重点班次中开设新时代理论宣讲等专题课程。热情欢迎县外群体"走进来",开展理论宣讲全流程培训。

为了更好地进行资源整合,推动开展研学工作,宣讲团积极与高校联动,建立强大师资队伍,为宣讲和研学工作提供强有力的师资支撑。聘请来自省委党校、高校的讲师、教授,省级理论宣讲名师,全国优秀新闻工作者,国家心理咨询师等23位导师作为主要师资,在理论教育、专业能力、磨课指导等方面给予"小班化"培训辅导和"点对点"交流磨课。特别是在重大会议闭幕后,宣讲团会邀请省级宣讲名师对宣讲员们开展专题培训,让宣讲员们在多元化的学习环境中,不断拓宽理论知识面,完善自身知识系统,确保对国家的大政方针时事政策学深悟透。

◎ 2022年7月,龙游县在溪口镇举办浙江省第十五次党代会精神研习培训班

　　2022年7月,龙游县举办8090新时代理论宣讲团浙江省第十五次党代会精神研学培训班。宣讲团邀请浙江省委党校社会学文化学教研部主任林晓珊开展"奋力推进省域现代化先行"专题讲座。林晓珊教授全面介绍了省域现代化先行的历史渊源、丰富内涵、重要特征和重大意义,重点围绕在现代化先行的新征途中何以可能、形势如何、何以可为三个方面进行了系统阐述和层层解读,为宣讲员宣传浙江省第十五次党代会精神提供理论指导。同时邀请浙江传媒学院播音主持艺术学院原副院长刘力军教授,为宣讲团做"宣讲技巧漫谈"专题辅导,指导宣讲员提升宣讲质效。

　　宣讲团还积极与县外宣讲员开展"走亲交流",将理论学习成果送到县外、送进兄弟宣讲团。2023年3月24日,龙游8090新时代理论宣讲团应邀与南昌铁路局开展"向春天出发"宣讲"走亲"活动。当天上午八点半,南昌铁路局集团党校教室里气氛活跃,30余名南铁8090宣讲团成员齐聚一堂,共同聆听理论宣讲专题讲座——"让有意义的事情有意思"。主讲人、龙游县8090新时代理论宣讲团导师金敏军向学员介绍了宣讲团概况,并围绕"为什么讲""谁来讲""讲给谁听""讲什么""怎么讲"等五个问题开展专题培训。一名南铁8090宣讲团成员激动地说:"今天的讲座让我深刻明白,理论宣讲要求真求实,更要有情有义、生动有趣,我受益良多!"据悉,2022年南铁团委考察龙游8090孵化基地后,成立了南铁8090宣讲团,已有成员30余名,覆盖赣、闽10余个县(市、区)。随后,南铁集团"勇当'火车头' 先行做贡献"巡回宣讲会举行。来自南昌地区的24个单位的120余名铁路职工现场聆听,300余人在线收听收看。龙游县8090新时代理论团宣讲员李陈、杨露做现场宣讲。在宣讲"走亲"中,通过"导师带队+宣讲交流"的形式,可以把更多的龙游好声音、浙江好故事带到各地,积极提升龙游的知名度和美誉度。

此外,龙游县设立一系列激励保障制度,督促宣讲员扎实开展理论学习工作。线上推出"8090+"青年宣讲应用,设立"专题学习"模块,累积学习积分,将学习积分作为星级宣讲员评定的一项重要内容。线下常态化开放"两中心一书房"用于宣讲员日常学习培训,并加强对各方面的组织协调,确保人、财、物到位,高质高效开展理论学习工作。

第二节 | 行万里路,在调研中积累

坚持理论与实际相结合,是马克思主义的一个基本原则,也是宣传思想工作必须遵循的一个基本原则。刚走出校门的青年宣讲员社会阅历、社会经验比较缺乏,在宣讲时容易出现从理论到理论的现象,影响宣讲的实际效果。

坚持理论联系实际就是要求宣讲员在宣讲过程中做到将党的路线、方针、政策同国际、国内形势,同本地区县域经济发展实际相结合,通过思考,努力提高正确理解和把握驾驭政策理论的能力,提高运用理论分析和解决问题的能力,提高正确认识自己、改造主观世界的能力。其实质就是主观符合客观,理论应用于实践。

宣讲团在开展研学工作中,积极支持宣讲员深入企业、农村进行社会调查,既要抓住那些国内外形势发展中具有重大现实意义和理论意义的问题,特别是县域经济的重大举措和社会发展中的热点、难点问题,又要结合宣讲员自己的职业特点和宣讲计划,确定自己的调研课题对象和任务,有针对性地进行社会调查,形成一份精品宣讲稿,在丰富社会阅历的同时,提高宣讲水平,提高理论联系实际的能力。

一、在实践中增阅历

宣讲员如果不能做到理论联系实际,开展的理论宣传工作就难以发挥应有的作用。基于此,龙游县8090新时代理论宣讲团开展研学工作,组织宣讲员开展调查研究,深入基层、扎根群众,以研究社会实际问题为中心,以马克思主义为指导,废除静止地、孤立地研究党的理论方针政策,认真调研,在实践中检验理论的科学性,强化宣讲员教育。

（一）仔细观察，用心感悟

2021年8月，"共同富裕　大庆大干"实践采风行动正在如火如荼地进行中。聚焦"大庆大干"八件事，"招商引资"宣讲分队深入基层、深入一线，开展实践采风行动，把宣讲的学习基地建在实践的舞台上，通过主题学习、主题宣讲、主题练兵，让青年宣讲员在干中学、学中信、信中讲、讲中干，抓实理论宣讲的"后半篇文章"。

◎2021年8月9日，"大庆大干"采风实践"招商引资"宣讲分队到工业园区企业采风

在三个月的实践调研中，宣讲员李陈了解到，"十三五"期间，龙游县生产总值增速明显高于全省、全国平均水平。特别是2020年，龙游疫情防控取得"零确诊"的光荣战绩，生产总值增速位居衢州市第一。2021年前三季度，生产总值增长12.1%，继续领先全市、高于全省。依据实践调研的素材，李陈最终写出了精品宣讲稿《"二期现象"在龙游》。宣讲员邵悠涵感触颇深："最大的收获就是在采风实践的过程中，去亲眼看亲耳听，亲身感受到了一家家龙游企业的活力，

把它们变成了我们宣讲稿中最生动立体的形象。然后我们通过宣讲去把龙游培育壮大优质产业的决心和努力传播给更多的人。"

2022年4月20日,龙游县8090新时代理论宣讲团正在开展"循足迹　学思想　话共富"主题研学活动。宣讲员们前往罗家乡席家村黄茶种植基地进行实地考察调研。在席家村村党支部书记席金富的带领和讲解下,大家一边参观一边深入了解为当地村集体和村民带来增收的黄茶产业,现场感受了时任浙江省委书记习近平同志的"三个重要指示"在龙游的生动实践。"参加今天的研学活动,我感觉收获颇丰。"8090新时代理论宣讲员叶菡表示,在今后的8090宣讲当中,自己也会结合最新理论知识,用更生动的形式把这些共富路上的好故事传递给广大人民群众。这场研学活动还孕育出了《我有一株黄茶种在罗家》《一片叶子的共富经》等精品宣讲稿。

◎ 季真婉《一片叶子的共富经》

(二)深入总结,完善成果

发现破解理论宣讲工作中遇到的问题,是打造研学系统、开展实践调研的目的所在。龙游县8090新时代理论宣讲团在每次调研结束后,都要对调研过程中有价值的思想和宣讲素材进行总结、归纳。

◎"'共同富裕　大庆大干'8090采风团向您报告"参赛人员合影

2021年11月,"'共同富裕　大庆大干'8090采风团向您报告"PK活动在龙游县博物馆举行。在实践采风展示环节,八支采风实践小分队围绕"采风实践中印象最深的一件事""采风实践识'两专'"交流分享心得体会。随后,围绕龙游县"大庆大干"八件事,八支采风分队十一组宣讲员展开激烈比拼,以"80后""90后"的视角生动呈现县委、县政府重点中心工作成果。精品宣讲稿《"二期现象"在龙游》《纸为你好》也在龙游县委全会上得到展示。

8090新时代理论宣讲团充分聚焦"用来凝聚人心、用来服务中心、用来锤炼年轻干部、用来助推县域发展"等主题,更多走进基层一线、攻坚前线、战斗火线,闻闻火药味、沾沾烟火气,在真正实现宣讲"四个用来"中锤炼提升青年宣讲员的"两专"能力,让8090宣讲更有生命力、穿透力、持久力。

随着研学活动的深入开展,宣讲团的组织经验也越来越丰富,调研活动一次比一次组织得好,宣讲员们也是长江后浪推前浪,表现越来越出彩。

二、在研学中扩视野

在研学体系打造实施过程中,为切实提高宣讲员的学习质量和水平,龙游县8090新时代理论宣讲团根据宣讲需要,不断创新研学内容和研学方式,推动研学工作取得良好效果。

(一)多样研习活动

宣讲团按照《8090新时代理论宣讲团学习制度》的要求,通过多种方式组织学习党的最新理论成果、中央重大方针与改革举措,把宣讲员的思想认识及时统一到中央最新精神上来。针对我国重要的节庆日,以及重大的历史纪念日、革命领袖、革命先烈与杰出历史人物,组织开展党的历史、新中国历史,以及党的优良传统和优良作风等方面的学习教育活动,促进社会主义核心价值的时代化和大众化,在多样研习中不断提升宣讲员的理论素养。

宣讲团紧密联系实际,不断创新学习载体,吸引宣讲团成员积极参与,不断增强研学工作的实效性。宣讲团通过搭建各类学习平台,构建经常性的自学载体,深入开展"学习型宣讲团、学习型宣讲员"活动和"多读书、读好书、善读书"

等活动,加强宣传力度,在各宣讲分团之间、宣讲员之间形成重视学习、鼓励研学、推动研学的正确导向,营造宣讲员持续学习的良好氛围。

◎宣讲员与詹家镇浦山村村民交谈,了解群众宣讲需求

　　各宣讲分团积极探索开放式、反思式等新的研学方式,开展好研学工作,如开展研究性学习,充分利用各种讲座论坛、民主生活会、研讨会等阵地,营造深入思考、相互探讨的研学氛围;利用多样式学习,定期或不定期举办报告会、读书会,结合重要典型事件开展丰富多彩的研习活动;推动开放式学习,运用信息网络技术等手段,充分发挥数字网络资源在研学中的作用;探索反思式学习,在研学过程中善于发现问题,不断进行"纠错",查找问题根源,不断进行总结提升。

◎宣讲员们与导师在8090孵化基地举行读书会

　　在溪口研学中心,宣讲团还制定了多样化的实践课程。一是炉边夜话,让宣讲员们围着篝火谈人生、聊理想、话担当、做宣讲,让青年人的思维碰撞出精彩的火花;二是红色研学,让宣讲员们穿红军服、吃红军饭,重走中国工农红军挺进师的活动路线,通过重温革命情怀,进一步激励青年人传承红色基因、激发红色动力;三是户外拓展,精心设计远足露营、登山攀岩、野外定向等团队组合课程,激发创新活力,培养团队精神,从而达到"磨炼意志、陶冶情操、完善人格、熔炼团队"的培训目的。

(二)多条研学线路

　　制定规划研学线路同样是打造研学系统的重要组成部分。8090新时代理论宣讲团依托"一中心一书房两基地N场景"立体式研学阵地,在县内打造"红色记忆""未来社区""生态工业""产业振兴""文旅融合""山海协作"等六条专题研学线路,结合理论宣讲主题开辟"党的创新理论""红色根脉""共同富裕"等三条精品研学线路,构建集学、思、用于一体的全流程综合研学矩阵,做好"迎进来"研学服务工作。

1. 研学主题:党的创新理论。线路规划:8090新时代理论宣讲孵化基地—溪口未来乡村—县博物馆。

2. 研学主题:红色根脉。线路规划:罗家乡荷村村—庙下乡长生桥村—华岗事迹陈列馆。

3. 研学主题:共同富裕。线路规划:小南海镇团石村—庙下乡长生桥村—华岗事迹陈列馆。

除了常态化的研学路线,宣讲团还依托重大会议、活动,专门规划特色研学路线。2022年11月10日,浙江省深化"千万工程"建设新时代美丽乡村现场会在龙游县召开,宣讲团专设一条研学路线,让宣讲员更加深入了解习近平总书记当年在浙江擘画的"千万工程"在龙游大地上的生动实践。

路线第一站是去全省首批未来乡村试点溪口村,寻一寻"小县大城共同富裕"农民集聚转化中的乡愁味、共富味,听一听农创客们的"奋斗"故事;第二站是去城郊的民族村——浦山村,近距离体验浓浓的畲家风情,感受民族乡村振兴的累累硕果;第三站是去团石村,见证党建统领下团石从"顽石变金石"的华丽蝶变,感受美丽经济、幸福产业的独特魅力。

在"千万工程"现场会召开前,为了更好地让美丽乡村建设者们体验龙游美丽乡村的新风貌和车辆讲解工作,龙游县8090新时代理论宣讲团主动扛起大旗,优中择优,筛选出了20名优秀宣讲员担任车辆讲解员。会后,与会领导对龙游县8090新时代理论宣讲团表示一致肯定,对龙游有这样一群"来即战,战即胜"的青年宣讲员表示高度认可,并给8090新时代理论宣讲团全程沿线讲解和服务工作点赞。

阵地保障是基础、是根基,更是大有发展的蓝图之地。在各条研学线路上,龙游县精心打造坚实的理论阵地,无论是功能型青年理论宣讲孵化基地、学习型青年理论宣讲研学中心,还是24小时城市有声书房,都为龙游县8090新时代理论宣讲团切实提供了坚实的阵地保障。

8090新时代理论宣讲孵化基地,位于龙游民居苑聚宝古街南面新时代文明实践中心二楼,占地约500平方米。基地分为展示区、学习室、直播间、办公区、备课室和试讲间,是集宣讲和办公功能于一体的场所。自2020年8月投入使用后,基地不断进行迭代升级,为龙游县8090新时代理论宣讲团宣讲工作提供优质阵地。

　　"8090"24小时城市有声书房,是位于龙游县荣昌广场兼备阅读服务与文化展示功能的盒子空间,设有"8090历程大事记""8090金牌讲师""有声听书""8090我的团""我们的故事""8090邮筒""8090留言板"等各大功能板块,涵盖有声故事库、权威资源库、有声学习互动场景、品牌流量推广窗、阅读大数据看板等,依据8090宣讲团年轻、多样、创新的属性,定制特色背景墙,是8090新时代理论宣讲团成员的大本营,供宣讲员开展学习培训、备课磨课、试讲宣讲、互比互赛等各项工作,成为青年人喜爱的网红打卡点。

第三节 | 讲万堂课，在实践中成长

新形势下，龙游县8090新时代理论宣讲团开展好理论宣讲工作，必须要在学懂弄通做实习近平新时代中国特色社会主义思想上下功夫，这就要求宣讲团不仅要通过开展研学工作加强理论学习，还要在研学工作中打造各种平台进行实践锻炼，全面提升宣讲员的宣讲实力。

宣讲团有计划、有目的地组织宣讲员进行各种宣讲活动，多渠道、多平台、多形式地组织宣讲员进行实践锻炼，提升自身的宣讲能力，让宣讲员在学中讲、讲中干，通过线上和线下两种方式组织宣讲员开展宣讲实践锻炼。

一、线上网络宣讲实践

在新时代，信息网络技术日新月异，互联网融入经济社会生活的方方面面，不断改变人们的生产方式和生活方式。习近平总书记在网络安全和信息化工作座谈会上明确指出："互联网是一个社会信息大平台，亿万网民在上面获得信息、交流信息，这会对他们的求知途径、思维方式、价值观念产生重要影响，特别是会对他们对国家、对社会、对工作、对人生的看法产生重要影响。"[①]基于此，宣讲团积极在线上开展理论宣讲，运用新媒体技术使宣讲工作"活起来"，推动理论宣讲工作传统优势与信息技术深入融合，增强理论宣讲的时代感和吸引力，在网络空间中加强正面宣传，用马克思主义最新理论成果和人类文明优秀成果滋养人心、滋养社会，不断弘扬社会主旋律和正能量，引导人民群众树立正确的世界观、人生观、价值观。

2021年11月，龙游县8090新时代理论宣讲团联合浙江广电集团城市之声，

---

① 习近平：《习近平谈治国理政》（第二卷），北京：外文出版社，2017年，第335页。

面向全社会青年群体发动"8090学精神说共富"短视频宣讲大赛,征集宣讲短视频。内容要求围绕学习"六中全会精神"和"共同富裕"主题,以党史故事、奋斗经历、见闻心得等为内容进行短视频创作,形式不限,时长一分钟以内,并通过抖音发布参与互动。活动吸引众多社会各界青年积极参与,选手们围绕主题,以故事、见闻、心得等为内容创作短视频1500余部,向全社会展示了"共富路上的青春力量"。

◎ 翁建昱《一辆自行车里的为民初心》

2022年4月,在"8090直播间",资规分团的宣讲员夏冰结合市党代会精神,引经据典,围绕"搬"出集聚转化共富路谈感受、讲体会。不一会儿,这场"云宣讲"就吸引了上千人观看点赞。

夏冰是县资规局国土整治中心的一名党员干部,也是"小县大城共同富裕"的参与者与践行者。夏冰表示:"这是我第一次直播,我觉得非常有趣,非常新颖。我希望能通过直播的方式,把市党代会精神,还有惠民政策带给更多的老百姓。"

在同一个直播间,宣讲员丁嵘也结合自身工作,宣讲国土整治的好处与亮点。"在刚刚结束的市第八次党代会上,'共同富裕'是其中一个关键词,而促进人口集聚转化是未来五年的中心工作,这与我县近期非常火热的'小县大城共同富裕'全域土地整治概念不谋而合。"镜头前的丁嵘毫不慌张,"作为资规局的一员,我认为我有义务,也有责任把我们县里的好政策推广至千家万户。"

◎ 宣讲员们在"8090直播间"开展线上主题宣讲

在观看直播后,网友纷纷表示,通过手机就可以了解党的政策方针,也让大家对市党代会精神有了更深刻、透彻的理解。

龙游县 8090 新时代理论宣讲工作专班负责人金敏军说："龙游县'小县大城'农民集聚转化是通向'共同富裕'的一个很大的利好政策。市党代会刚刚结束,我们这些 8090 的宣讲员理应成为市党代会精神宣讲的生力军、主力军,第一时间把市党代会的好声音带到千家万户,带到青年群体当中去,凝聚起更多的青春力量。"此次活动,让群众知道在共同富裕的道路上必须凝心聚力,让 8090 青年宣讲员为"衢州之窗"贡献更亮丽的风景,贡献更多的青春力量。

二、线下接力宣讲实践

龙游县 8090 新时代理论宣讲团依托县域内百余个精致宣讲场景,不断建设完善线下宣讲阵地,在为宣讲员开展理论宣讲提供更多平台的同时,也为开展研学工作提供了实践平台,为宣讲员提升宣讲水平增添动力。

在县级层面开展年度"百团大战",将全县各分团依据行业和地域进行划分,乡镇分团划分为南、北两个片区,机关分团划分为五个党建联盟片区,实现乡镇(街道)、机关部门、体制内外全员比拼、全域比拼,比赛全覆盖。采取导师领衔、团队运作的模式,以导师为引领者,带领队员团队合作、互帮互助,凝心聚力,朝着共同的目标努力。同时建立"三级打怪制",经历预赛、复赛,最终开展"百团大战"巅峰对决。从最初"一团一选拔"中的一团单独、数团联合,到决赛时机关部门的网格联盟式、体制外的行业系统式和乡镇(街道)的南北片区式,组织形式多样,比赛形式灵活,尽可能保证全县宣讲员参与其中。龙游"百团大战"赛制被衢州市"8090说"、全省理论宣讲广泛运用推广,成为青年理论宣讲工作的实践样本。

宣讲团坚持全域化覆盖、体系化推进,除开展年度"百团大战"以外,还常态化开展研习小组季度 PK 赛和分团联赛,以赛促学、以赛促练,让青年理论宣讲成为全县域一道时尚风景。

2020 年 8 月,"青年讲青年听,青年说青年评"——8090 新时代理论宣讲团宣讲 PK 赛在龙游县湖镇镇地圩村火热开赛。宣讲员们各显神通,紧扣自己小组研究的课题,或是工作生活中的所见、所思、所想,或是针对某个领域的深刻的认识,或是对身边人、身边事的讴歌,将新时代的社会主义理论展示给听众们。

台上,宣讲员们为了荣誉而战;台下,嘉宾评委、骨干宣讲员们也听得认真,并就宣讲员的表现给出中肯的评价。骨干宣讲员张盛表示听完宣讲PK赛后感触很大,"既学习了知识,也学习了宣讲的技巧"。另一名骨干宣讲员傅钰则对台上选手选择的每个课题的切入点感触颇深,"每个组的立意都不同,但是都能做到以小见大,语言质朴却有力量,非常值得我学习"。每一位宣讲员都能在其他人的宣讲中发现自己的问题,明白自己的不足,在学习他人的长处中为下次宣讲做最好的准备。

2020年9月,龙游县第二期8090新时代理论宣讲团骨干宣讲员PK赛在灵山江畔的县博物馆举行。此次比赛新加了一项新秀"踢馆",两名"踢馆"选手的加入不仅让比赛更有看头,增加了刺激性和趣味性,也让比赛变得"火药味"十足。

台下观摩的宣讲员也纷纷感叹道:"以前是我们自己在台上讲,今天是作为观众在台下听。参赛的宣讲员们讲得非常精彩,有很多值得我们学习的地方。"本次PK赛中,张盛坦言,他这次参赛是来学习的,"我受益匪浅,运用唱歌、快板等方式宣讲,既新颖又生动,值得借鉴"。

◎"大盛来了"
脱口秀

2021年9月,县人大系统举办"迎国庆、展风采、助共富"8090新时代理论宣讲比赛。宣讲员分别以"小豆子的大权利""人民代表大会制度是个好制度""信仰传承,为民服务""笑着的你们,就是民生"等为题,结合人大职能、工作心得,从不同层面、不同角度声情并茂地讲述党史、新中国史、人民代表大会制度等,鲜活展现了道路自信、理论自信、制度自信、文化自信,充分表达了对党和祖国的拳拳之心、热爱之情。宣讲员一句"人大代表要肩负好自己身上的重任,做到心中有党、心中有民、心中有责、心中有戒",这不仅是对自己工作的勉励,也是对群众做出的承诺,既收获了百姓的支持,也在无形中明确了自己的方向。

通过比赛,一大批"80后""90后"青年得到磨炼、历练,口才、文字、胆量等素质能力得到全面提升,成为"两坚两基两勤两专"的红色根脉传承者。

2022年4月,县人社局党组成员、社保中心主任程元超领着局里一众"80后""90后"干部穿越蜿蜒的山路,经过40多分钟的车程来到了隐匿在龙南翠绿竹海深处的罗家乡陆村村梓坑自然村,开展基层"试炼"。骨干宣讲员郑素红操着一口方言与村民寒暄,将这些政策转换为通俗易懂的语言讲给大家听。她告诉村民,城乡居民养老保险待遇已经连续9年上调,这次又涨了40块钱,65岁及以上的老人能再多拿10块钱。这种宣讲让老年人听得聚精会神:"真是七保八保不如社保,多亏了你们来宣讲,让我们了解到这么好的政策。"宣讲员们从民众关切的养老政策、医保政策谈起,再说到"整村搬迁"的政策,通过与村民面对面沟通交流,了解他们的真实想法,努力打消他们的顾虑。

龙游县8090新时代理论宣讲团坚持实战中练兵,在宣讲中不断优化完善研学体系。县人社局8090新时代理论宣讲工作分管领导方爱芸力推研习小组制度,她表示,通过定期集中开展学习研讨,不仅能帮助宣讲员吃透政策,练好宣讲基本功,更能培育出一支"两坚两基两勤两专"的"80后""90后"干部队伍,助力"小县大城共同富裕"农民集聚转化工作,了解群众的真实想法,为之后的全县工作打下良好的基础。

◎2021年4月,龙游县党史宣讲PK赛现场

随着社会经济的快速发展,理论宣讲工作需要顺应时代潮流扎实推进,要求宣讲团树立与时俱进、不断学习的观念,不断培养扎实的宣讲队伍。研学系统有力地推动了宣讲员宣讲能力的快速提升,给宣讲队伍建设工作带来了新思路。龙游县8090新时代理论宣讲工作专班通过打造研学体系,有效推动了理论宣讲工作与党同心、与时代同行,推动了党的创新理论"飞入寻常百姓家"。

小 结

　　研学系统是推动理论与实践相结合,推动宣讲员能力快速提升,使理论宣讲走深走实的重要方式。本章从理论学习、实践调研等方面详细介绍了龙游县8090新时代理论宣讲团的研学体系,研学体系始于宣讲又归于宣讲,在一次次的"理论＋调查"中,不仅让宣讲稿件和宣讲水平得到了升华,宣讲员们也得到了"质"的提高,这一切无疑都能有效推动宣讲团不断发展壮大。

第四章

绽放：讲好精彩故事，
传播中国声音

理论宣讲质效的提升，不仅要建设高水平的宣讲队伍，宣讲内容的打造、宣讲场景的选择、宣讲方式的运用也尤为重要。换言之，开展好理论宣讲工作，要把握宣讲工作规律，适应听众的思维方式和接受习惯，适应分众化、差异化传播趋势，选择接地气的宣讲内容，更好地反映普通群众生产、生活、工作的生动实践；要创新方式方法，强化改革意识，重视技术驱动，推进媒体融合发展，立体化、多角度地开展宣讲工作；要打造多元化宣讲场景，因地制宜展示地方特色、深入群众，让理论宣讲更贴近群众、更深入人心。

　　龙游县8090新时代理论宣讲团坚持以习近平新时代中国特色社会主义思想为指导，丰富宣讲内容、打造宣讲场景、创新宣讲方式，不断提升自身宣讲水平，传播新思想、新成就，宣讲好中国故事、浙江故事、身边故事，在理论宣讲工作中取得了突出成效。

第一节 | 宣讲内容有的放矢

中国共产党要带领人民在风浪中前行、在关隘前奋进，实现伟大奋斗目标，就必须使全党和全体人民具有共同的理想、共同的精神、共同的力量。党的宣传思想工作是促进统一思想、不断凝聚力量的重要途径，落实到宣讲工作中，就要求宣讲员在准备宣讲内容时保持正确的政治方向，阐释好党的创新理论，用知识的力量武装和教育群众、统一思想认识、凝聚社会共识，引领人民群众为实现共同目标而奋斗，助推中国特色社会主义伟大事业蓬勃发展；要使宣讲内容落脚于群众实际生活当中，解决人民群众急难愁盼问题。宣讲团着重从党的路线方针政策、人民群众密切关注的民生问题、当前党和国家的中心工作等方面精选理论宣讲素材，打造精品宣讲内容，推动理论宣讲工作走深走实。

一、着眼政治站位，推进党的理论家喻户晓

旗帜鲜明讲政治是我们党作为马克思主义政党的根本要求，中国共产党从不讳言自己的政治主张。理论宣讲是政治权威符号化表达的一种方式，主要服务于党的政治主张、政治观点和政策方针的宣传，赢得全党、全社会的认同和参与。因此，理论宣讲有着明显的政治属性。宣讲团坚持以习近平新时代中国特色社会主义思想为指导，围绕党的路线、方针和政策开展理论宣讲工作，提高理论宣讲内容的政治性、时效性，让人民群众及时了解党的方针政策的背景、内涵及意义，自觉听党话、跟党走，树立正确的政治导向，推进党的创新理论"飞入寻常百姓家"。

（一）围绕党的最新动态

龙游县8090新时代理论宣讲团围绕党的二十大、建党100周年、党的十九

届六中全会召开等重要时间节点开展理论宣讲活动,带领广大群众在理论宣讲中学深悟透会议精神,在宣讲中感受党的人民立场,坚定永远跟党走的理想信念。

2021年7月1日,习近平总书记在中国共产党成立100周年大会上发表重要讲话。宣讲团迅速行动,第一时间组织宣讲员开展贯彻落实习近平总书记"七一"重要讲话精神备课活动。宣讲员们一起学习百年党史、重温党的光辉历程、感悟党的思想伟力,围绕百年党史主题开展了"礼敬百年·青春向党:8090学党史讲党史"主题宣讲系列活动;在新媒体上推出"8090带你学党史""8090小李说理"栏目;组织的"唱响时代最强音,8090请接力"系列活动,被"学习强国"学习平台连续刊登20余次;同步开发序列化精品课程,形成《伟大思想8090说》《百年党史8090说》2本序列化课程汇编图书,共收纳146篇精品稿件。

在党的十九届五中全会召开之际,宣讲团开展形式多样的活动,深入贯彻落实全会精神。全会结束后,龙游县立即组织相关人员撰写党的十九届五中全会精神宣讲稿件,印发《8090深入宣讲党的十九届五中全会精神的通知》,组织8090新时代理论宣讲团宣讲员认真学习领会全会精神,形成了《五中全会的大事拍了拍你》《让创新之光照亮科技强国梦》《乡村振兴奋斗有我》等50多篇宣讲稿。在开展宣讲活动方面,宣讲员们进企业、进社区、进农村,深入不同领域开展全会内容的宣讲,在全县掀起学习宣传十九届五中全会精神的热潮,凝聚起建设"浙西新明珠"的强大力量。

此外,龙游县8090新时代理论宣讲团紧扣党的发展历程中的重要时间节点,提前筹划宣讲内容,及时将宣讲选题下发到宣讲员的手中,让理论宣讲具有思想性、真理性的同时,更具有时效性。宣讲员会格外关注诸如建党节、国庆节、建军节等重要节日,以及全国两会等重大会议节点,将日常学习与特殊节点相结合,积累相关素材为理论宣讲工作做好准备,以确保在重要活动及会议到来之际,可以第一时间做好宣讲准备,让理论宣讲活起来、动起来。

党的二十大召开以来,龙游县组织开展"喜迎党的二十大:8090大学习大调研大宣讲"活动,确保理论武装更加走深走实、价值引领更加聚焦聚力、任务推进更加高质高效。

党的二十大会议召开前期,龙游县举办"献礼二十大、奋进新征程:8090宣讲比赛",第一时间掀起学习贯彻党的二十大精神的青春热潮;会中,组织宣讲员在习近平总书记走访调研过的荷村村和"8090"24小时有声书房集中收看开幕会实况,第一时间召开备课会研究部署党的二十大精神宣讲工作;会后,举办党的二十大精神的理论宣讲征文活动,面向全县征集"党的二十大·8090说"主题微视频等,相关工作多次被中央、省级媒体关注报道。宣讲员李陈热议党的二十大报告微视频在《浙江新闻》上展播。在与浙江工业大学联合开展的"理论正当午"研究生思享会上,李陈做了党的二十大主题讲座,并与研究生开展理论宣讲经验交流。截至2022年底,累计开展党的二十大主题宣讲123场次,惠及民众2000余人次,完成党的二十大主题宣讲视频50余个,点击量达5万人次。

宣讲员们表示,党的二十大胜利召开,这是全党、全军和全国各族人民的大事、喜事。接下来,8090新时代理论宣讲团将持续开展党的二十大精神宣讲,让党的二十大精神家喻户晓、深入人心,转化为奋进新征程、建功新时代的强大力量。

(二)跟随理论变化发展

实践发展永无止境,党的理论创新永无止境。在理论宣讲的过程中,龙游县8090新时代理论宣讲团紧跟党的理论创新步伐,做到"党的理论创新每前进一步,理论武装就要跟进一步"。习近平新时代中国特色社会主义思想是新时代中国共产党的思想旗帜,是国家政治生活和社会生活的根本指针,是马克思主义中国化的最新理论成果,是当代中国马克思主义、21世纪马克思主义。在理论宣讲过程中,宣讲员深刻领会习近平新时代中国特色社会主义思想,及时地吸收和整理习近平总书记的讲话内容,找准其中的发力点和切入口,精心打磨宣讲稿件,将党的创新理论及时传播到人民群众中去,提高人民群众对于当前国家政策的理解力,同步提高自身理论宣讲的质量和水平。

理论宣讲工作本质上就是宣传党的创新理论的"布道"工作,打铁必须自身硬,要"让有信仰的人讲信仰,让理论上的明白人讲理论"。如果理论宣讲工作者自己学得不深不透,就难免使宣讲工作成为"复读机"式的照本宣科,陷入形式主义的窠臼。因此,理论宣讲工作者要舍得花精力、下功夫。

"学习的过程是一个找感觉的过程,也是一次思想上自我净化的过程,从对华岗模糊浅显的了解到立体全面的画像,在这种不断过滤、梳理中深刻理解华岗精神,收获真的很大。""90后"宣讲员李陈宣讲的第一课是革命先驱华岗的事迹,回忆起宣讲稿的创作过程时,他深有体会地说。撰写讲稿前,李陈花了好几天时间多次翻阅研读关于华岗的十几万字史料,认真做好笔记,并结合当下的社会现实和宣讲对象实际梳理宣讲思路。就这样,这份在台上10分钟就能完成宣讲的宣讲稿,李陈前前后后花了半个月左右的时间,大大小小的修改不下30次。功夫不负有心人,李陈的第一次亮相即赢得了满堂喝彩。

作为一名银行员工,宣讲员洪雅倩为了让自身的宣讲更有深度、更易出彩,自觉开始学习阅读马克思主义经典著作和党的重要理论著作,反复研读《习近平谈治国理政》第一卷、第二卷和第三卷,以及《习近平在浙江》《习近平总书记系列重要讲话读本》《习近平新时代中国特色社会主义思想三十讲》等理论著作;她非常重视习近平总书记系列重要讲话和党的重大

◎洪雅倩《请党放心 强国有我》

会议文献的学习,对于习近平总书记的每次重要讲话,党和国家的重要会议,她都第一时间收听收看,第一时间学习研究,力求学习理论先人一步。通过持续不断的学习,洪雅倩理论功底明显提升,围绕不同主题,她精心打造了"一盏煤油灯""一个鸡蛋"等多个宣讲课程,制作了"8090说——一分钟带你学党史知识"的党史宣讲微视频。

二、立足村情民意,力求满足人民群众需要

人民既是理论宣讲工作的价值主体,又是实现其价值的实践主体,不仅要用正确的理论、路线、方针和政策带领人民前进,更要不断了解群众所需所想所盼所惑,为群众办实事、做好事、解难事,要将解决好"为了谁、依靠谁、我是谁"这一根本性问题作为理论宣讲工作的前进动力。宣讲团坚持理论来自人民、为了人民、武装人民;坚持深入群众、深入基层、深入实际,把体现党的主张和反映人民心声结合起来,把教育引导群众和服务群众结合起来,让人民群众"愿意听""听得懂""用得上"。宣讲团选取人民群众的身边人、身边事作为理论宣讲内容,以小切口讲好大道理,坚持人民立场,宣讲的内容在涉及党的路线、方

针、政策的同时，还涉及脱贫攻坚、国计民生、美丽乡村、道德风尚、人文艺术、医疗卫生、法律法规等关于人民群众实际生活的方方面面，坚持在理论宣讲中既解决好人民群众的思想问题又处理好实际问题，既解决好人民群众的心理疏导问题又给予人民群众人文关怀，不断提升人民群众的幸福感、获得感、安全感和满足感。

（一）着眼党的惠民政策

"'十四五'规划讲什么？跟百姓生活有什么关系？""《民法典》有哪些规定？跟以前有什么不一样？对百姓生活有哪些影响？"龙游县8090新时代理论宣讲团在宣讲过程中高度关注人民群众所关注的理论、与老百姓密切相关的惠民政策的及时解读。宣讲团通过理论宣讲让人民群众了解到党为人民已经做了什么，还要做什么，将中国共产党人为人民谋幸福、为民族谋复兴的初心和使命讲清楚，传播到百姓心中。

2022年10月24日，党的二十大刚刚闭幕，在县龙洲街道方门街社区新时代文明实践站里，老年人们在宣讲团人社分团宣讲员们的引领下，领悟党的二十大精神，现场气氛欢快轻松。

宣讲员王露婷以"'浙'十年话变迁"为题，联系群众身边可以感知的新变化、新发展，引发群众的共鸣，将党的创新理论讲到了群众的心坎里。社区居民丰财富是一名退休教师，他对此表示强烈认同："是国家的政策好啊，养老金年年涨，社区生活环境越来越好，走几步路就是菜场，在家门口就可以办社保。""还是人社局的点子好哇！你瞧，大家多团结，都干得火热、玩得开心！"社工刘丽竖起了大拇指。

与人社分团一样，龙游县各分团积极从党的二十大报告中汲取奋斗新征程的力量，充分发挥8090新时代理论宣讲的优势。发动全系统年轻干部下沉服务，持续办好社区"板凳会""圆桌会"，采取更多惠民生、暖民心的举措，做好"一老一小"服务，着力打造社区"幸福共同体"。

◎宣讲员王露婷宣讲"'浙'十年话变迁"

（二）立足群众切身关切

人民群众所关注的问题，就是8090新时代理论宣讲团重点讲解的内容。龙游县充分考虑群众需求，推出8090宣讲服务热线，广泛收集群众生活中的急难愁盼问题，坚持问题导向，围绕群众所关心的问题开展宣讲，切实解决老百姓在生活中的实际问题，确保理论宣讲工作的良好成效。

龙游县湖镇镇地圩村党支部书记徐庭友说："2021年10月以来，宣讲团进村宣讲了10多次，都是村民关心的主题，如战'疫'故事、农村常见法律问题解答、防诈骗宣传等。每次有近200人自发前来听讲，年轻人也多起来了。"宣讲团的年轻宣讲员常常深入基层一线，在与群众进行交流的过程中，进一步确定自己的宣讲内容，这使得他们的理论宣讲工作既能真切反映当地实际情况，又能在宣讲过程中将理论更好地融入宣讲内容。

宣讲员黄晓芳在调查研究中就发现，老人们过度沉迷于高价的保健品当中，这不仅危害了老人的身体健康，而且影响家庭和睦。来自县市场监督管理局的她为了解决这一问题，着手准备了一次"舌尖上的安全"主题宣讲，在宣讲过程中仔细分析了高价保健品的成分，让沉迷于高价保健品的老年人幡然醒悟。老人的子女纷纷致电黄晓芳表达感激的心情："听了你的宣讲后，我爸妈不仅不乱买保健品，还提醒邻居不要上当受骗，你真有办法！"

◎ 宣讲员蒋静静在地圩村开展宣讲，与村民互动

　　县公安局经济犯罪侦查大队民警伍子靖则根据听众的需求，为居民讲解分析电话诈骗的各种情况。83岁高龄的翠光社区老党员蒋金世非常注重政治学习，听说年轻人要来社区宣讲，他放下准备了一半的午饭食材，拉上老伴一起去听宣讲，抢了个靠前的位置。他说："这课接地气，对老年人很实用，让我们增强了防诈骗的意识，小伙子课上得好，能理论结合实际讲，让人听得懂、听得清、听得进。对老年人也很实用。作为一名老党员，思想上可不能'掉队'，我自己虽然年纪大了，但心不能老，还得继续向这些'80后''90后'的年轻党员学习，要活到老、学到老。"来自阳光社区的工作人员、8090新时代理论宣讲团的选题顾问邱亚青对此评价道："宣讲员主动走到群众中，拉近距离，赢得信任，还热心地承担起调解邻里关系、处理拆迁矛盾、化解市场纠纷等难题，和群众心连心，是基层社会治理的好帮手。"

◎宣讲员伍子靖开展防电话诈骗主题宣讲

◎伍子靖《守好"钱袋子" 过上好日子》

宣讲过程中宣讲团善用小切口解析大道理,用小故事反映大时代,坚持多举例子、多摆事实,坚持"听懂群众讲的话,讲群众听得懂的话",使理论宣讲工作既有高度又接地气,既有意义又有意思,让群众爱听想听,更好地强信心、聚民心、暖人心、筑同心,让人民群众充分感受到党的创新理论有温度、"接地气"、"冒热气"。

三、围绕中心工作,架起理论与现实之桥梁

习近平总书记指出:"宣传思想工作一定要把围绕中心、服务大局作为基本职责,胸怀大局、把握大势、着眼大事,找准工作切入点和着力点,做到因势而谋、应势而动、顺势而为。"[1]服务中心工作、助推工作开展是理论宣讲内容打造的重要目标。为完成这一目标,必须坚持"实战练兵、宣讲先行",中心工作推什么就宣讲什么,中心工作推到哪里就宣讲到哪里。

---

① 习近平:《论党的宣传思想工作》,北京:中央文献出版社,2020年,第14页。

(一)紧扣国家发展大事

龙游县8090新时代理论宣讲团以疫情防控、共同富裕等国家发展过程中的重点工作为自己宣讲内容的切入点,国家需要什么就讲什么,在宣讲的过程中严格贯彻落实中央的要求,以基层理论宣讲工作助力国家重点工作推进。

自2019年末新冠疫情暴发以来,针对冬季多点散发的疫情,宣讲团用青春力量助力疫情防控。来自宣讲团卫健分团的宣讲员方瑜、俞啸、姚泓钰分别开展题为"有礼'八个一'""武汉战疫四十九天""守好疫情防线平安喜乐过年"的理论宣讲,号召广大市民和外来务工人员配合做好疫情防控,减少流动、留龙过年。宣讲在"龙游通"App和"微龙游"抖音号同步直播,整场直播时长约30分钟,共吸引了近2万人次收看。

百年来,中国共产党矢志不渝带领人民朝着实现共同富裕的目标而不断迈进,共同富裕是我国人民共享发展成果的现实路径,是中国共产党在新时代的新使命。在浙江作为共同富裕示范区建设的大背景下,宣讲团聚焦当前经济形势,以"建设共同富裕示范区"等主题为宣讲内容,在博物馆开展了"8090的对话"活动,在对话中宣讲员畅谈对共同富裕的理解,让共同富裕精神传播到每个听众的心中。

◎2020年12月,龙游县8090新时代理论宣讲团在新疆乌什宣讲"走亲"合影

龙游县8090新时代理论宣讲团走得最远的地方是新疆乌什。面对少数民族听众,宣讲团将民族团结放在首位,深入当地机关村社、学校企业、边防连队,围绕党的十九届五中全会精神、民族团结、传统文化等主题开展宣讲,在与当地群众的互动交流中增进了解,加深友谊。

(二)紧贴龙游本地工作

龙游县8090新时代理论宣讲团不仅以国家当前的发展大事、重大主题作为宣讲内容,而且聚焦当地党委、政府的县域中心工作。"80后""90后"的年轻宣讲员们在"双招双引"、项目推进、乡村振兴、文明创建等一线宣讲、比拼,在助推中心工作中发挥"80后""90后"的青春优势和独特作用。每场宣讲会都是龙游县重点工作的动员会、培训会、吹风会,一场场生动活泼的宣讲活动,有效助推了各项工作的顺利开展。

在村社换届期间,宣讲团组织开展"8090常态化宣讲助力村社换届"活动,紧扣"五好两确保"目标、"十严禁十不准"纪律等重点,深入一线开展主题宣讲800余场次,宣讲团成员的身影活跃在全县273个村社,实现宣讲与换届同频共振、互促共进。换届期间宣讲团利用流动宣传车、村社小喇叭、宣讲短视频等,广泛宣讲党代表、人大代表选举的政策和纪律,并深入村社,通过开展"8090说选举"宣讲活动,营造积极有序、风清气正的选举氛围,让换届选举政策深入人心。

"这个招聘会办得'走新'更加'走心'!"在浙工大屏峰校区"龙凤引·游子归"十万青年汇龙游行动首场专场招聘会上,2023届材料科学与工程专业的硕士毕业生牛梦豪被龙游县8090新时代理论宣讲团的"特色宣介"吸引,宜居宜业宜游的环境加上"真金白银、诚意满满"的人才政策让他对龙游充满向往,尤其在招聘现场他还看到了不少专业对口的企业,最终将简历投递给了龙游华邦古楼新材料有限公司,立志在龙游大展拳脚。

在"初心百年·共建清廉"党史宣讲快闪活动期间,宣讲员走进"8090说"直播间,用年轻人喜欢的视角和表达方式对"好干部的标准""信仰的光芒"等进行深刻阐述,给大家带来了一场接地气、有朝气的宣讲直播课,为实现全方位、全领域清廉目标凝聚共识、形成合力。

◎宣讲员李陈在"龙凤引·游子归"十万青年汇龙游行动首场专场招聘会上宣讲

  "一米菜园"是龙游县打造的乡村旅游网红打卡点。湖镇镇溪底杜村、小南海镇团石村在推进"一米菜园"建设工作中，有不少村民对此不理解、不支持，宣讲员李陈先后专程来到这两个村，就"一米菜园"建设主题进行宣讲，引导农户将自家房前屋后的空地整理出来，种上各色蔬菜。这样，农户既美化了家园，又收获了四季果蔬。和李陈一样，宣讲员们深入农村，走村串户向群众宣传，宣讲工作主动贴近中心工作，有效推动了"一米菜园"建设的全覆盖。

四、深耕优质资源，多维打造优质理论宣讲

  理论宣讲要契合广大群众对经济社会发展态势的关切，把党的创新理论宣讲与当地经济社会实践相结合，精心优化宣讲内容，切实提高宣讲内容吸引力，有效推动中心工作。建立完善"群众需求—课程孵化—讲堂宣讲—实践运用"工作闭环，从选题、成稿、宣讲以及精品课程等方面系统迭代、整体提升宣讲资源。

(一)环环相扣促成优质稿件

一场高质量的理论宣讲,不仅要求宣讲员善于表达,还要求宣讲员善于撰写宣讲稿。撰写宣讲稿就是把酝酿构思的理论宣讲转化为清晰的、明确的、逻辑联系紧密的作品的过程。一篇好的宣讲稿可以跨越时空、历久弥新,不断振奋人心,让理论宣讲取得更好的宣讲效果。

完整的宣讲稿撰写过程包括准备、起草、修改三个环节。在宣讲稿撰写的准备阶段,通过问卷调研、实地走访等方式,收集群众需求,确定宣讲主题,各宣讲员选取主题后,收集素材准备撰写宣讲稿。

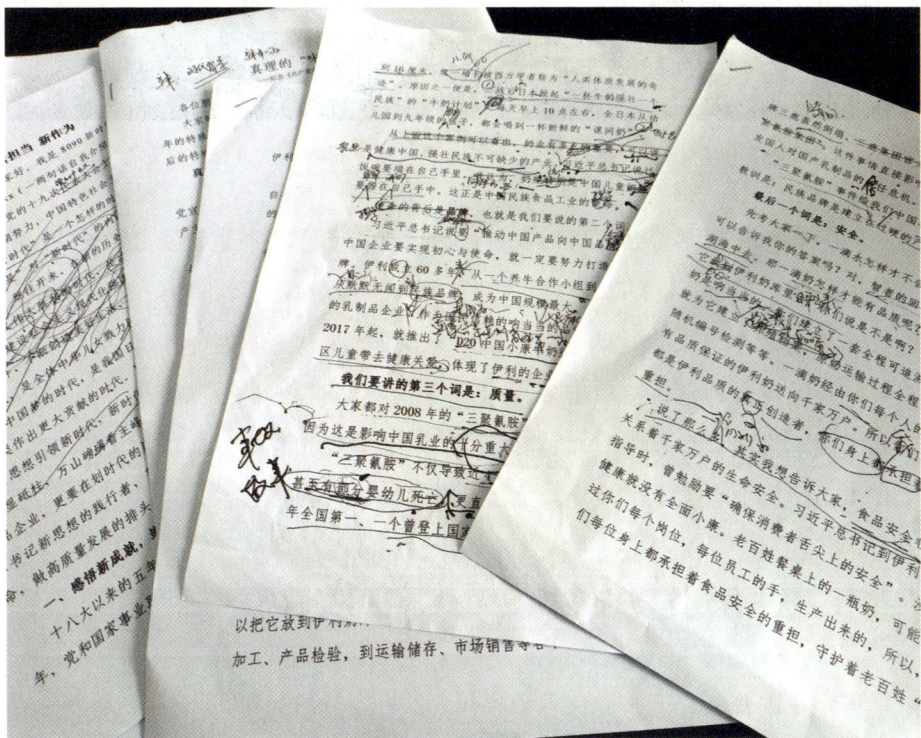

◎宣讲员在导师的指导下反复打磨修改的稿件

一篇成功的宣讲稿不是一气呵成的,一定是经过反复修改而形成的,因此,善于修改宣讲稿是成为一位优秀宣讲员的必备条件。宣讲稿的撰写和修改的意义在于不仅能提高宣讲员的写作能力和逻辑思维能力,也有利于取得更好的宣讲成效。为提高宣讲稿撰写质量,宣讲团聘请社区、农村、学校、企业等各基层领域的行家里手,作为宣讲团理论宣讲顾问,帮助宣讲员选取宣讲主题、筛选宣讲素材、修改宣讲稿。在宣讲稿修改方式上,宣讲团不仅仅局限于宣讲员的自我修改,还聘请专业导师指导修改。

龙游县8090新时代理论宣讲团整合了机关工委、党校、文联等部门师资,从省级名师工作室、高校的专家导师中聘请一批理论工作者作为宣讲团导师,通过每月开展理论培训、"一对一"辅导等活动,帮助宣讲员提升宣讲稿撰写质量。

(二)层层递进打造体系课程

为提升理论宣讲质量,宣讲团为宣讲员量身打造系统化、体系化的精品课程资源库。龙游县制定并实施了《8090新时代理论宣讲精品课程库稿件入库标准》,要求从总团到分团充分调动团员的积极性,按照标准撰写稿件,推动课程迭代升级,充实宣讲课程资源。宣讲团围绕新时代伟大思想、百年党史、共同富裕、民生政策等主题,加强学习与研究,挑选优质稿件进行精心整理和录制,系统开发新课,形成体系化、序列化课程,实现课程开发向系列化升级,并通过汇编成书形成课程系列成果。

目前宣讲团已经形成了《共同富裕看"浙"里》《心有所信　方能行远》《小县大城,共同富裕》《有礼"八个一"》《好家风才有好家庭》《舌尖上的文明》等优质稿件,在此基础上,顺势推出"伟大思想·8090说""百年党史·8090说"等系列化课程和"一堂课百家讲"活动,各单位宣讲员结合本单位实际情况,不断充实完善宣讲稿,精心打磨具有本地本部门特色的精品课程,不断充实全县精品课程库。

宣讲团将已形成的精品课程打造成为系列化、体系化课程资源数据库,供宣讲员学习借鉴,为宣讲员提升宣讲水平、打造精品宣讲提供了强有力的资源保障。

第二节 | 宣讲场景灵活多变

　　一场精彩的理论宣讲,不仅要有精彩的宣讲内容,宣讲场景的打造、宣讲氛围的烘托同样影响着宣讲效果。在宣讲中,听众与场景之间存在微妙的互动关系,人一旦沉浸于某个场景,便会悄然与周围环境形成感知记忆。比如,宣讲员在讲解改革开放的变化时,将宣讲场景选择在重点工程第一线、现代农业产业示范园、战略性新兴产业集聚地时,置身其中的听众便会结合宣讲重温记忆中的发展历程,与现实形成更加鲜明的对比,更能直观感受到改革开放40多年来的巨大变化,增强对党和国家发展成就的感性认知,进而逐步上升至理性认同,对于改革开放的内容产生更为深刻的理解。在理论宣讲过程中通过打造沉浸式、体验式的宣讲场景,能够加深人民群众对理论宣讲内容的理解和记忆,增强理论宣讲的效果。

　　龙游县8090新时代理论宣讲团在宣讲场景打造的过程中,综合考虑宣讲时间、听众群体、宣讲地点以及宣讲形式等不同要素,通过打造风格各异的宣讲场景,以"固定+流动"的形式,让群众置身于场景之中,远离古板沉闷的课堂式说教,极大地提升了理论宣讲效果。

一、挖掘地域特色,做精固定场景

　　做活平台阵地是宣讲团开展高质量理论宣讲的重要保障。龙游是千年古县,有着2240多年的悠久历史。建县至今,留下了丰厚的文化积淀,有荷花山、青碓遗址、龙游石窟等许多各具特色的景点,承载了龙游人共同的历史文化记忆,在宣讲场景打造方面具有很强的优势。宣讲团很好地利用了这一优势,在对当地风土人情、特色文化、历史发展等方面进行考察和研究后,着手打造固定的主体场景,借助这些固定场景加深人民群众对理论宣讲内容的理解和记忆。

　　宣讲团以新时代文明实践中心、农村文化礼堂为主阵地，整合各地现有环境优美、群众集聚、设施完善的场所，在每个乡镇（街道）设置固定宣讲场所，根据不同宣讲主题需要，结合当地风土人情、历史文化、"独特记忆"，打造形成具有区域文化特点的宣讲场景。

（一）借助基层活动基地

　　基层活动场所是党联系群众、组织群众、教育群众、服务群众的重要阵地，是传播文化的基石，是开展活动的重要平台。基层文化阵地活动多、人气旺，是开展理论宣讲的重要载体和理想场所。龙游县8090新时代理论宣讲团在南孔书屋、市民驿站、新时代文明实践中心以及农村文化礼堂等基层文化活动阵地，融入"8090"标识标牌、团旗团徽等元素，充分用好基层文化活动阵地，在固定场景的打造方面取得了突出成绩。

　　龙游县新时代文明实践中心作为浙江省新时代文明实践重要的战略性工程，是龙游县整合多方资源力量，全力以赴打造的传承伟大思想的坚强阵地、培育时代新人的精神家园、弘扬文明新风的广阔舞台，是广大居民参加文化活动的重要场所。宣讲团结合新时代文明实践中心规划的"有礼之城""文明之光""文化之魂""志愿之花""智慧之治"五大活动模块开展主题宣讲，获得听众及上级领导部门一致认可。自宣讲团将新时代文明实践中心开拓为宣讲阵地以来，已累计开展理论宣讲50余场，开展研习学习活动10余场，参加宣讲及研习活动群众累计达1500多人次。

　　社区是城市治理的"最后一公里"，近年来，龙游县坚持以市民需求为导向，整合资源、多方联动，持续加强社区治理体系建设，切实打通服务社区群众的"最后一公里"。县翠光未来社区市民驿站围绕"文化驿站、共享空间"的定位，打造集价值引领、文明倡导、文化熏陶、志愿服务、爱心慈善、体育健身、休闲娱乐等功能为一体的社区公共活动空间和服务平台，是居民参加业余文化生活的重要场所。宣讲团根据不同居民群体的文化需求，分众化开展理论宣讲，获得社区居民高度认可。目前宣讲团已累计开展宣讲80余场，累计听众1000多人次。

　　除了文明实践中心和社区市民驿站外，宣讲员胡亦君和雷焕还走进东华街道鸡鸣村开展理论宣讲,在村委会门口小小的广场上给村民带来了县第十二次党代会精神宣讲,带领大家共同学习传唱歌曲《领航》,把党代会的精神传达下去,让老百姓和党员干部都能够深切领会,一起为龙游未来五年的发展做贡献。而龙洲分团则走进了半爿月村文化礼堂,街道干部陈子琪和吴媛结合半爿月村实际情况,围绕产业振兴文化富民,鼓励大家发展特色现代化农业、开发乡村旅游等,在新一届党组织的带领下共建和美半爿月。

(二)依托龙游"特色场景"

龙游素有"万年文明、千年古城、百年商帮"之美誉,这里有着深厚的红色文化底蕴和人文历史积淀。游览龙游县浦山村,能够体验畲族人民特有的民族文化;参观溪口未来乡村,可以让人回味过去、展望未来,让人记得住乡愁、看得见发展,让历史与未来在这里对话;参观龙游革命烈士事迹陈列馆、华岗事迹陈列馆,则可以将参观者的记忆带回到那个战火纷飞的年代。这些地点都是龙游县在千年历史变迁中形成的特色景点,承载着当地独特的历史文化记忆。宣讲团充分利用这些富有文化特色、发展记忆的地点打造历史人文、地理风光、红色革命等特色宣讲场景,开展主题理论宣讲,不仅可以增强听众对宣讲主题的情感共鸣,还有利于提升听众对于宣讲主题的理解深度。

"听老兵讲党史,重温战火岁月",在红色基地、龙游博物馆、庙下长生桥、龙游革命烈士事迹陈列馆、华岗事迹陈列馆等特色宣讲场所,宣讲团特别邀请了抗战老兵以及退休老党员组建成特色宣讲团,向听众讲解党的百年发展光辉历程。宣讲团特别邀请了抗美援朝志愿军老战士吕炳元、老山前线"英雄指导员"钱富生来讲述他们在战争当中的所见所闻所感。他们以亲身经历讲解本地红色故事,不仅提升了宣讲的真实性、可信度,而且置身于红色宣讲场景中,让群众有穿越历史的体验感,提升了宣讲的感染力。

(三)聚焦群众茶余饭后所在地

龙游县8090新时代理论宣讲团不仅将具有历史发展特点的文化场馆打造成重要的宣讲场地,百姓茶余饭后集聚闲聊的场所,也是宣讲团着力打造的重要宣讲场所。宣讲团往往根据人流量,结合所在聚集地的特点,开展常态化理论宣讲活动，建成固定化宣讲阵地，这样的宣讲不必进行专门的组织活动，不会打扰群众的正常生活，不仅极大地节约了宣讲团资源，同时也让理论宣讲更接地气，让人民群众觉得理论就在身边、学习唾手可得，让"好地方"与"好宣讲"相得益彰。

县里的特色宣讲品牌"石话实说"，选取的地点就是在团石村的樟亭驿。团石村沿江古树林立，江边的樟亭驿一直以来都是村民活动聚集的场所。曾经，树下是生产性用房，在两江走廊诗画风光带建设中，这里进行了"微改造"，建了休息亭、漫步道等景观设施，并成为8090新时代理论宣讲的重要阵地。江边的大樟树，靠近衢江最开阔的江面，老百姓茶余饭后就来到这棵百年老树的下面。宣讲员在宣讲中利用大樟树开场："非常高兴今天可以来到美丽的团石湾'看海'，大樟树下凉风习习，村庄环境整整齐齐。"村民们往往在纳凉休息中就能听完一场脍炙人口的宣讲。

◎团石村大樟树下话初心

宣讲团紧紧抓住在乡村宣讲的流量密码,利用村民茶余饭后聊天的时间,变村民集聚闲聊的场所为宣讲舞台,选择"接地气"的宣讲主题开展理论宣讲,累计开展以乡村振兴等为主题的宣讲100余场次。如今,"大樟树下话初心"已经成为衢州市极具代表性和辨识度的乡村宣讲场景。

二、因时因地制宜,做活流动场景

激发理论宣讲活力,不仅要以点带面、扩大辐射,筑牢固定宣讲堡垒,还要转变思路,做活流动宣讲平台,根据受众需求,布置宣讲场景,开展宣讲活动。龙游县8090新时代理论宣讲团宣讲范围从党政机关、学校、农村向居民社区、企业、军营、家庭、网络等领域拓展,在固定时间、固定地点邀请群众参加理论宣讲的基础上,推出宣讲集市、理论宣讲"上门服务",以更加灵活的时间、更加灵活的方式开展"即时宣讲",实现理论宣讲无死角、无盲区、全覆盖。

(一)踩着节点做宣讲

宣讲团在宣讲的过程中有意识地将宣讲与各类重要时间节点捆绑,开展主题宣讲,并且围绕宣讲主题打造流动宣讲场景,发挥外部环境作用,将听众思绪快速带入宣讲主题,强化宣讲记忆,彰显8090新时代理论宣讲特征。

岁末年初,春节前后,宣讲团赴高铁站开展"回家·过年"文化惠民主题宣讲活动,并策划推出"8090·东南西北过大年"系列宣讲,利用春节这一重要节日开展民族传统文化宣传,提升居民文化自信。

2021年4月15日是第六个全民国家安全教育日,为提高全民国家安全法治意识,宣讲团来到石佛小学开展"国家安全进课堂"宣讲活动,司法局分团宣讲员方颖做了"国家安全由你我共同守护"主题宣讲,课后还向师生发放国家安全知识手册300余册、宣传挂图5套。

"开学第一课,当以德为先,我希望龙中的孩子们不仅能学习到雷老师专业拔尖的能力,更能学习她传递爱心的榜样思想。"宣讲员王丽表示。2021年8月31日,"赓续红色根脉·8090开学第一课·榜样的力量"主题宣讲活动在龙游县各中小学深入开展。来自各行各业的"80后""90后"榜样宣讲员纷纷走上宣讲台与学生面对面，围绕爱国主义教育、省第十五次党代会精神等主题开展思政教育，让"开学第一课"成为学生的"精神营养餐"，用鲜活的榜样例子，扎实推进习近平新时代中国特色社会主义思想宣讲进校园，帮助广大青少年扣好人生第一粒扣子，树立正确人生航向。

在第三十七个教师节之际，来自教育分团的"80后""90后"宣讲员纷纷开展形式多样的主题宣讲活动，通过身边先进教师典型，鼓舞全体师生进一步坚定理想信念，感恩奋进，共同推动龙游教育高质量发展。

龙游县8090新时代理论宣讲活动充分利用会议节点、活动节点、节假日等进行流动节点的打造，在给广大群众带来欢乐的同时，也让党的创新理论和各项方针政策深入人心。

（二）跟着人流做宣讲

"群众在哪里，就在哪里讲"，龙游县8090新时代理论宣讲团还在公共场所以快闪的形式创新开展理论宣讲。宣讲团选择在火车站、广场公园、过道长廊、学校门口、车间车站、大型商场等城乡各类公共场所不定期开展理论快闪、流动宣讲，把理论宣讲搬到群众生产生活现场。既扩大了8090理论宣讲在本地的受众面，又有效地提升了"快闪式宣讲"的知名度。

◎宣讲员到人员密集的广场开展快闪宣讲

火车站既是一个城市的重要门户,也是一个城市对外的窗口,人口流动大,密集程度高。宣讲团走进龙游火车站候车室大厅,以此为宣讲舞台,为旅途中的乘客带去了一次次别开生面的宣讲活动。在《8090青春之光》的歌声中,宣讲员们先后带来"七一"重要讲话精神宣讲"夜航星"和党史宣讲"芳华二十八",过往的乘客们纷纷驻足聆听,与宣讲员互动,宣讲接近尾声,一首《没有共产党就没有新中国》的全场大合唱把宣讲推向高潮。

◎ 方瑜《芳华二十八》

市集是城市中群众日常进行商品交易的公共场所,这种烟火气的魅力形成了超大的人口流量。团县委分团联合税务局、公安局、铁路、华电、移动公司分团在龙游县溪口镇星星市集上开展宣讲集市活动。宣讲员们站在老百姓中间讲述党史故事,传播红色基因,同时带来防诈骗小技巧、龙游铁路新动向等精彩内容。

宣讲中,税务局分团宣讲员柴丽卿、周静怡分享了龙游小星星志愿服务队的故事,展现小星星们"为奉献者而奉献"的宗旨;公安局分团宣讲员江宁用现实案例、真实数据让群众学习掌握防诈骗知识;移动公司分团宣讲员裴博为通

◎宣讲员到龙游火车站开展宣讲快闪

过一段"'红色电波'的故事"带大家了解中国通信行业的发展历史；华电分团宣讲员徐家兴通过一个个"五四故事"与大家一同回顾中国所经历的百年风雨；铁路分团宣讲员胡炜麟将中国铁路的发展故事娓娓道来，展现铁路人的坚守；团县委分团宣讲员徐倩雯讲述龙游红色故事，让大家感受到无数龙游儿女的矢志奋斗和忘我付出的精神。

◎火车站宣讲快闪视频

创新的形式、生动的话语、直抵人心的故事……宣讲团用青春力量在群众中传播党的创新理论，让党的创新理论"入心""入脑""入行"。

（三）因人而异做宣讲

人民群众的理论需求具有差异性，不同群体具有不同的理论需求，同一群体在不同的发展阶段也具有不同的理论需求，这就需要在开展理论宣讲中，根据不同群体听众的特点，开展差异化的理论宣讲。宣讲员们在田间地头、企业单位、学校社区开展理论宣讲时，根据不同听众的特点选择不同的宣讲主题，打造不同风格的宣讲场景，有针对性地开展理论宣讲。

在企业宣讲时，宣讲员们根据企业的工作时间安排，充分利用企业员工的"午休一小时""晨会一刻钟""班前十分钟"等闲暇时间，开展理论宣讲。在金龙纸业有限公司，宣讲员范磊、李陈就"上门"为企业员工提供了一场宣讲服务。"一张纸、一个专列、一场招聘、三件物品……"宣讲员用一个个具体的故事将疫情防控期间的政企同心、革命家华岗的红色精神娓娓道来。家家发纸业25岁的质检员李相秀对"护企手"助力企业复工复产的动人故事印象深刻。他表示："范磊作为政府工作人员，疫情防控期间，亲身经历、参与了部门支持复工复产的许多工作，他通过自己的亲身经历，用讲故事的方式宣讲党的方针、政策、法规，我喜欢听，也很感动，他们的工作精神值得我学习。"

在社会老龄化程度加剧的当下，老年人面临的诸多法律问题亟须引起全社会重视。为此，司法分团结合法律服务"进机关、进乡村、进社区、进学校、进企业、进单位"工作要求，突出老年人群体，创新推出"法助共富　法护平安——法润夕阳红"活动，通过线上线下全方位的系列宣讲，进一步加强老年人的法治意识，提升其学法用法水平，营造全社会尊老爱老护老氛围。

宣讲团与浙江省十里坪监狱开启理论宣讲"云宣讲"模式,通过录制视频和线上直播的方式,以"让青春在'战役'中闪光"为主题开展宣讲活动。宣讲团围绕党史学习教育、地方文化、心理健康、归正指导等专题,助力修心教育社会化,服务犯人改造,通过开展宣讲让服刑人员感受到阳光、真诚、向上的力量。

三、紧跟时代变化,做好线上场景

浙江是互联网大省,全省网民规模达5320余万人,手机网民规模占全省网民总数的99.7%,加快推进理论宣讲数字化发展,让广大人民群众在数字时代有更多的幸福感、获得感是龙游县8090新时代理论宣讲团适应时代发展要求推动理论宣讲工作的重要任务之一。宣讲团充分运用互联网思维创新理论宣讲,探索"全媒体+理论宣讲"模式,开展线上理论宣讲,让科学理论占领网络空间,让党的创新理论在网络空间开花结果。

(一)搭建理论宣讲微平台

为提升基层治理效能,龙游县积极搭建数字化管理平台,通过建设"龙游通"信息服务平台,汇民意、掌民情、解民忧、舒民心,打通基层治理"神经末梢"。目前,"龙游通"信息服务平台已经拥有粉丝37万余人,成为老百姓"能够用、喜欢用"的信息服务平台。宣讲团将理论宣讲与基层数字化治理紧密结合,将理论宣讲平台有效嵌入"龙游通"App功能模块,开设8090宣讲专栏,实现党的创新理论宣讲的数字化。

同时,宣讲团开通了"8090青春之光"抖音账号,通过录制宣讲视频或宣讲直播的形式,开展"做好疫情防控""小心防诈骗""过好幸福年""廉洁清风""四个龙游"等主题宣讲400余场,听众人数达500万余人次,有效提升了民众线上听宣讲的热情。

在"3·15"消费者权益日,县、市监局宣讲分团开展专场直播,市监局雷鸣、黄思捷、范小青等三位宣讲员带来"预付式消费知多少""推销宣传多套路,健康消费需谨慎""关注食品安全揭秘食用油的奥秘"等宣讲内容,为守护消费者安全、畅通消费渠道、宣传食品安全知识贡献青春力量。

在"雷锋月"到来之际，宣讲团开展"学雷锋·致青春"专场线上直播，倡导社会文明新风，弘扬雷锋精神，深化学雷锋活动。宣讲员通过和观众分享自己的青春志愿故事，比如春运防疫志愿服务、社区环境整治志愿服务、"一杯姜茶"暖冬行动等一系列志愿活动，向听众传播为人民服务的志愿服务精神。

（二）打造特色网络宣传栏目

龙游县8090新时代理论宣讲团根据受众群体特点，推出FM954电台"8090小李说理""8090带你学党史""党的二十大精神·8090说""红歌颂"以及"8090青春之光"抖音号上精致场景"连连看"等特色栏目，聚焦网络民众，有针对性地选择宣讲内容，增强理论宣讲的吸引力，扩大理论宣讲受众面。

"还记得有一次和奶奶到饭店吃饭，老人家想喝点汤水，我就去询问老板娘有没有汤水可以喝。老板娘一指电饭锅，免费盛。打开电饭锅是米汤熬的汤水，我给奶奶盛了一碗，奶奶看到却很感慨，说以前年轻的时候在地里干活，饿得前胸贴后背，回来这能照出人影的米汤，也只有家里的壮劳力能喝，现在却是饭店免费提供的汤水……"疫情防控期间，宣讲员雷鸣在FM954电台"8090小李说理"栏目中开展"舌尖上的共富"主题宣讲，用自己的声音跟听众探讨印在中华民族骨子里的饮食文化。

（三）推行"一码一课一指数"

宣讲团按照系统集成、改革创新的思路推行"一码一课一指数"，让老百姓随时获悉宣讲的时间和地点，或根据自己的需求来调整理论宣讲的观看时间和地点，极大地提升了理论宣讲工作覆盖面和服务力度。

"一码"即"8090宣讲二维码"。宣讲团设置"8090宣讲二维码"，让民众随时可以通过扫描二维码查看全县讲堂分布、宣讲动态、"金牌讲师"、精品视频等，并与"龙游通"App实现无缝衔接。

"一课"即"8090精品课程"。宣讲团打造以宣讲党的创新理论为主，兼顾惠民政策和龙游故事的精品课程体系，结合随处可见的二维码，使得老百姓随手一扫就能够收听理论宣讲。

"一指数"即"8090青年宣讲指数"。宣讲团通过设置宣讲员宣讲素材贡献率、群众满意度和日常宣讲评价等指标,搭建青年理论宣讲评估体系,督促宣讲员提升宣讲实效。

群众还可利用理论微平台开设的宣讲场景板块进行数字化转换,更加方便快捷地学习理论知识,实现线上线下互动。可以说,宣讲团线上场景的打造,成功实现了理论宣讲线下与线上、虚拟与现实空间的无缝对接,推动理论宣讲由"一时一地"拓展为"随时随地",实现了理论宣讲全天候开展,从时间维度打通理论宣讲变化发展的"最后一公里"。

目前,宣讲团整合各地现有环境优美、群众集聚、设施完善的场所,在每个乡镇(街道)设置固定宣讲讲堂和若干流动宣讲场所,宣讲团用好新时代文明实践中心、农村文化礼堂、乡村振兴讲堂等阵地,打造"固定＋流动"精致场景50多个,常态化开展线下宣讲。宣讲团坚持"常态＋长效",以"三服务""周二无会日""三联工程"为契机,把宣讲课堂搬到农家院坝、田间地头、村社广场、学校企业等基层一线小场景中,面向青年学生、社区居民、农村群众、企业职工等各类群体开展宣讲1.7万多场次,受众35万余人次。龙游县8090新时代理论宣讲团在宣讲的过程中灵活运用场景,将宣讲内容与场景紧密结合,增强宣讲感染力,实现宣讲效果最大化。

第三节 宣讲方式丰富多彩

人民群众呼唤科学理论,科学理论也需要在宣讲实践中走进人民群众。为开展好理论宣讲工作,宣讲团不仅精心打磨宣讲稿、打造宣讲场景,而且在宣讲内容的表达方式上也不断探索。

宣讲团在具体宣讲过程中,一改传统宣讲"台上讲、台下听"的"二元对立"宣讲形式,变"灌输式、报告式、纯理论"的宣讲为"乡土式、菜单式、互动式、文艺式、网络式"多元化宣讲方式,满足社会公众的多元需求,让空洞的理论"活起来""有滋味",不断推动理论宣讲内容入脑入心。

一、"乡土式"宣讲推动宣讲接地气

正所谓:"观叶落而知天下秋,赏柳绿已晓天下春,平凡当中见伟大,故事当中受启发。"理论宣讲要实现入耳入脑入心的工作目标,就要让广大群众听得进、听得懂。这就要求宣讲员在开展理论宣讲的过程中,用"百姓话"讲"百姓事",用"小故事"讲"大道理",让群众乐意听、能听懂、记得住。

宣讲团结合百姓生活中衣食住行的变化,讲述中国特色社会主义建设的成就;结合抗击新冠疫情的成果,阐述中国特色社会主义制度的优越性;结合人民收入增加、生活水平提高、经济高质量发展,解读生机勃勃的新时代。在理论宣讲中,宣讲团结合"龙游之美、龙游之治、龙游之变",用民众喜爱的方式和听得懂的语言,把党的创新理论传播到寻常百姓家。

(一)小故事讲大道理

宣讲团注重将理论宣讲与人民群众生活实践相结合,以群众身边的人、身边的事为宣讲案例,用小故事阐述大道理,以真人真事真情实感去感染群众、触动群众,引发共鸣。

在开展乡村振兴专题理论宣讲时,宣讲团从搜集身边治村优秀典型故事,分享县内外先进村经验,挖掘全省"千名好支书"等治村能手典型事迹入手,以百姓信赖的"最美"村干部、"卓彦庆式"好干部为主题开展理论宣讲,深受群众欢迎。

◎ 宣讲员开展乡村振兴专题理论宣讲

在龙洲街道阳光社区翠光一区业委会,宣讲员邓飞将疫情防控工作组背后的故事娓娓道来,感动了听众,引发了群众共鸣。宣讲团成员朱周颖则通过自己外婆的亲身经历,深入浅出地讲解了理财产品诈骗、旅游诈骗等诈骗方式,告诫大家要加强自我防范意识,提高识骗防骗能力,切实维护好自身的合法权益。宣讲团成员张玲从"两元公交"展开,述说起龙游城乡这些年的喜人变化。

在溪口镇枫林村,来自县人大的联村干部周叶双,用"六尺巷""三门源"两个故事讲述睦邻友好、乡风文明的模范示例。溪口镇8090新时代理论宣讲团成员雷金洋、石旭君则用以往婚丧喜庆的红包陋习为例,讲述了"传承好家风、争做有礼溪口人"的故事。宣讲团成员们在讲解身边小故事的过程中拉近与听众的距离,让党的创新理论直达群众心田,现场掌声、笑声不断。

宣讲团的这种宣讲方式让宣讲团的粉丝量快速增长。在湖镇镇溪底杜村,群众听到8090新时代理论宣讲团来宣讲的消息,便早早搬来板凳,等候在现场。73岁的老党员吕金贵听完宣讲后深有感悟地说:"宣讲员们结合自身工作和生活感悟,用小故事诠释大道理,很活泼,接地气。"溪底杜村有着50年党龄的老支书胡光惠表示,作为一名老党员,思想上不能"掉队",自己虽然年纪大了,但要继续向这些"80后""90后"党员学习,活到老,学到老。

(二)百姓语言心贴心

在理论宣讲过程中,选择贴近生活的百姓话、大白话、家常话的语言表达方式,特别是使用地方方言在群众中开展理论宣讲,有助于提升理论宣讲的亲和力。这种将"普通话"变成"地方话"的宣讲方式,让宣讲既连天线又接地气,既有高度又有温度,真正打开群众的心扉,实现干部群众的"心灵共振"。

宣讲员在宣讲过程中,运用方言、俗语、歇后语、典故、幽默风趣的话语等表达方式,如"东游西游不如龙游,七保八保不如咱社保!"……这些幽默风趣的语言,让理论语言成为群众熟悉的群众话、龙游话,在拉近宣讲员与听众距离的同时,寓教于乐、寓教于情,激发了听众的兴趣,得到互动共鸣。

◎宣讲员李姗在团石村开展宣讲

司法局的李姗在团石村宣讲时,开场白是这样的:"小李今天到团石,忍不住想说四个字:'危险(当地土话,意为非常)漂亮'!"一声乡音,一阵欢笑。李姗用柔和的语调讲述习近平总书记有关家风家教的重要论述,引用历史故事、分享身边典型,引导村民学先进、重家风。短短20余分钟内,李姗收获了大批的粉丝。

◎李姗《好家风才有好家庭》

"Oh my god!买它买它!"是在青年人当中流行的语言,龙游县8090新时代理论宣讲团成员维嘉在理论宣讲过程中就使用这一青年人的语言作为自己理论宣讲的开场,向返乡大学生讲述了青年创业的"后浪"故事,宣讲结束后收获了一大波青年粉丝。

"乡土式"的宣讲方式,更好地拉近了宣讲员与群众的距离,不断增进宣讲员与群众的感情,引起群众的思想共鸣,让理论宣讲真正地"活起来"、强起来,让党的政策理论入脑入心、走深走实、见行见效。

二、"菜单式"宣讲提高宣讲精准度

人民群众想听什么,就点什么,宣讲活动就讲什么。宣讲团在开展理论宣讲工作中,坚持问题导向,针对基层群众在生产生活中遇到的问题或产生的思想困惑,紧密结合党委、政府中心工作和自身工作实际,精心拟定宣讲主题,以菜单形式向社会公布,由群众"按需点菜",将政策理论宣讲与基层群众需求深度融合,力求宣讲活动符合群众"口味"。

(一)定制特色"口味菜"

宣讲员深入学习习近平新时代中国特色社会主义思想,贯彻落实党的十九大暨十九届历次全会、党的二十大精神,围绕乡村振兴、脱贫攻坚、基层治理等党和国家重点工作,结合龙游各地群众急难愁盼问题,为人民群众量身定制宣讲"口味菜",推出内容全面、特色鲜明的"主菜单"和"招牌菜"。

根据不同受众对象设置不同的"口味菜"。宣讲团立足于群众需求,认真把握"讲什么、怎么讲、谁来讲"三个环节,将政策理论宣讲与基层群众需求深度融合，力求宣讲活动符合群众"口味"。宣讲员面向百姓讲解"防范网络电信诈骗指南""预防电气火灾常识"；面向在校学生宣讲"百年党史""党的重要会议精神"。总之，通过"菜单式"送学、"订单式"选学工作机制，变宣讲"以我为主导"为"以党的需要和群众需要为主导"，既提高了宣讲的针对性和精准度，切实增进基层群众的政治认同、思想认同和情感认同，又能更好地让党的创新理论在群众中落地生根。

2022年9月2日晚，根据8090宣讲服务热线平台收集的群众问题，龙游县组织医保分团、人社分团、供电分团、水务集团分团等，以"送影下乡"活动为契机，向群众面对面宣讲，就群众急难愁盼问题，为他们排忧解难，获得群众一致点赞。

（二）群众"点单"就能"派单"

根据理论宣传重点和党员群众需要拟定主题，提供"菜单式"宣讲专题以供选择，根据服务对象选择的"菜单"，及时安排宣讲员提供宣讲服务。

龙游县审计局分团成立了一支由15名年轻审计干部组成的宣讲队。和往

◎ 龙游县审计局分团开展"点单派单式"宣讲

常不同,这回他们采用的是"点单派单式"宣讲。通过调研结对村、联建小区以及服务企业的群众意向和人员特点设置宣讲"菜单",群众再向宣讲队"点单",最后由宣讲队给村民和企业员工精准输送亲切生动的宣讲课。调研中发现,乡村振兴、村级项目管理、农业生产技术等都是村民及企业比较关注的话题。

"今天的宣讲既是政策的解读,也是项目规范化管理意识的一次强化,我们以问题为导向,希望村级项目管理人员能补齐管理短板提升资金绩效,更希望普通村民可以主动参与村级工程监督……"在湖镇镇文林村,审计局派驻该村的农村指导员张学丰,结合自身工程审计的岗位经验,梳理审计近几年发现的村级工程管理普遍性问题,以审计视角对乡村振兴战略实施中的村级工程项目管理政策做了详细解读,并对下一步提升项目管理绩效做出专业指导。村民们聚精会神,认真聆听,现场气氛活跃,受到群众一致好评。

理论宣讲要依托群众掌握主动权。通过宣讲"菜单"化,不但能够提供理论宣讲的主题保障,还能够通过结合"定制菜单"与"群众选单",形成上下联动协调机制,有效发挥宣讲供给方的主动权,同时也可以解决宣讲需求方信息不对称、渠道不畅通、有宣讲需求而无宣讲资源的难题,提升理论宣讲的针对性和实效性。

三、"互动式"宣讲增强群众参与感

理论宣讲既要善于运用正确的思想、观点、态度和方法来阐释党的理论,做到在政策上解"渴"、在思想上解"惑",又要在宣讲过程中,注重群众的参与感,强调宣讲员与听众的互动、交流,提高理论宣讲的生动性和感染力,使宣讲工作取得最大实效。

宣讲员在宣讲过程中,注重与人民群众交流对话,运用案例、提问、辩论、体验、答疑等互动方式,在宣讲过程中既让宣讲员看清基层民众对宣讲内容的真实态度和想法,在后续宣讲中有的放矢,又使得广大听众主动思考、主动反馈,提升了党的创新理论的宣讲成效,切实增强人民群众对党和国家方针政策的深刻认识。

（一）置身于人民群众中讲理论

宣讲团深入田间地头、农家院落、村民广场等离人民群众最近的地方开展理论宣讲，不同于传统的台上讲、台下听的方式，宣讲员置身于老百姓当中，采用"面对面"和"零距离"的方式，在同群众聊天的过程当中，将宣讲的内容娓娓道来，突破传统的课堂式宣讲，增加理论宣讲的亲和力、吸引力和感染力，达到了宣讲过程中宣讲员与老百姓"心贴心"的效果。

在中式面点师职业技能培训班上，宣讲员为培训班学员带去一场疫情防控和疫苗接种科普专题宣讲。在"锅碗瓢盆"中，宣讲员提醒大家要注意个人卫生、勤洗手、多通风、出门戴口罩、减少聚会，如有异常要及时就医等，将"全民接种疫苗"的种子播撒到大家心里。

在方门街社区，县人力社保局的宣讲员和一众居民围坐在一起，大家拉个板凳，你一言我一语，拉家常、聊变化、讲政策、解难题。这既宣讲了全会精神，又增进了与群众的感情，贴近了民心。小小的一场"板凳会"不仅成了宣讲的好平台，更成了居民们为县域发展建言献策的新平台。

◎宣讲员杨艳在罗家乡罗家村余村金自然村党建广场宣讲"习总书记来过我家乡"，并当场教群众唱起了罗家村的村歌《罗家就是好》

这种没有距离感的宣讲是宣讲团在开展理论宣讲过程中的常态,宣讲员以一种朋友的姿态深入人民群众的生产生活,与老百姓融为一体,让老百姓感受原来理论的讲解并不是高高在上的,一下子就改变了老百姓对于理论的距离感、疏离感。

(二)多样化方式提高群众参与度

高质量开展理论宣讲工作,重在提升人民群众参与度。宣讲团秉持以人民为中心的发展思想,大力推进宣讲方式转变,将"灌输宣讲"转为"互动宣讲",有效引导现场听众参与宣讲主题问答,从不同角度提出疑问并开展讨论,让枯燥的理论宣讲"活起来",变得"有滋有味"。

湖镇镇派出所推出了"李Sir的防诈云课堂""仙女的民生小故事"等主题宣讲活动,宣讲内容涵盖反诈骗、反盗抢、禁毒、扫黑除恶、户政服务宣传等,深受村民好评。

◎ 湖镇镇地坼村文化礼堂宣讲气氛热烈

刘仙是湖镇镇派出所副所长,他在湖镇镇地坼村文化礼堂做宣讲时,向村民们介绍"最多跑一次"的公安服务改革工作时，就把话筒递到一位大姐手中："大家有没有体验过我们的'零跑腿'服务？"大姐毫不露怯，回答道："我知道！我婆婆身体不好，是你们窗口的民警上门帮她拍的身份证，我一开始看到民警上门，吓死了，以为家里犯了什么事情，哈哈！"坐在四周的村民听她这么说，都忍不住笑出了声，还有村民忍不住"调侃"起这位大姐来。

宣讲团在宣讲过程中通过多样化互动方式来讲理论、讲道理，不仅深受广大听众的喜爱，也得到了外界人士的一致好评。浙江省委在杭州召开新闻发布会时专门对宣讲团的工作方式进行了表扬："龙游的8090青年宣讲团，就把这些来自企业农村等地的产业人才、青年创客、年轻工匠作为宣讲主体，然后采用交流提问式的宣讲，在互动当中共同学习全会精神，效果非常好。"

四、"文艺式"宣讲增强宣讲感染力

父老乡亲大家好！

要问今天讲什么？

文明有礼八个一。

一个一，车让行人请牢记；

二个一，自觉排队记心坎；

三个一，烟头绝对不落地；

四个一，公勺公筷成习惯；

五个一，见面要行作揖礼；

六个一，随地吐痰应摒弃；

七个一，杜绝出现"牛皮癣"；

八个一，拆墙透绿美景添，美景添！

这段顺口溜来宣讲"文明有礼八个一"，被宣讲员演绎得活灵活现，深受听众喜爱。在宣讲时，宣讲员运用快板、打油诗等多种富有特色的文艺形式，让听起来相对枯燥和无聊的宣讲内容变得更加生动有趣。

艺术化宣讲鼓斗志、聚人心。宣讲团创新理论宣讲形式，用"文艺＋宣讲"

的形式,将朗诵、歌曲、舞蹈、快板、三句半、说唱等群众喜闻乐见的艺术形式融入宣讲活动,有效嵌入党的路线方针政策,播种红色文化,推动党史学习教育"声"入人心,让全县人民更加感党恩、听党话、跟党走,积极投身到建设幸福龙游的热潮中。

(一)"小作品"蕴藏"大能量"

"红米饭(那个)南瓜汤哟咳罗咳,挖野菜(那个)也当粮罗咳罗咳,毛委员和我们在一起,罗咳罗咳……"一段民谣话党史,宣讲员姚泓钰现场唱起了红军在井冈山建设时期广为流传的民谣——《红米饭,南瓜汤》,将听众瞬间带到了当初战火纷飞的革命年代,听众们对于长生桥上的党史故事听得津津有

◎姚泓钰、吴俊翀《看,长生桥上绿映红》

味。"用我们喜欢的文艺形式,比传统的'你讲我听'的方式更对咱的胃口! 听了今天的宣讲,我十分感动。没有中国共产党的坚强领导,就没有我们今天富裕安定的生活,我们要永远怀有一颗感党恩的心,永远听党的话,永远跟党走。"现场的听众如是说。

宣讲员王露婷感慨:"党史宣讲不是机械地传达,要用老百姓喜闻乐见的形式去讲,说百姓话、办百姓事,沉下身子、深入基层,让党史学习教育的'打开模式'更加生动。"

在"工伤预防进工地"主题宣讲中,宣讲员们通过开展"安全生产标识猜猜看""工伤情景小品""工伤知识问答"等互动形式,在龙游站改扩建工程项目现场,宣讲工伤预防知识。此次宣讲有效提升了工人工伤预防及安全生产意识,对于防范各类工伤事故,提高安全管理水平有巨大的推动作用。"通过此次活动,我深刻感受到了开展安全生产的重要意义。作为一名扎根工程建设一线的党员,我将带头筑牢安全生产防线,发挥党员的先锋模范作用,促进安全生产工作稳步推进。"现场的党员工友如是说。

(二)"情景剧"讲出真情实意

文艺式宣讲不仅聚焦于将歌曲、绕口令、顺口溜等方式融入宣讲稿件,同时也通过朗诵、情景剧等形式营造宣讲氛围感,提高理论宣讲的感染力。

　　为了加深民众对红色文化的了解，激发人民群众的爱国热情，厚植爱国爱党情怀，宣讲团开展了《母子书家国情》情景剧表演。宣讲员范磊朗诵着朱德悼念左权将军的诗："名将以身殉国家，愿拼热血卫吾华。太行浩气传千古，留得清漳吐血花。"将听众的思绪瞬间带入战火纷飞的革命年代。饰演左权母亲的宣讲员，身着青色上衣，手拿一份泛黄的白纸，缓缓诉说出对于左权的思念之情。随后，宣讲员钟冰身着革命年代红军的军装，以铿锵有力的声音讲述了左权将军家书的故事。这场宣讲以情景演绎的形式将三个时空中的人交织在一起，表现出了左权将军的爱国之情、其母亲对于左权将军的思念之心，展现出烽火硝烟年代革命英雄儿女的家国情怀。这种以情景剧的形式开展的理论宣讲，带给了听众朋友们极强的视觉震撼，也极大地提高了听众对宣讲内容的兴趣。

　　"乡亲们，告诉你们一个好消息。咱们马上就要有自己的土地了，咱们自己种自己吃！"围绕"共同富裕"建设主题，宣讲员们通过创作《共同富裕看"浙"里》情景剧，向群众全面展示浙江共同富裕示范区建设开局起步的实践与成效，进一步凝聚高质量发展建设共同富裕示范区的智慧力量。

◎《共同富裕看"浙"里》

◎《共同富裕看"浙"里》情景剧宣讲现场

　　"文艺＋宣讲"的宣讲形式，既让人民群众在艺术欣赏中收获了理论知识，得到了思想洗礼，也提升了理论宣讲的生动性、感染力。让理论宣讲既走"心"又有"新"，把党的好声音送到群众身边。

小　结

　　宣讲接地气,理论入人心。龙游县8090新时代理论宣讲团通过打造宣讲课程体系和宣讲场景体系,从"讲什么""在哪讲"以及"怎么讲"这三个方面不断完善理论宣讲工作,推动理论宣讲内容深入人心。在宣讲内容方面,宣讲团以党的路线方针政策、人民群众的需求、中心工作的要求,以及宣讲团不断打造的精品资源为重点,为理论宣讲提供高质量的宣讲内容,解决好"讲什么"的问题。在宣讲场景方面,宣讲团从固定场景、流动场景、线上场景等方面打造理论宣讲场景,将宣讲内容与宣讲场景密切结合,增强宣讲感染力,实现宣讲效果的最大化,解决好"在哪讲"的问题。在宣讲方式方面,宣讲团则运用了多样化的宣讲方式,通过"乡土式"宣讲、"菜单式"宣讲、"文艺式"宣讲等多种方式推动理论宣讲工作接地气、提高理论宣讲工作精准度、增强理论宣讲工作中人民群众的参与感、扩大理论宣讲工作的覆盖面,解决好"怎么讲"的问题。龙游县8090新时代理论宣讲团在理论宣讲过程中实现了内容的"精"、形式的"活",让群众坐得下、听得进、弄得懂、记得牢,既保持宣讲"有高度",又确保宣讲"接地气",在理论宣讲工作方面取得了良好效果。

第五章

强基：多方支持，夯实基础

一个团队走得好不好、走得远不远,不仅要看团队自身建设得如何,来自团队外部的管理和保障更是不容忽视。龙游县8090新时代理论宣讲团一路走来,获得了衢州市委和龙游县委的大力支持。在衢州全市域体系化推进8090新时代理论宣讲工作的顶层设计下,龙游县组建8090新时代理论宣讲工作专班,全面负责8090新时代理论宣讲团的大小事务,不断探索宣讲工作的项目化、品牌化管理,强化宣讲团的队伍、激励、阵地等保障,推动8090新时代理论宣讲团走远走实。

龙游县8090新时代理论宣讲团从自身建设出发，针对团内管理模式，不断对运行体系进行优化升级，着眼于项目化和品牌化两大发展理念，寻求全方位可持续的发展途径，助力自身向更专业更全面的方向发展，使其发展历程有迹可循，形成一套完善的具有龙游经验的管理体系。

一、实行项目化管理，打造优质项目

针对8090新时代理论宣讲团在开展宣传思想工作方案落实中存在的具体问题，龙游县积极探索宣讲工作新模式，创新推行宣传思想工作项目化管理，在工作统筹、项目评估和鼓励创新等方面取得突出成效。

（一）强化项目工作统筹

积极尝试8090宣讲工作项目化管理是破解青年理论宣传工作难题，推动8090宣讲提档升级的一项重要举措。在探索管理过程中，宣讲团通过精细化设计、科学化安排，将抽象的青年理论宣讲工作转化为可操作的具体项目，实行事前规划、事中调控、事后评估一系列闭环管理，细化项目规划、项目实施和项目评估三大流程，使工作目标更清晰、责任更明确、形式更灵活、运行更规范、评估更细化、特色更鲜明、成效更突出，让8090宣讲工作常讲常新、常态长效、历久弥新。

在项目规划阶段，8090新时代理论宣讲团各分团在紧扣主题主线的前提下，结合自身的实际情况，充分发挥部门优势，同时着眼于项目的必要性和可行性，来规划一批可实施的高质量项目。在这一阶段，各分团重点抓牢项目申报、项目审议和项目立项三个环节：在申报环节，各分团结合当地实际有针对性地开展专项调查研究,做好项目谋划工作,确立项目负责人,对项目概述、实施计划、创新亮点和预期效果做好前期策划;在审议环节,各分团组织开展分层分类审议,在规定的时间内向8090工作专班申报宣讲项目;在立项环节,8090工作专班对申报的项目统一进行审核,选择优秀的项目进入实施阶段。

项目实施阶段是8090宣讲工作项目落实的关键。这一阶段要求8090工作专班加强对项目的过程管理、动态管控,使项目的启动、实施、结题能够形成一个可控过程。在项目实施的具体环节,首先是要明确职责,建立完善的"主体明确、分工清晰、层层落实"的分解落实机制;其次是要在动态管控中层层推进,按照时间节点要求,及时解决实施过程中的问题,确保项目实施进度;最后是要跟踪督查、按时结题,分阶段抓实督查,从方案制订、人员到位、工作举措、项目进度、创新亮点、总结提炼、成效推广等多方面适时开展灵活多样的督查,做到项目情况及时掌握、项目进度实时掌控。

项目评估是评定项目实施成效的重要阶段。首先,由8090工作专班组织项目验收小组,采取实地评估、问卷调查、民主测评等形式,对已经立项的项目进行验收;其次,根据项目验收情况,实行一定的项目激励,按照目标实现度、群众满意度、社会影响度、经验推广度等指标组织专家和干部群众对项目进行打分排名,并对评选出的优秀项目实行奖补,对项目实施过程中成效显著、表现突出的分团和宣讲员个人进行表彰奖励,在年终考核中对获奖单位分团再给予一定加分。

(二)细化项目评估标准

为了加强项目推进的有效性,客观、真实地反映项目化管理成效,8090工作专班制定了《项目化验收评估标准细则》,对项目规划、项目实施和项目评估三方面的工作成效做出具体评估。

项目规划从项目申报和审议立项两个方面开展评估。项目申报主要关注项目谋划是否启动及时,在启动前有无充分调查研究,初步生成项目的基础上有无开展项目比选确定工作;项目是否紧扣主题主线,体现龙游特色,反映各分团特点,富有创新性;各分团在经费、人员、时间、场地等方面是否开展专题研究,能否提供支撑保障;以及能否按要求在规定时间内完成申报。审议立项重点关注分团在进行项目申报后，有无经过分层分类审议、筛选等程序。

项目实施从过程管理和按时结题两个方面开展评估。过程管理主要关注是否建立完善"主体明确、分工清晰、层层落实"的分解落实机制，能否形成工作闭环；有无注重调查研究，有无积极开展创新型工作，沟通是否顺畅、管控是否有效、汇报是否及时等。按时结题要求各分团紧扣工作目标，抓住时间节点按时结题，流程规范、特色鲜明，并且有相关信息材料佐证。

项目评估从组织宣讲活动、获奖入库情况和社会效益三个方面开展评估。组织宣讲活动主要是对全年开展经常性宣讲"走亲"活动，并且有明显效果的项目进行评估。获奖入库情况主要是对全年入选精品库宣讲稿件，以及项目在县级以上宣讲比赛中的获奖次数做出要求。项目社会效应主要是对项目在县级以上主流媒体宣传报道的次数，以及是否积极创新项目形式，能否多渠道、全方位延伸宣传触角、做大社会效应做出评估。

8090工作专班根据具体的评分细则，通过查阅台账资料、实地考察、走访座谈、外宣报道、内部比拼等方式对项目进行考评。此外，通过对优秀项目的团队和个人进行表彰奖励，提升各分团进行项目筹备的热情，激发宣讲团项目化运行活力。

（三）推进项目创新实施

项目化管理是推进理论宣讲工作的一项重要内容，做好这一工作需要加大投入，积极鼓励创新。各分团在进行项目申报时紧扣主题主线，紧紧围绕理想信念、形势政策、党史学习教育、共同富裕、塑造变革、生态工业、绿色转型、美丽乡村、基层治理、文旅融合、数字龙游、文化龙游等重大主题和热点问题，并结合各地各部门工作实际，从一个或多个视角，通过上级命题、群众点题、自主择题等方式进行命题。8090工作专班筛选出的可以立项的项目，大多是围绕群众"急难愁盼"、服务经济建设、促进和谐发展、助力共同富裕的，并且是具体的、操作性强的项目选题。

招商中心分团申报的"山海情缘　携手奔富"项目，依托山海协作工作，将山海协作援建项目打造成为"共同富裕"精致场景，让"共同富裕"的践行者讲好共富故事，动员更多社会力量参与、支持共富工作，助力龙游深入推进共同富裕示范区浙西明珠建设。龙游县作为共同富裕示范区试点、生态工业样本县,在推进共同富裕建设中理应"做龙头、争上游"。山海协作是共同富裕工作的重要部分,2022年又是山海协作工程实施20周年,在这一背景下,讲好"山海协作"共同富裕故事恰逢其时。目前山海协作援建项目基本覆盖龙游各个乡镇(街道),涵盖综合物业楼、农业产业、体教融合、社会公益等各个领域。这些项目大都分布在群众周边,通过融合"8090"元素,创设精致场景,将援建项目打造成群众家门口的"宣讲载体",十分贴近群众。此外,该项目宣讲团队的成员是参与山海协作"共同富裕"的工作人员,包括挂职干部、乡贤能人、爱心人士等,给身边的人讲"自己的故事",而不是通过他人之口进行生硬的宣教,这样的内容更加具有感染力。该项目希望通过发动山海协作践行者在群众身边讲好"自己的故事",分享致富经验,讲述山海情缘,动员更多社会力量积极投身共同富裕实践,助力农民增收、产业升级、社会共富。

教育局分团申报的"'百校百团'暨'一校一团'"项目,通过开展"一校一团""一团一特色"的项目计划,将宣讲主力军向"00后""10后"延伸,培育教育系统宣讲后备力量,组建不同特色的宣讲队伍,如童心宣讲队、少年先锋宣讲队、青年教师宣讲队等,确保各校都能常态化开展宣讲工作,打破了原先依赖外校或其他单位宣讲员的局限,培育了教育系统宣讲后备军,并且通过学校之间的交流、比赛等,确保教育系统宣讲工作常新、常青。教育局分团作为全县最大的宣讲团之一,致力于把党的精神伟力和先进理论送入校园,送到师生、家长的心坎上,送进每一个人成长成才的思想行动中。

县总工会分团申报的"守好红色根脉·班前十分钟活动"项目,借助班前这一特殊时段,运用青年职工的语言,讲好党的创新理论、红色革命故事、身边劳模故事和企业文化故事,体系化开展"班前十分钟活动"红色小讲堂,让广大职工听得懂、听得进。引导广大职工坚定不移听党话、跟党走,从而激发产业工人干事创业活力,提升企业产改效能,实现企业和职工的双向"共富",建立具有先行示范作用和龙游辨识度的一线职工思想政治教育品牌。

"我们开展8090项目评比,让宣讲形成特色、形成品牌,让新时代理论宣讲在各个乡镇、各个部门生根发芽。"2022年12月14日下午,2022年度8090新时代理论宣讲项目评选大赛在龙游县博物馆文化驿站开赛。

◎ 2022年度8090新时代理论宣讲项目评选大赛现场

在推进项目化管理过程中，龙游县通过项目评比，鼓励各分团积极创新、勇于探索，通过通俗易懂的语言把国家战略、行业政策说给群众听，让更多的群众听懂政策，做政策的"受益人"。

二、实行品牌化管理，扩大品牌效应

助力8090新时代理论宣讲团管理模式创新升级，打响品牌标识是提升影响力的重要途径。从活动品牌、交流合作、媒体宣传三个方向入手，宣讲团致力于打造具有更高辨识度、更高影响力的品牌名片，引领团队面向更广阔的群众基础，在更开放的平台上传递宣讲团的意识和理念。

（一）打响活动品牌

8090新时代理论宣讲"百团大战"是龙游县贯彻落实习近平总书记重要批示精神、推动青年理论宣讲走深走实的重要载体，也是8090新时代理论宣讲团打造的一张品牌名片。"百团大战"以"发掘新人、展示成果、营造氛围"为品牌目标,依托总团和分团的组织架构,将线上平台与线下平台充分融合,统筹体制内外资源,致力于挖掘宣讲"名嘴",培养青年理论宣讲人才,构建层次丰富、广泛覆盖、专兼结合的宣讲队伍,打造特色品牌,建立起同频共振的宣讲矩阵。"百团大战"每年度举办一次,自创设以来已举办了三年,取得了较好的效果。

2020年,首届"百团大战"以"战吧!8090!"为主题,面向宣讲团分团代表、各级团组织团员和青年招募参赛选手。比赛分为选兵练兵、锋芒初露、刀锋亮剑三大阶段。

◎2020年度龙游县8090新时代理论宣讲"百团大战"总决赛现场

选兵练兵阶段以分团为单位自行组织内部选拔,推荐参战代表。报名成功后,组织参战选手参加理论宣讲培训,包括理论知识、宣讲脚本撰写、语言表达、网络宣讲技巧等内容,通过专题讲座、宣讲展示、分组交流等形式,提升选手宣讲水平。在锋芒初露阶段,参赛选手根据脚本拍摄宣讲视频,在抖音、微博、哔哩哔哩等平台推送宣讲视频链接,选手分组PK,根据平台点赞量及专业评审意见获得分数,最终选择表现突出、感染力强、讲解到位的选手进入决战。刀锋亮剑环节则是进入决战的宣讲员现场对决的时刻,选手们通过绕口令比试、现场宣讲、新时代理论知识问答三大比拼决出胜负。

2021年的"百团大战"主题是"庆祝建党100周年",这一年度的"百团大战"推出了导师领衔、团队化作战模式,致力打造理论宣讲"好声音"。首先是发挥导师作用,借鉴"中国好声音"模式,设置6个战队,由资深导师担纲领衔,从选人组队、磨课磨稿到现场应战、后续实践,战队导师全程参与"操刀"。参赛选手进入战队后,导师与宣讲员进行"结对帮扶",集体磨课,补理论、补专业、补语言、补实践,提升宣讲内容、技巧和水平。通过导师领衔,探索"师带徒"新模式,发挥导师能动性,推动青年宣讲人才队伍建设。其次是发挥战队作用,每支战队由2位导师和5名待战宣讲员组成,战队内部既分工又协作,朝着共同目标努力。战队成员一起备课磨课、互帮互助、互比互评,导师给予专业、精准、高效的指导,再以集体力量补短板。以战队为"培养皿",宣讲员作为"种子""酵母",从理论小白成长为宣讲讲师,架构起导师与宣讲员紧密联系、共建共享的"桥梁"。最后是发挥赛制作用,建立多轮晋级制,历经分团内部赛、行业系统赛、战队晋级赛后才能进入最终决赛。多轮选拔的赛制,让真正优秀的选手进入大众视野、快速成长。

◎2021年度龙游县8090新时代理论宣讲"百团大战"总决赛现场

2022年6月21日,龙游县"百团大战"如约而至,这一年的主题是"共同富裕·青年说"。这一年度的比赛区别于以往的舞台式宣讲,将赛场延伸至群众中，通过室内与室外相结合、"选拔赛＋擂台赛"等形式，鼓励更多"00后"宣讲员、体制外的宣讲员参加比赛，大力发掘培育一批年轻的优秀宣讲员。宣讲员们分批、分组，深入村社、学校、消防救援大队等多个地点，与群众开展面对面互动宣讲。每个宣讲点位上，当地群众就是评委，讲得好不好，都由群众说了算，每位观众手上都有一个因地制宜的投票物件，如小西红柿、"竹蜻蜓"等，代表着自己神圣的一票。

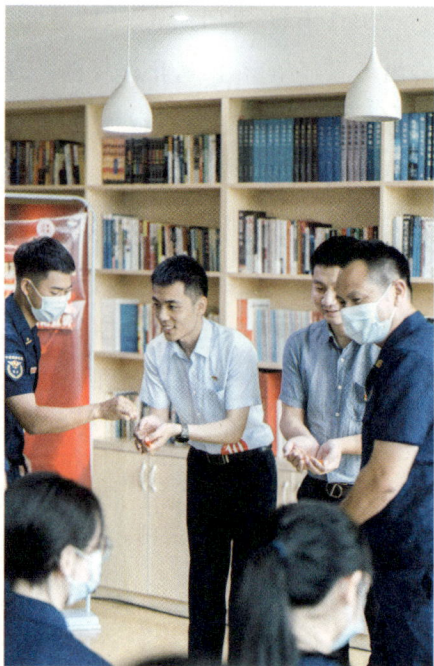

◎ 群众用手头的小西红柿为宣讲员投票

在"百团大战"的舞台上，有兢兢业业的基层工作者，有为群众服务的党务工作人员，还有无私奉献却默默无名的英雄，他们用自己的故事和方式讲述着真善美。

三年来，"百团大战"作为8090宣讲团的品牌名片，在选拔理论宣讲人才和传播党的声音上发挥了重要作用。"百团大战"的参赛选手们运用启迪心智的金句、群众熟悉的语言、真实感人的案例、富有感染力的表现，深入浅出地把创新理论、党的故事讲得通俗、讲得透彻；同时，又不过于演讲化、娱乐化，而是注重思想和价值引领，通过以赛促学、以赛促讲的形式，推动8090新时代理论宣讲工作提质增效，龙游"百团大战"赛制被衢州市"8090说"、全省理论宣讲广泛运用推广，成为青年理论宣讲工作的实践样本。

（二）加强交流合作

加强交流合作，是拓展宣讲团品牌标识影响力，让宣讲团走在前列成为标杆的重要途径。一是要加强宣讲"走亲"，将"请进来"与"走出去"相结合，邀请省内外各行各业的知名宣讲团队为8090宣讲员开展交流指导；二是要深化合作共建，推进校地合作，加强与浙江省内外高校合作交流，通过开展主题宣讲活动、共建实践基地等项目，进一步提升青年理论宣讲工作成效。

2020年12月，宣讲团前往新疆乌什县宣传"走亲"，向乌什县分享宣讲团的六大品牌工程和典型经验，双方签订思想文化宣传合作协议，在乌什县启动"8090新时代理论宣讲活动月"，让党的创新理论飞入西北边陲的"寻常百姓家"。

在"走亲"期间，宣讲团精心制作了一批贴近新疆、贴合听众的精品课程。"80后"宣讲员王丹以"开启新征程、创造新伟业"为题，从"重要时间""重要变化""重要目标""重要集成"等方面，用通俗易懂的语言、形象生动的展示，深入解读了党的理论精神。"90后"宣讲员李陈以习近平总书记的一句金言——"心有所信，方能行远"，引出百年前"8090"的故事。"90后"宣讲员雷鸣以亲身经历展开话题，宣讲"拒绝舌尖上的浪费"。

◎李陈《心有所信　方能行远》

"走亲"的成效是显著的，宣讲员们学习了中央对新疆的各项政策指示和系列白皮书，了解了乌什的风土人情，提升了自身的综合素养。同时，这次"走亲"更是拓宽了宣讲员们的视野，让他们切身体会到援疆干部的无私坚守，深刻领会到中国特色社会主义制度的优越性。此外，这次"走亲"实现了用青年人影响青年人的激励作用，不少乌什青年深受启发，在干部群众、团员教师、专技人才等不同群体中掀起了学理论、用理论的新高潮。来自湖北的四团干部谢宇听了宣讲后表示要向龙游县8090新时代理论宣讲团的宣讲员学习，为国家奉献自己的力量，扎根边疆、奉献边疆。随后，乌什也成立了乌什县8090南孔文化宣讲团，加强交流合作。

有了新疆"走亲"的优秀先例，龙游县更加积极着手推动宣讲团的"走亲访友"，以东西部协作、山海协作、对口合作、结对帮扶为契机，开展宣讲对外"走亲"交流，先后组织"8090宣讲铁路行""8090镇海行""8090丽水行""8090走进监狱宣讲""8090高校共建""8090中外对话"等活动，让8090好声音走出龙游、走向全国。

◎导师金敏军带领宣讲员杨露、赵越赴镇海开展宣讲"走亲"

在加强校地合作方面,8090宣讲团以"8090百员联百校""大学生暑期实践联盟"为载体,加强与浙江传媒学院、浙江树人学院、浙江工商大学、浙江省委党校的深入合作,通过开展"开学第一课""接力8090""循足迹话共富"等主题活动,共建青年理论讲习基地,打造暑期大学生宣讲实践营地和高校"青马工程"实践基地。

◎赵越《从"先富"到"共富"有多远?》

2020年11月,宣讲团走进浙江传媒学院,开展"以青春召唤青春"为主题的理论宣讲"走亲"活动,这是宣讲团第一次走进高校。当天,浙江传媒学院"红·传"青年宣讲团开展选拔赛,宣讲团的骨干宣讲员李陈和何双双受邀为浙江传媒学院的学生带去题为"共产党宣言"和"武汉战'疫'日记"的示范宣讲,为浙江传媒学院的学生带去了对理论宣讲的新认识。

时任浙江传媒学院党委委员、宣传部部长陈永斌说:"龙游县8090新时代理论宣讲团作为基层理论宣讲队伍中的佼佼者,让我看到了年轻人在理论宣讲上的无限可能,作为在校大学生的'00后'也不能缺席。今天我们开展宣讲'走亲'活动,这个'传'我想更多的是传承,从8090传承到我们浙江传媒学院'00后'的大学生身上。今后浙江传媒学院的学生会和龙游县8090新时代理论宣讲团一起,传承好红色基因,传播好党的创新理论。"

◎导师金敏军带领宣讲员赴浙江传媒学院开展宣讲"走亲"

　　宣讲团十分重视宣传"走亲"和与高校合作共建，希望在这个过程中让更多"80后""90后""00后"产生思想火花，用青春召唤青春，让青年人带动青年人学习、传播、践行党的创新理论。宣讲团与浙江传媒学院、浙江师范大学、浙江工业大学、浙江工商大学马克思主义学院等先后建立"青年理论宣讲共建基地"，走进浙江百所高校、面向高校百万大学生，通过系列校园活动树立一批青年榜样，引领青年学子坚定理想信念，勇于创新创造，担起时代重任，在全面建设社会主义现代化强国的进程中砥砺奋斗、建功立业。

（三）擦亮品牌标识

　　龙游县在设计团徽、发布团歌、配备团服等塑造一系列优秀的团队文化标识之余，积极打造具有标志性、功能性的8090新时代理论宣讲孵化基地。基地位于龙游民居苑聚宝古街南面新时代文明实践中心二楼，占地约500平方米，内部分为展示区、学习室、直播间、办公区、备课室和试讲间，是集宣讲和办公功能于一体的场所。孵化基地自2020年8月投入使用后，不断进行迭代升级，为龙游县8090新时代理论宣讲团宣讲工作提供优质阵地。孵化基地的中间露台打造了宣讲场景,把理论宣讲搬到了"龙游通"App、抖音等线上平台,吸引更多有志于理论宣讲的青年参与其中。此外,孵化基地定期会举办读书会,让宣讲员分享宣讲心得,进行思想碰撞。这里不仅是青年宣讲的孵化基地,更是8090宣讲员之家。

自2019年宣讲团成立以来,宣讲团在创新路上拾级而上,获得了习近平总书记等中央领导以及浙江省委、省政府主要领导的一系列重要批示,宣讲团的"声音"吸引了《光明日报》《人民日报》《学习时报》《中国青年报》《浙江日报》等党报党媒频频关注和广泛宣传报道。

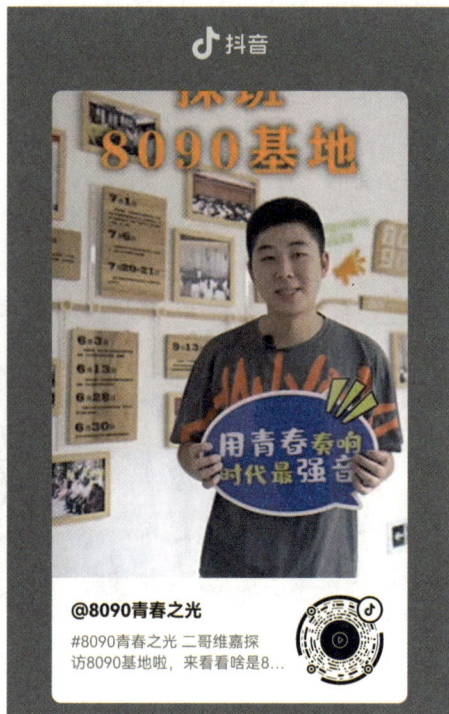

◎ 宣讲员探访8090孵化基地抖音二维码

2019年11月28日,中央电视台"新闻联播"报道了宣讲团进基层宣讲的事迹,这是宣讲团成立后首次登上国家级电视频道。2020年5月18日,《光明日报》刊登的一篇题为《青春力量让创新理论飞入寻常百姓家》的文章,详细报道了宣讲团的宣讲模式和特色创新,自此,宣讲团开始受到媒体的广泛关注。2022年,宣讲团获得市级以上荣誉11次,相关事迹被国家级主流媒体宣传报道17次,省级以上媒体刊登相关报道105篇。这些"接地气""冒热气""粘泥土"的新闻报道,忠实记录下龙游8090宣讲员青葱岁月里的成长故事。

2021年盛夏时节,时任浙江省委书记袁家军来衢州调研时,在美丽的小南海团石湾衢江畔近距离感受龙游8090宣讲员的青春活力。当时,宣讲团正在进行一场关于乡村振兴和青年责任的宣讲。袁家军认真聆听宣讲,并与宣讲团成员亲切交流,详细了解青年参加理论学习、参与理论宣讲等情况,称赞他们宣讲形式新颖、生动活泼、通俗易懂,体现了思想的引领力、实践的生命力、青年的创造力。他也对宣讲团提出要求,希望宣讲团进一步提高宣讲水平,扩大影响力，推动党的创新理论"飞入寻常百姓家"。临别前，袁书记还与在场的8090宣讲员亲切交谈、合影留念，领导的亲切关怀和殷殷嘱托，温暖人心又催人奋进。

媒体的广泛宣传报道加速了宣讲团走出龙游、走向全国的步伐，让越来越多的人看见8090、听见8090，龙游县8090新时代理论宣讲团已然是一个具有浙江辨识度的宣传思想文化标志性成果。

硬核保障,激发内生动力

如何激发宣讲团的潜在动力,刺激宣讲团不断寻求自我突破?着眼于团队和个人,做优团队顶层设计、建立健全完善的激励机制、打造牢固的理论阵地是必行之策。这种内生动力一旦激发,将如星火燎原一般点燃每一位宣讲成员的宣讲热情,他们将以更炙热、更真诚的态度向大众传递理论知识。

一、做优顶层设计,强化队伍保障

保障宣讲团全方位可持续发展,顶层设计是关键。宣讲团从团队建设、运行体系、考核标准三个角度出发,对宣讲团的发展进行宏观设计、细节设定。自上而下的领导体系将保障宣讲团越走越远、越走越实,在不忘初心中不断寻求突破创新。

(一)升级运行体系

龙游县8090新时代理论宣讲团从队伍、课程、场景、管理、实践、保障六大体系聚焦发力,拿出具体举措,落实责任分工,合力打造8090新时代理论宣讲团升级版。在此基础上,围绕"4W"(讲什么What、怎么讲Which、谁来讲Who、在哪讲Where)核心架构,升级构建"1234"宣讲运行体系("1"即精品课程,"2"即宣讲员星级评定、"8090+"青年理论宣讲两大指数,"3"即宣讲团、顾问团、导师团三支团队,"4"即线上、线下、固定、流动四大场景),形成具有龙游辨识度的样本经验。

升级六大体系,要从规范队伍和团内管理入手,完善《龙游县8090新时代理论宣讲团社团章程》及宣讲团组织架构,形成一个有组织、有纪律的团体。增强宣讲员归属感、荣誉感、成就感,让宣讲团成为广大青年宣讲员共有的心灵家园、成长家园、快乐家园。从人员进退、内部分组、团队文化、队伍组织、场景打造、运行机制等层面完善县级宣讲团管理办法,构建全域覆盖、结构合理、专业水平过硬的宣讲人才库。此外,还要注重梯队结构的优化,注重从体制内外、党内党外、县内县外,引导体制内青年全员参与,鼓励体制外青年自愿加入,推进宣讲员队伍向基层组织、专业领域、非公企业、网红主播、寓外乡贤等群体延伸,组建榜样人物、先锋力量和"00后"新生代宣讲团,扩充建强宣讲队伍。好的宣讲团需要吸引不同领域的成员加入,以此提升对不同领域听众的宣讲效果。共同创设用好"8090百员联百校"、"大学生暑期实践联盟"、高校青年宣讲共建基地、省委党校博士宣讲团讲习基地等载体,开展"开学第一课""国旗下讲话""接力8090""牢记嘱托循足迹话共富"等主题活动,推动"80、90、00、10后"同台宣讲、同步成长。

团内教育方面,要完善全链条课程的开发机制。通过基层网格、过程搜集、"龙游通"App互动等途径,及时掌握群众生产生活中关心关切的问题,精准对接理论宣讲需求端,充分发挥8090新时代理论宣讲孵化基地作用,完善落实"群众需求—课程孵化—讲堂宣讲—实践运用"的工作闭环。同时,在课程安排上要聚焦习近平新时代中国特色社会主义思想主题主线,引导青年群体学思践悟,以通俗易懂的内容、喜闻乐见的方式让党的路线、方针、政策、举措"飞入寻常百姓家"。坚持创新理论、惠民政策、龙游故事协同并重,在讲好党的故事、中国故事的同时,因地制宜,讲好本土故事,增强宣讲课程的理论味、浙江味、龙游味。

场景打造方面,整合提升"固定+流动"场景。依托新时代文明实践中心、农村文化礼堂、乡村振兴讲堂、爱国主义教育基地、市民驿站等基层阵地,以及各种村社广场、车间车站、大型商场等流动性的聚集场所,设立鲜明的"8090"标识标牌、团旗团徽等元素,每年打造提升50个以上精致场景。与此同时,兼顾新媒体网络场景,用好"龙游通"App,常态化开展8090新时代理论宣讲直播,精心运作如FM954"8090小李说理"、"微龙游"专栏、"8090青春之光"抖音账号等平台,推出音频、短视频等网上微课,努力将线上微宣讲大赛打造成现象级的线上宣讲栏目场景,力争宣讲"爆款"产品实现零的突破。借助现有的精致场景,结合地域文化特色,构建具有特色的精品宣讲线路。同时对外"走亲"交流,"走出去"拓展县外应用场景,扩大8090新时代理论宣讲影响力。在全员全域参与的基础上,持续改进8090新时代理论宣讲"百团大战"赛制,打造特色赛事活动品牌。

实践方面,深化红色根脉强基工程,实施"习近平新时代中国特色社会主义思想教育培训计划",引导更多青年在学思践悟中增进政治认同、思想认同、理论认同、情感认同。加强宣讲员对于党史、新中国史、改革开放史、社会主义发展史的学习和了解,充分挖掘利用习近平在浙江留下的宝贵财富,将其作为8090宣讲"第一主题",培养听党话跟党走、敢担当有作为的时代新人。此外,建立健全优秀宣讲员、导师顾问列席中心组学习会、专题报告会及相关重要会议制度,第一时间了解党委政府重大决策部署。把8090新时代理论宣讲作为加快青年干部成长的摇篮,积极搭建和创设形式多样的平台机会,推动青年干部在宣讲中强化思想淬炼、政治历练、实践锻炼、专业训练。提升宣讲团成员的能力素养,锻造一支"两坚两基两勤两专"兼备的青年干部队伍。在工作中,引导成员突出实干导向、宣讲先行。推动广大8090宣讲员走进一线、参与一线、宣讲一线、服务一线,为实施"三大战略"、建设"两城四区"、打造"活力四射""美丽幸福"的浙西新明珠贡献青春力量。

最后,聚焦团员工作保障。第一,加强组织领导,县委统筹全县青年理论宣讲工作,单位党政主要领导担任组长、组织及宣传分管领导担任副组长的工作领导小组,建立领导小组议事制度。第二,要保持浓厚氛围,将8090新时代理论宣讲融入个体的各项工作,通过线上线下全媒体立体式宣传,开设专题专栏专版分享宣讲动态、理论课程、精品文稿。建设人人参与的"8090广场",打造品牌效应,并且不断丰富特色品牌内涵。第三,清晰的考核激励机制不可或缺,修订完善《龙游县关心关爱8090新时代理论宣讲团八条措施》(以下简称《八条措施》),每年举办优秀宣讲员、优秀分团表彰会和优秀宣讲员荣退仪式。将理论宣讲情况作为新任公务员、新聘事业单位人员试用期评优评先重要依据,将优秀导师纳入年度综合考核特殊贡献奖对象。将8090新时代理论宣讲纳入内部绩效考评体系,从培训、备课、宣讲等方面为宣讲员提供充足保障。

完善、推进六大体系的运行升级,是深入贯彻习近平总书记重要批示和其他各级领导系列指示批示精神的必然要求,也是"8090+"理念赋能优化青年理论宣讲体系架构，形成更多具有龙游辨识度的样本经验，推动8090新时代理论宣讲工作提档升级的必经之路。以8090新时代理论宣讲为牵引，打造青年理论宣讲工作标杆，打响品牌效应，树立全国典范，把龙游建设成青年思政教育示范高地。

（二）完善考核评价

8090工作专班制定了细致可操作的理论宣讲工作考核办法。通过专项考核促进宣讲工作提质增效，进一步推动新时代伟大思想扎根基层、深入人心。

8090新时代理论宣讲工作考核主要是对各乡镇（街道）、县机关各部门进行考核，重点考核各乡镇（街道）、部门分团当年度8090理论宣讲队伍建设、宣讲活动、课程孵化、场景打造、宣传报道等方面的工作完成情况。

8090新时代理论宣讲工作对组织形式、队伍建设、场景打造、智慧管理、运行机制和"大庆大干"比拼等十个要素进行考核。

组织形式要素主要是考核是否成立由党政主要领导管理的工作小组，党委有无按规定开展理论宣讲研究工作，各分团人员配置是否齐全，是否整合资源力量建立配强导师团。

队伍建设要素主要是考核分团内是否设有研习小组并组织形式多样的研习活动，有无安排优秀宣讲员列席中心组学习会，有无按照《八条措施》落实对优秀宣讲员和星级宣讲员的激励措施。

场景打造要素是对线下和线上场景搭建情况进行考核。线下场景要求各部门打造可供常态化宣讲的精致场景；线上场景要求利用微信、微博、抖音等新媒体平台，积极推送微视频、开展微直播，打造线上宣讲场景。

智慧管理要素是对"8090＋"青年宣讲应用日常使用情况进行考核，查看是否有专人负责落实使用"8090＋"青年宣讲应用，是否推动形成宣讲员"全员应用""凡讲必用"的习惯。

运行机制要素由计划管理、稿件征集、常态宣讲、宣讲效果、信息宣传和工作考核六个方面构成。计划管理要求做好计划安排、动态发布、内部比拼、半年总结、年度考评等管理工作。稿件征集对每月上报稿件数量和精品稿件入库数量提出要求。常态宣讲要求落实宣讲工作网格化管理办法，建立"十必讲"制度。宣讲效果要求将8090宣讲与理论、当下、基层、网络、工作紧密结合,创新宣讲形式,鼓励宣讲"走亲",优化宣讲效果。信息宣传要求按照每月发布的宣讲信息规定,及时将宣讲动态信息发送给县级部门。工作考核是看是否将8090宣讲纳入单位内部量化考核,是否对成效突出的宣讲员及下属单位进行表彰奖励。

考核首先由各单位进行自评,8090工作专班再结合平时和年底考核情况进行计分,结果汇总后上报给龙游县督考办进行审核确认,并按照规定换算计入县委、县政府对各乡镇(街道)、部门的年度综合目标考核,同时作为省、市、县8090工作评先评优的重要依据。

二、健全激励机制,完善激励保障

激励是对宣讲员宣讲成绩的肯定。为了进一步激发宣讲员的宣讲热情,加强对宣讲员的关怀,龙游县制定了《八条措施》,从荣誉、物质、身心、健康、成长等多方面为宣讲员提供激励保障,使宣讲员在多方关怀中获得归属感和荣誉感。

(一)落实荣誉激励

建立宣讲员荣誉激励机制,是做好宣讲员激励保障的一项重要内容。宣讲团每年会以龙游县委、县政府名义隆重表彰一批自身素质好、群众认可度高、宣讲成效明显的优秀宣讲员,对这些宣讲员给予荣誉表彰。

龙游县委制定了《龙游县8090新时代理论宣讲员星级评定管理办法》,通过标准化评定和动态化管理,培育一批具有最佳状态、最高水准、最受欢迎的理论宣讲员。宣讲团成员根据个人自评、分团联评、总团评定的方式,对宣讲员的理论素质、日常表现、作品质量、受欢迎度进行考核,完成宣讲员定级评分表;再根据评定的分数将宣讲员的星级指数分为三星级、四星级和五星级。

宣讲员星级实行零基础积分、动态管理,根据周期内实际积分情况,予以晋升等级、保留等级或降低等级。三星级以上宣讲员被纳入县级讲师库,五星级宣讲员将有机会被授予"金牌讲师"荣誉称号。评定结果审核完成后,星级宣员定级结果以及"金牌讲师"名单会在"龙游通""微龙游"等平台公示,并根据《八条措施》对表现突出的优秀宣讲团进行表彰奖励。

在公务员和事业单位内部,8090新时代理论宣讲团重点培养一批既会干又会讲、有情怀有抱负的年轻干部,将优秀宣讲员纳入优秀年轻干部库重点培养,对于表现突出的宣讲员优先提拔重用、优先晋升职称、优先晋升职级。

龙游县还建立了宣讲员实时充电机制,县委宣传部负责定期为宣讲员提供学习资料、组织理论培训和实地考察交流,并安排优秀宣讲员列席各级党委(党组)理论学习中心组学习会,以提升宣讲员理论功底。每次各级理论中心组学习会,都会给宣讲员留有一定参加名额,这对于年轻的宣讲员来说是一个很重要的学习机会,可以了解到最新最全的理论和政策。此外,8090工作专班会定期举办读书会、宣讲交流会,建立宣讲员学习制度,不断提高宣讲员的宣讲水平。

除公务员和事业单位工作人员外,重点树立一批扎根龙游,勇于追梦圆梦、热爱宣讲事业,艰苦奋斗、自强不息的青年典型。优秀宣讲员在参加机关事业单位编外用工招聘、国有企业员工招聘、社区工作者招聘过程中,同等条件下将获得优先录用的机会;对处在创业阶段的优秀宣讲员,在政策、资金等方面予以鼓励支持。

此外,在宣讲团中发现和考验入党积极分子,对表现突出同时符合入党条件的优秀宣讲员,及时发展其入党;对加入宣讲团的村社干部和青年人才,优先纳入村社组织换届推荐人选。

对优秀导师也有相应的荣誉激励机制,来自体制内外的"导师团"优秀成员,都将被纳为县委、县政府年度综合考核特殊贡献奖对象。

(二)加大物质激励

荣誉激励为宣讲员带来了精神保障,物质激励则为宣讲员提供了物质保障。为了充分调动龙游县上下积极参与8090新时代理论宣讲精品课程库建设,更高效地选取群众关注度高的话题,有效建立精品课程迭代升级机制,龙游县参照《龙游县书刊编纂稿酬支付管理办法》,制定出《龙游县8090新时代理论宣讲精品课程库稿酬支付管理办法》,以稿酬激励的形式强化8090宣讲稿件质量。

稿酬激励对象为纳入龙游县8090新时代理论宣讲精品课程库的宣讲稿件撰稿人及修校人员。宣讲团秉承着公开节俭、讲究绩效、原创精品的激励原则，在激励实施过程中公开、公平、公正、节约，注重科学化、规范化，遵循政府规章制度，对体现出原创性、高质量，突出思想性、政治性、理论性、互动性、故事性的宣讲稿件给予一定比例的稿酬激励。

《龙游县8090新时代理论宣讲精品课程库稿酬支付管理办法》对于稿件标准进行了详细区分，根据稿件撰写字数和修改程度对稿件进行分类，初稿撰写人员以及修校人员都将获得不同比例的稿酬，不符合宣讲要求、未进入精品课程库或未被用于实际宣讲的稿件则不予支付稿酬。

在《八条措施》中，龙游县明确规定要建立宣讲员身心关爱机制，优秀宣讲员每年都可以享受一次免费的身体疗养和健康体检。自2021年这条措施设立后，已经有51名优秀宣讲员享受到这项福利，未来将会有更多宣讲员享受到这项关爱福利。

此外，龙游县在2021年发布的人才新政《龙游县高层次人才津贴及一次性奖励实施办法》中，对宣讲团体制外被评为三星级、四星级、五星级的宣讲员和导师也给出了物质激励办法，分别给予一定金额的人才津贴奖励。

◎ 龙游县"00后"宣讲员钟欣也获三星级宣讲员人才津贴

2022年4月26日，在浙江华飞轻纺有限公司举行的"关心关爱 硬核保障"体制外星级宣讲员人才津贴发放仪式暨"共同富裕·企业青年说"全县职工8090宣讲比赛现场，6名体制外的三星级、四星级、五星级宣讲员代表在人才津贴发放仪式环节获得了人才津贴，这份人才津贴对于他们来说不仅是物质上的奖励，更是激励他们在青年理论宣讲道路上越走越远的动力。

五星级宣讲员、龙游兴隆观赏鱼养殖有限公司总经理李义在接受采访时说："获得这笔津贴奖励既代表着自己的宣讲被大家认可，又鞭策着自己更努力去提升宣讲能力和水平。"四星级宣讲员、龙游水务集团的吴云龙也表示，在今后的宣讲工作中会更注重积累，为群众带来更多好的宣讲作品，同时希望有更多年轻人加入宣讲队伍，为宣讲注入新鲜血液。

第三节 数字赋能，推动宣讲创新

顺应时代发展，紧握时事之钥。面向更多的观众群体，宣讲团在手握机遇的同时也面临着挑战。从全新的场景出发，数字化是宣讲团创新发展的必然选择，龙游县紧扣数字化改革契机，与衢州市共同开发"8090＋"青年理论宣讲应用平台，依托数字集成、数字量化、数字协同，积极打造"云宣讲"模式，该应用平台成功入选浙江省"一地创新、全省共享""一本账"S0项目。

一、推出"8090＋"青年理论宣讲应用平台

通过宣讲实践，龙游县发现理论宣讲与现实需求相脱节、体制外青年思政工作"真空"、宣讲语言不接地气、学习宣讲评估难等问题是当前亟须突破的工作瓶颈。为此，龙游县联合市委宣传部创新开发"8090＋"青年理论宣讲应用，积极构建体制内外青年思政大课堂，架起理论宣讲与群众需求的桥梁，让理论宣讲走好"最后一公里"。

（一）破解青年思政管理难问题

针对青年宣讲员宣讲党的创新理论时理论味不足、专业性不强、体系化不够等问题，"8090＋"青年理论宣讲应用平台为宣讲员提供了有效破解方法，即开发"需求气泡""专题学习""网上研学室""宣讲员画像""直播课堂"等应用子场景，通过高效畅通的数据流通渠道，重塑宣讲员、宣讲点位、宣讲视频、宣讲主题等数据归集机制，及时整合理论宣讲资源，破解宣讲员"单兵作战"、难以集成的现象。

"需求气泡"即中央、省市主题宣讲、部门政策宣讲、民情工作等端口产生各类宣讲需求，按照需求频次呈现为大小不一的标题气泡。"专题学习"是由平台

建设宣讲素材库，汇集图片、文字、视频、音频等各类宣讲资源，推送精品课程，云聘专家、资深理论工作者、宣讲名师等，帮助宣讲员实现自寻素材、自我更新、自我约束、自主管理。"网上研学室"为应用的核心子场景，宣讲员自行成立研习小组，可通过网络开展线上异地研学并获取相应的学习积分，对研学情况进行记录和备案。"宣讲员画像"则综合宣讲员个人的兴趣领域、学习进度、研习表现、宣讲工作等，实现对宣讲员的精准画像，主要用于匹配宣讲需求。"直播课堂"是研习成果、宣讲课的展示或发布模块，如直播课、宣讲视频，推送到网络直播、短视频应用，还能以课程、文稿、视频、素材等榜单形式呈现。

党的二十大召开之后，龙游县各宣讲分团纷纷开展"线上＋线下"理论专题学习，在工作之余，部分宣讲员通过"8090＋"青年理论宣讲应用平台开展研学。"自从有了这个平台，我们小组的研学方式又丰富了，研学时间也相应地多了起来。"宣讲员何家豪说道，"原本可能下班回家，研习小组成员就只能在家自行学习，甚至就不开展学习了。现在，只要打开手机，大家就可相约发起群体研学，研学氛围轻松活跃，学习效率又高。"

此外，该应用通过一定积分规则，对当前平台内容的数据进行统计，最终形成理论宣讲综合指数排行榜。积分指数与宣讲员的荣誉激励、人才认定、保障服务等机制相挂钩，最终实现以"小积分"带动"大宣讲"。

（二）化解群众需求触达难问题

"8090＋"青年理论宣讲应用平台致力于为群众、基层、宣讲员等提供全方位线上服务，开设了宣讲视频、宣讲公告、风采展示、百姓留言、排行榜、专题、收藏、点单等在线服务功能，打破信息壁垒，整合宣讲资源，畅通数据归集，实现宣讲、点派单、素材、互动、数据等五大功能集成。

宣讲视频板块可以根据区域、分类选择喜欢的宣讲视频，同时可以对感兴趣的宣讲员进行关注，对视频进行收藏、点赞、分享、评论等操作。宣讲公告板块可以按区域查看相应公告。风采展示板块可按区域选择查看相应宣讲员和宣讲点，点击宣讲员头像可以进入其个人主页，查看宣讲员基本情况、宣讲记录和相关宣讲视频等。百姓留言板块供群众用户之间互动交流。专题板块根据时下热点进行分类更新，紧跟当下社会潮流，方便用户根据兴趣查看。收藏板块是用户个人收藏的宣讲视频、宣讲员、宣讲点。点单板块聚焦群众需求,例如百姓要点单,选择想要了解的内容,然后选择合适的地点,发布需求即可。发布成功后可在"我的点单"列表查看。管理员获取信息后,会在第一时间选派出最符合条件的"理论惠民送餐员",宣讲"送货上门",并会把相关宣讲视频推送给百姓,实现群众需求的及时反馈、及时满足。

"您的订单有新的消息",2022年10月13日,詹家镇分团宣讲员张震在工作期间,收到"8090+"青年理论宣讲应用微信小程序提醒,有群众通过该平台,在"点单派单"应用场景上发起"诈骗套路深 避坑需谨慎"宣讲课程约单需求。对此,宣讲员接单后立即依托平台组织分团小组成员开展网上研学,探讨宣讲方式、宣讲提纲和宣讲重点。最后,通过该应用平台上传自身的宣讲内容,及时、高效地回应了群众急难愁盼问题,获得群众点赞。宣讲员张震说道:"群众的每次点单都为基层工作的我明确了下步学习方向,督促我进一步加强学习、充实自己,也让我即便在下班时间,也能尽自身微薄之力及时通过应用平台帮助解决群众所想了解的问题,非常受益。"

同时,"8090+"青年理论宣讲应用平台已纳入基层智治"四个平台"升级版,同步呈现点单约单、指数排名动态情况。龙游县通过"8090+"青年理论宣讲应用平台,促进养成"凡宣讲必点约单"习惯,推动形成宣讲员"全部用"、群众"喜欢用"的积极氛围。

二、"网络式"宣讲扩大受众范围

随着信息革命的深入推进,互联网已经成为人们生产、生活的重要工具,给社会思想、文化、信息的传播共享带来深刻影响,形成了新的舆论场域。通过在线直播、即时推送、线上线下互动等形式开展网络宣讲,多角度、全方位、立体化解读党的科学理论,生动、鲜活地讲好龙游故事、衢州故事、中国故事,不仅可以更好地打通党的创新理论深入基层、深入群众的"最后一公里",而且可以拓展服务渠道、扩大受众范围,弥补线下宣讲的局限性。

（一）宣讲方式更加贴近群众

根据听众的不同口味需求，龙游县8090新时代理论宣讲团在线上打造不同时长、不同形式的宣讲内容，既有三五分钟的短视频，又有实况直播的宣讲比赛。

以"龙游通"App、抖音等多媒体平台为主要抓手，开设"五分钟理论快讲"等网络宣讲栏目，以"短视频"阐述"大道理"，让理论宣讲走进云端和朋友圈。同时，宣讲团充分利用VR技术，通过微动漫、沙画等形式，打造具象化理论宣讲短视频，不断提升理论宣讲视听效果。经过宣讲团不断努力，以"跟着总书记学思维""探班8090基地""大学生宣讲员诞生记""8090学精神说共富"等为代表的特色微视频不断在云端呈现给群众，激发群众关注理论、学习理论的兴趣，打造出新一轮基层宣讲新高地。目前，宣讲团已打造800余个"8090学精神说共富"短视频，播放量超过140余万次。

通过"8090直播间""FM954电台"等多媒体平台，开展理论宣讲直播。在疫情防控特殊时期，一堂以复工复产复学为主题的暖心党课在龙游人的朋友圈中"刷屏"，当天两个小时的直播就有2.3万人观看。网友"一缕阳光"评论："没想到毕业后还能上一堂有趣的理论课，为龙游点赞。"网友"小柠檬"则说："冲着这快板表演，这堂课我给满分！"这场理论宣讲直播取得了良好的成效。

2021年6月，8090新时代理论宣讲"百团大战"暨"党课开讲啦"巅峰对决在衢州工商学校"开战"。为提升宣讲活动影响力，此次比赛同步通过"浙江新闻"客户端、"龙游通"App、FM954电台、抖音等平台全程直播，当天观看人数超过40万。"网络宣讲更具传播力、丰富性和影响面，可以更好地整合资源、形成规模，提升理论宣讲到达率。"宣讲团积极探索发挥新媒体实时性强、传播速度快的优势，利用更多渠道推广线上云宣讲，让网络宣讲学习深入人心，成为理论学习新时尚。

（二）多种平台让理论"触手可及"

习近平总书记在全国宣传思想工作会议上强调，"要加强传播手段和话语方式创新，让党的创新理论'飞入寻常百姓家'"。如何把党的创新理论宣讲好，如何更好地满足群众需求,让群众听得清、听得进、听得懂,这是宣讲团一直在思考的问题。为此,龙游积极探索数字化宣传方式,致力于更加高效、便捷地向老百姓普及党的理论知识,通过更年轻的方式传播党的声音。

龙游县8090新时代理论宣讲团紧跟时代的发展变化,强化"搭台"意识,利用"龙游通"App、抖音、微信、移动客户端、手机报等一系列群众使用频率高的多媒体平台,搭建理论宣讲专栏,让理论宣讲走进群众的"朋友圈",让党的创新理论在群众的生活中"触手可及"。

"龙游通"发端于"村情通",最早起源于基层党支部的探索创新。龙游经过全县域推广,打造出的"龙游通"App涵括了党建、平安、管理、服务、信用等五大体系,覆盖全县262个行政村,其中农村用户超20.23万人(包含实名认证的11.62万人),占全县农村人口的72.9%,基本实现了村村通、户户联、人人用。当前的"龙游通"App,老百姓用得来、用得着、喜欢用,已经发展成浙江省基层智慧管理平台的典范。宣讲团积极联动"龙游通"App这一数字化治理平台,开设8090专栏,让更多的群众能够时时刻刻关注到宣讲团的动态,受到群众的广泛欢迎和认可。

8090专栏包含了直播间、"小李说理"、"请你点单"、"宣讲动态"、"精彩时刻"几个分栏。点开直播间,群众可以看到宣讲团成员在向大众普及理论知识。直播氛围轻松活跃,充满年轻活力,是当前最热门的宣传方式,用户还可以随时观看直播回放,方便快捷。"8090小李说理"是由龙游县委宣传部和FM954龙游县电台联合创办的青年理论宣讲广播节目,致力于从小切口讲述硬道理,用小故事传播真理论。"8090小李说理"栏目会在每天的早中晚高峰时段准时为大众普及理论知识。"请你点单"是宣讲团精心为百姓录制的理论课程,通过观看这些视频课程,百姓可以更加全面地了解党的理论知识。视频中的宣讲员在宣讲时澎湃激昂、铿锵有力,完美地展现了新时代新青年的蓬勃力量。"宣讲动态"这一栏向群众展示宣讲团在各地开展宣讲活动的动态。"精彩时刻"则是通过视频记录宣讲团成员开展宣讲的精彩瞬间,同时也不乏成员精心制作的科普教育短片,在轻松欢乐的同时达到了知识普及的效果。

此外,宣讲团联合"中国蓝新闻"App、"美丽浙江"快手号、"城市之声"抖音号、"8090青春之光"抖音号等11个平台,同步开展"线上+线下"互动宣讲。

2021年11月，龙游县推出"8090学精神说共富"短视频宣讲大赛暨"一起跨越共富龙游"助力龙游跨越式高质量发展公益行动签约仪式，以及党的十九届六中全会精神宣讲出征仪式等直播活动，累计观看人数达1200万余人。同时，这些活动也被"人民日报"客户端、"网易新闻"客户端、"今日头条"客户端等平台转发，进一步扩大了群众了解理论、学习理论、参与活动、参与实践的可能性。

小 结

　　龙游县 8090 新时代理论宣讲团依托县政府多方面的支持,不断夯实自身工作基础。注重打通理论宣讲供需端,不断提升理论宣讲的分众性、及时性和互动性。规范自身管理,从项目化管理入手,构建标准化管理模式,统筹安排、细化规则、鼓励创新、强化品牌意识,为新时代理论宣讲团的可持续发展奠定基础。注重品牌化管理,打造从选拔、培训到实战,上下一体的优秀宣讲员选拔机制,将"百团大战"打造为选拔宣讲团人才"后备军"重要赛道,促进宣讲团不断吸纳更多优秀的成员。加强宣传"走亲"、交流合作,将"请进来"与"走出去"结合;深化合作共建,推进校地合作,不断拓展宣讲团品牌标识影响力,是让宣讲团走在前列、成为标杆的重要途径。扩大媒体宣传,抓好阵地"下沉",让宣讲员赴群众腹地开展宣讲的同时实现活动"植入",在重大节日、重要会议进行 8090 新时代理论宣讲,吸引更多主流媒体的报道,大幅提升宣讲团的知名度。推动内容"上云",数字化管理。探索"互联网＋宣讲"模式,充分运用"龙游通"、抖音、微博等平台,开展线上宣讲。搭建线上交流平台,供宣讲员们分享心得、故事、素材,讨论交流,解决问题。借助多方面媒体力量呈现宣讲成果。多跨协同全方位优化研习平台建设,挖掘群众外部需求,丰富宣讲主题的选择性,激发宣讲员积极性;依托"龙游通"这一数字智慧治理平台,实现宣讲模式在时间与空间上的突破。

第六章

收获:时代呼唤,后浪潮音

"苔花如米小，也学牡丹开。"青年是一个国家最富有生机活力的群体，国家的希望在青年，民族的未来在青年。年轻、自信、有想法，他们是中国年轻的一代，是讲好中国故事的新锐力量。做好青年工作，抓住的是当下，传承的是根脉，面向的是未来，攸关党和国家前途命运。习近平总书记寄语新时代青年要树立马克思主义的信仰、对中国特色社会主义的信念、对中华民族伟大复兴中国梦的信心，到人民群众中去，到新时代新天地中去。龙游县8090新时代青年理论宣讲团，以"青年人讲给青年人听"的形式，传递时代的好声音，做信仰的播种机，是点亮青春梦想、锻造时代新人的大熔炉。

如今，8090理论宣讲已成为龙游最亮丽的风景。三年来，龙游始终牢记习近平总书记的殷殷嘱托，坚决扛起责任担当，持续改进创新、不断擦亮品牌，8090新时代理论宣讲迭代升级工作成效明显。截至2022年10月1日，龙游已形成"1个县级总团＋97个分团"的宣讲团架构，宣讲员总数超4000人，其中体制外宣讲员达500余人，"00后"宣讲员达到60余人，被央视、新华社、人民网、《光明日报》和《浙江日报》等多家主流媒体累计报道百余次，赢得了群众的广泛认可和高度赞誉，成为浙江思想政治宣传战线上一项独具标志性的实践成果。

第一节 | 理论进万家

　　理论宣讲是一门艺术,重在效果。党的十八大以来,习近平总书记高度重视理论宣传工作,他强调:"要加强传播手段和话语方式创新,让党的创新理论'飞入寻常百姓家'。"①当"80后""90后",甚至"00后""10后"遇上理论宣讲时,两者碰撞出了无限"火花"——这群会讲中国故事的年轻人,有深度、有高度、有温度,深入街头巷尾、田间地头,以青春的视角和群众喜闻乐见的方式,站在时代潮头,聚焦社情民意,传递党的声音,为党的创新理论走向广大基层群众打通了"最后一公里"。

一、高举旗帜引航标向

　　理论的事业薪火相传,青春的力量生生不息。党的创新理论,饱含着真挚的人民情怀,闪烁着灿烂的思想光辉。习近平总书记强调:"做好新形势下宣传思想工作……要高举马克思主义、中国特色社会主义的旗帜,坚持不懈用新时代中国特色社会主义思想武装全党、教育人民、推动工作,在学懂弄通做实上下功夫,推动当代中国马克思主义、21世纪马克思主义深入人心、落地生根。"②龙游县8090新时代理论宣讲团始终站在"在青年中播撒信仰种子"的政治高度,理解、把握和推动宣讲工作,不断聚民心、启民智、汇民力,让旗帜引领航向、使命催人奋进,以青春之我不断唱响时代潮音。

① 习近平:《论党的宣传思想工作》,北京:中央文献出版社,2020年,第340页。
② 习近平:《论党的宣传思想工作》,北京:中央文献出版社,2020年,第339页。

(一)让真理熠熠生辉

理论不应是束之高阁的艺术品,而应是群众触手可及的思想武器。马克思主义作为无产阶级的指导思想和改造世界的科学真理,理应在推进大众化的过程中为群众所掌握,让群众切身领悟到无论时代如何变迁,马克思主义依然显示出科学思想的伟力,依然占据着真理和道义的制高点,是宣讲工作让"理论进万家"的前提内容。

阳春三月,微风和煦。龙游县城,两江环绕,景色秀美。大樟树下、衢江潮头、民居苑里,处处活跃着8090新时代理论宣讲团的身影。在团石村,白墙黛瓦与绿水青山相互映衬,构成一幅美丽的画卷。村头的小孩子们看到宣讲团的到来,兴奋地喊着:"哥哥姐姐们又来宣讲了,快来看啊!"

和煦的阳光照在人身上暖暖的,60余位村民围坐成一个圈,认真聆听,心里也如同阳光照射般暖融融的。宣讲员李陈手拿一本《共产党宣言》走到村民面前说道:"大家看这本书封面上的人物,熟不熟悉?"一个戴着红领巾的小朋友把手举得高高的,抢答道:"哥哥我知道,这是那个大胡子爷爷,还是一个外国人。""对啦,他就是我们的马克思爷爷,一提起马克思,大家脑海中首先浮现出来的一定是一个表情严肃的'大胡子老头'的形象,从小学到大学,他'陪伴'了我们每个人的青春……"趁着休息时间,台下的一位初中生也跑过来告诉李陈:"哥哥,你讲的马克思年轻、可爱、有活力,很像我们'00后'!"

"大家看,这本书上还写着《共产党宣言》首译者的名字——陈望道,一百年前的春天,在义乌分水塘村一间破旧的柴屋里,一个年轻人正在奋笔疾书……"接着,李陈又讲起了习近平总书记多次提到的陈望道翻译《共产党宣言》,蘸着墨汁吃粽子的故事。"像陈望道等老一辈革命家,为了保存和传播马克思主义的著作,不怕流血牺牲,用实际行动给我们上了一堂生动的爱国主义教育课!""为什么我们要信仰马克思主义""为什么说马克思主义是实践的理论""为什么中国共产党把马克思主义确立为指导思想"……计划一个小时的互动交流,一直持续到午饭时间仍未结束,许多听众意犹未尽,连准备随时回家装修的李大爷,都把装修这事儿给忘了。

马克思给我们留下的最有价值、最具影响力的精神财富,就是以他名字命名的科学理论——马克思主义。这一理论犹如壮丽日出，照亮了人类探索历史规律和寻求自身解放的道路。习近平总书记指出："中国共产党为什么能，中国特色社会主义为什么好，归根到底是马克思主义行。"①马克思主义不是书斋里的学问，而是人民的理论、实践的理论、开放的理论，它不仅深刻改变了世界发展进程，也影响了中华民族伟大复兴的历史进程。

信仰之光，历久弥坚。从《共产党宣言》发表到今天，170多年过去了，人类社会发生了翻天覆地的变化，但马克思主义所阐述的一般原理仍是指引人类前行的科学真理。这朵诞生在龙游大地的8090宣讲之花，不仅让"马克思主义行"的普遍性真理从"学堂"走向了"厅堂"，"飞入了寻常百姓家"，更让马克思主义真理的灿烂光辉更亲密、更深入地融入老百姓的心中，让马克思设想的人类社会美好前景不断在中国大地上生动展现出来，不断诠释着"真理的味道"真的很"甜"。

（二）让核心凝心聚力

龙游县8090新时代理论宣讲团汇聚了这样一群有理想、有追求、有梦想的年轻人，他们以青春之力昭示党的蓬勃朝气，在一场又一场的宣讲中，用自己的切身经历感染着群众，让人民群众深刻地感受到我们党"为中国人民谋幸福、为中华民族谋复兴"的执着奋斗。来自龙洲街道的宣讲员金翌这样说："现在不忘初心、牢记使命，已经成为人们耳熟能详的话语，但若问到什么是初心，每个人的心中都有不同的体悟。"②

炎炎夏日，夜色渐浓。走进溪口未来乡村，"让党的创新理论飞入寻常百姓家"的醒目标语映入眼帘。"听党话，农村不比城市差；跟党走，日子越过越富有……"社区广场上居民听得兴起，阵阵掌声和叫好声不绝于耳。一场宣讲下来，居民们不仅增进了对党的领导的认同，更坚定了对未来的信心。在湖镇镇地圩村，龙游县人民法院8090宣讲团团员、干警邵家奇向当地村民宣讲党的二十大精神，通俗易懂的语言、深入浅出的宣讲，引起了在场村民们的强烈共鸣。

---

① 习近平：《在庆祝中国共产党成立100周年大会上的讲话》，《人民日报》2021年7月2日，第2版。

② 《青春力量让创新理论飞入寻常百姓家》，《光明日报》2020年5月18日，第5版。

"现在的日子,真是天翻地覆,没有共产党哪有现在的好日子。""是啊,总书记为了老百姓到处奔波,心里感觉特别温暖。从今以后更得听党话、跟党走。"

"伟大的中国共产党,风华正茂山高水长。"2021年12月31日,8090宣讲团的成员走进了东华街道鸡鸣村。在村委会门口小小的广场上,宣讲员胡亦君和村民们围坐在一起,带领着大家共同学习传唱《领航》这首歌。优美流畅的旋律,振奋人心的歌词,让村民们情不自禁地跟着一起唱了起来。

在刚刚结束的中共龙游第十二次党代会上,胡亦君作为8090党代表参会,会议结束以后,听到这首《领航》,她心潮澎湃。她也希望通过在宣讲中的传唱,让大家能够更快地熟悉这首歌,更深入地了解中国共产党。她说:"这首歌旋律流畅,振奋人心,今天趁着这个机会,我就带着大家一起重温入党初心。"和胡亦君一样兼具党代表和宣讲员双重身份的雷焕,也感触颇深。她说:"这五年是我们龙游发展最快、变化最大,也是老百姓受益最多的五年,我们真真切切地感受到生活变得更加美好。"

以史为鉴、开创未来。历经百年风雨的中国共产党,依然保持着青春活力、洋溢着青春气息。斗转星移,唯有共产党人的初心永恒不变。放眼神州,中国人民更加自信、自立、自强,极大地增强了志气、骨气、底气。如今,在龙游大地上,越来越多的群众开始接触、学习和传播党的理论,在行动中不断校正自己的思想观念和政治态度,切实增进了对中国共产党领导的政治认同,牢固树立起政治意识、大局意识、核心意识、看齐意识,在政治立场、政治方向、政治原则、政治道路上始终同以习近平同志为核心的党中央保持高度一致,在任何时候、任何情况下都以党的方向为方向、以党的旗帜为旗帜、以党的意志为意志,正信心百倍地努力书写着"中国共产党为什么能"的青年答卷,汇聚起扎实推动共同富裕、实现中华民族伟大复兴的澎湃动力。

(三)让优势鼓舞人心

"时代是出卷人,我们是答卷人,人民是阅卷人。"[①]中国特色社会主义事业是人民的事业,人民不仅是中国特色社会主义事业的推动者,也是中国特色社

---

① 《中共中央关于党的百年奋斗重大成就和历史经验的决议》,北京:人民出版社,2021年,第71页。

会主义事业的评判者。讲堂上，一个个生动的故事、一个个鲜明的观点，让人民真真切切地领悟出中国特色社会主义的优势所在，实实在在地感受到中国特色社会主义带来的幸福生活。龙游县8090新时代理论宣讲团借助青年人的创新意识，担当起新时代赋予的使命，把党的制度优势讲好、讲透、讲精彩，切实增进了群众对坚定信心跟党走、坚持和发展中国特色社会主义、奋进新时代、建设美好家园的认同感和自豪感。

蓝天白云，秋风送爽。詹家镇浦山村昔日的猪圈里人头攒动，时不时传来欢声笑语。"浦山村拆除了原有的大围墙、猪舍猪圈等违章建筑，道路也从原来的2.5米拓宽到现在的5米。"身着民族服饰的8090宣讲员陈安琪，正将浦山村的蝶变故事与党的二十大报告中提出的"要全面推进乡村振兴，坚持农业农村优先发展"的精神相结合，为观众们送上了一场生动有趣的"共富"宣讲。

陈安琪以拆除猪圈重建乡村综合体为例，向观众们生动地展现了近年来浦山村通过省级田园综合体项目建设、全域土地综合整治和农房管控风貌提升工作，从原来污水横流、又脏又臭的村庄，变成了现在五彩斑斓的"童话王国"，再到如今家家户户开民宿、办农家乐，在家门口就能赚钱的故事。

台下有的村民频频点头，有的插话讲上几句，村民徐文妹听了宣讲后，迫不及待地和周围的游客分享了自家的变化："浦山村近几年发生了翻天覆地的变化，我们确实体会到了党的政策好，给农村带来了福利。""我的讲解范围越来越广了。"陈安琪回忆起自己一路的讲解也很是感慨，主题内容从"三改一拆"到"农房管控"再到"千万工程"，浦山村在美丽乡村打造过程中发生了许多动人的故事。她希望通过一次又一次的宣讲，让浦山的好故事、党的好政策以及党的二十大精神，传达给每位观众，让更多的人了解乡村振兴的好故事。

宣讲引发了在场村民们的共鸣，大家忆苦思甜，畅聊现在的幸福生活，理论知识不再遥不可及，而就在老百姓的生活中，触手可及。村民们你一言，我一语，用最朴实的语言分享家乡变化，热情洋溢地发表自己的观点和看法，提建议、谈愿景、共话乡村振兴、畅想共同富裕。在言语间，村民们不仅感受到了未来发展的美好蓝图、美丽村庄的幸福希望，更感受到了中国特色社会主义的独特魅力和巨大优势。

8090新时代理论宣讲团紧紧围绕"中国特色社会主义为什么好"的时代课

题,用青年人的新鲜视角和表达方式,以群众喜闻乐见、密切关注的热点话题开展宣讲,用质朴的语言、真挚的感情向群众展示中国特色社会主义的生动实践和伟大成就,群众都被深深地打动,不同程度上受到了感染和洗礼。宣讲团一经成立,就围绕"守初心、担使命""70看变迁""我与祖国共成长"等主题累计开展各类宣讲活动17000余场次,线下惠及民众35万余人次。

二、播撒火种成风化人

心有所信,方能行远。火热的青春,需要坚定的理想信念。心中有信仰、有责任、有担当,脚下才有力量,青春才会闪光。8090宣讲员就像一粒粒蒲公英的种子,开在三衢大地上、开在老百姓的心间,在自我学习中,传播信念火种、赓续红色基因。他们用信仰的故事回应"时代之问""人民之问""历史之问",在青年人中引发共情共鸣,让青年影响青年,用"青言青语"汇成"澎湃潮音"。

(一)薪火相传,潮音共鸣

青年理论宣讲的生动实践恰似一幅流光溢彩的画卷,又似一曲充满欢乐音符的乐章。这里是青年的舞台,这里创新走出的8090新时代理论宣讲工作为浙江乃至全国提供了更多可以吸收借鉴的经验。浙江省委、省政府领导多次对龙游青年理论宣讲工作给予关怀、支持和肯定,并寄予殷切嘱托,成为8090新时代理论宣讲工作阔步远航的"指南针"和"方向盘"。近年来,衢州市8090新时代理论宣讲工作推进现场会多次在龙游召开,理论宣讲的"轻骑兵"们畅所欲言,交流心得,分享经验,为党的理论宣讲工作不断铺就新的舞台、开辟新的实践路径。2020年7月1日,时任浙江省委常委、宣传部部长朱国贤率队到龙游县专题调研8090新时代理论宣讲工作;2020年7月21日,浙江省新时代青年理论宣讲工作现场会在龙游县召开;2021年9月13日,衢州市8090新时代理论宣讲工作推进现场会在龙游县举行;2022年6月1日至6月2日,浙江省"共同富裕·青年说"宣讲挑战赛总决赛在龙游县举行……

◎ 宣讲员赵越（第一排右六）获浙江省"共同富裕·青年说"宣讲挑战赛总决赛特等奖

从"浙里"望去，理论宣讲星火燎原，青年共话时代潮音，不断激荡起新时代青年理论宣讲的滚滚春潮。8090宣讲团通过开展宣讲"走亲""校地合作"等活动，加快了理论宣讲"走出去"的步伐，充分发挥了龙游地缘、人缘、商缘、文缘优势，扩大了宣讲对外交往交流，让外界更好地了解和熟悉龙游文化，塑造了龙游良好形象，打响了8090品牌效应。

受龙游8090新时代理论宣讲工作的启发和影响，浙江省域内其他县市也纷纷来龙游"取经"，相互之间开展宣讲"走亲"活动。2021年3月30日，龙游县8090新时代理论宣讲团来到宁波市镇海区，和镇海"镇理享"宣讲团展开宣讲"走亲"。"镇海和龙游山海相亲，宣讲'走亲'更加拉近了两地的距离。希望两地在理论宣讲上进一步合作，创作出更多老百姓喜闻乐见的宣讲作品，合力推动党的创新理论'飞入寻常百姓家'。"镇海区委宣传部相关负责人说。

宣讲"走亲"，越走越亲。近年来，龙游县委、县政府深入贯彻落实习近平总书记"让南孔文化重重落地"的重要嘱托和浙江省委关于"打造文化高地金名片"的指示要求，不断推动8090新时代理论宣讲工作走出龙游、走出衢州、迈向更远。

迢迢山海路，浓浓龙疆情。从南孔圣地到天山南麓，从有礼之城到大漠边疆，不仅是相隔万里的空间距离，更是一份跨越万里的深厚情谊。宣讲员把习近平总书记的"文化润疆"送到了边疆,乌什的党员干部和群众在边疆无私奉献的精神也深深感染了宣讲员。"我在乌什有亲戚,我们叫他麦麦提……"这首歌深深地留在了宣讲员的脑海中。这次交流中,乌什成立8090南孔文化宣讲团,一同加入了新时代理论宣讲的队伍。

"我在海外非常思念家乡,也更想把我们家乡美好的东西传播给海外那些不了解中国的外国人,让他们知道中国现在的发展,也欢迎他们来到我的家乡,来到我的祖国,和我一起游览中国的山山水水。"龙游海外分团成员包可说道。海外分团的成立,让8090新时代理论宣讲团的声音传得更远、更响亮。

(二)红色青春,灼灼其华

青年者,国之魂也。青年一代的理想信念深刻影响着民族复兴的伟大进程。行深致远,立志为先。奋斗是青春最美的姿态,红色是青春最亮丽的底色。红色的青春,信仰的种子在播撒,如火般燃烧的青春灼灼其华。习近平总书记在"庆祝中国共产党成立100周年大会"上指出:"我们要继续弘扬光荣传统、赓续红色血脉,永远把伟大建党精神继承下去、发扬光大。"[①]中国共产党自成立之日起,就把红色基因融入了中国共产党人的精神血脉,代代相传、生生不息,成为我们党战胜一切敌人、克服一切困难、夺取一切胜利的强大力量源泉。站在新的百年征程上,龙游县持续推动8090全域宣讲、赓续红色血脉、用好红色资源、坚持铸魂育人,培养担当民族复兴大任的时代新人,让党和国家的伟大事业后继有人、薪火相传。

走进龙游县华岗中学,整个校园洋溢着青春的气息,传递着蓬勃的生机与活力。宽敞明亮的大礼堂里,一场砥砺人心的红色宣讲正在进行。"'全世界无产阶级联合起来!'大家知道这句话出自哪里吗?对!就是华岗翻译的《共产党宣言》……此时的他知道,自己翻译的不仅仅是宣言的文字,更是共产主义的信仰!"台上,8090宣讲团教育分团成员、华岗中学老师梁振威讲得慷慨激昂;台下,学生们听得热血沸腾。"而经历了风雨磨砺的华岗精神,正是值得我们广大

---

① 习近平:《在庆祝中国共产党成立100周年大会上的讲话》,《人民日报》2021年7月2日,第2版。

青年传承的红色瑰宝。"铿锵有力的声音在冬日的校园里点燃了一颗颗红色的火种。

这样的红色宣讲进校园活动还有许多，学生们在享受丰富精神盛宴的同时，也接受了一次次红色的洗礼。"越是了解党史，就越对革命先辈肃然起敬，为他们坚守信仰、至死不渝的精神所感动。现在，我更加明白了《觉醒年代》里'90后'陈乔年那句话的含义：'让我们的子孙后代享受前人披荆斩棘换来的幸福吧！'""我也非常乐意以一名学生的身份，以宣讲的形式讲好红色党史故事，用自己的声音去激励更多的小伙伴，共同扛起爱国奋斗的大旗，传承好新时代青少年的使命和担当。"在初三第一次以华岗中学学生的身份接触宣讲后，刘子俊就在团石村等地向当地村民们讲述华岗精神。进入高中后，他在校内创立了"二高宣讲社"，汇聚起一群热爱宣讲的同学，共同学习党史，汲取精神之钙、奋进之力。

让信仰之火熊熊不熄，让红色基因融入血脉，让红色精神激发力量。一张张珍贵的照片，一个个生动的故事，一句句鲜活的话语，触动灵魂，叩响心扉，产生共鸣。8090新时代理论宣讲团不仅为青年学生带来了一堂堂生动的爱国主义教育课，让他们接受了一次次红色精神的洗礼，也把信仰的种子悄然播撒进了青少年的心田。

◎李陈《革命者永远是年轻》

青少年阶段是人生的"拔节孕穗期"，青少年时代树立崇高理想十分紧要，不仅要树立，而且要在内心深处扎根，一辈子持之以恒为之奋斗，将理想信念作为立身之本，才能在青春的赛道上有定力、不迷惘，向着正确目标奋勇奔跑。在龙游这片红色热土上，"10后"们也展现出了中国年轻人的"未来模样"。如果把青少年看作一棵成长的树苗，那么红色资源、党史故事无疑是培育树苗茁壮成长最肥沃的土壤——把讲台交给"10后"，把话筒递给"10后"。

少年可期！"10后"也在用自己的方式讲述着红色故事，他们走进大学讲堂，把自己读到的红色经典故事讲给"00后"的哥哥姐姐们听。这些故事的人物有年仅十岁的红小丫、宁死不屈的石宝芹……每位青少年都用自己满腔的热情、无限的敬意，将一个个或耳熟能详、或鲜有听闻的红色故事生动地演绎出来，收获了不少"00后"粉丝。"我非常喜欢《闪闪的红星》这本书，小的时候，我和爷爷一起看过这部电影,今年寒假我又看了这本书。"三(1)班的陈奕诺举着一本书说道,"小主人公潘冬子人小鬼大,看书的时候,我既为他捏一把汗,又从心底里佩服他的聪明和勇气。看完这本书,我的心里久久不能平静。今天的幸福生活来之不易,是无数革命先烈用鲜血和生命换来的,我们更应当加倍珍惜、好好学习!"

在龙游华茂外国语学校附属幼儿园,孩子们和家长也早早地坐好,认真聆听着宣讲员讲述党史故事。《监狱里的小萝卜头》《童心向党爱我中华》《党史中的宣讲团》……宣讲员通过鲜活的人物事例、浅显易懂的平实语言,带领孩子们了解革命先辈的红色故事,了解中国共产党所走过的艰辛历程,在他们幼小的心灵里埋下红色的种子。"希望孩子们能在潜移默化中接受爱国主义教育,使他们从小学习奋斗、奉献等革命精神,更好地传承红色基因。"宣讲员陈可欣说。

一代人有一代人的使命,一代人有一代人的担当。无论信仰如何变迁,对信仰的忠诚和坚守,始终是中国共产党人的根、不变的魂。沐浴在新时代春风里的中国青年,更要坚定对马克思主义的信仰、对中国特色社会主义的信念、对中华民族伟大复兴的信心,让理想信念在奋斗中升华,让初心使命在奋斗中践行。8090新时代理论宣讲团以青春之名,不断续写红色荣光,让广大青年学生深刻认识到伟大祖国的来之不易、今天的幸福安宁来之不易,更需要年轻一代继承和发扬老一辈的优良传统和革命精神,在思想洗礼和实践锻造中不断增强中国人的志气、骨气、底气,让革命薪火代代相传、红色血脉始终赓续、红色江山永不变色,做一个有理想、有追求、有情怀、有勇气的新时代中国青年。

(三)礼送万家,文缘相守

文化兴则国运兴,文化强则民族强。文化作为一个国家、一个民族振兴繁荣之本,是民族生存和发展的重要力量,也是人民群众的精神家园。习近平总书记指出:"文化认同是最深层次的认同,是民族团结之根、民族和睦之魂。"[1]8090新时代理论宣讲团以增强文化自信为目标导向、以中华优秀传统文化为载体、以中国特色社会主义文化为主体,构建起了多平台、全体系运作的文

---

[1] 习近平:《论党的宣传思想工作》,北京:中央文献出版社,2020年,第85页。

化宣讲"大舞台",不断激起基层群众对中华优秀传统文化的归属感和自豪感,对中国特色社会主义文化的自信心和认同感,迸发出了学文化、讲文化、传文化、兴文化的灿烂火花。

初夏的龙游大地,树木葱茏,生机盎然,溪口镇溪口村早已是一派热闹景象。"走啊,老刘,听宣讲去!""你先去,我马上来!"村道上行色匆匆的村民,奔赴的都是同一地点——溪口竹居讲堂。

"仙居天台云和月,龙游丽水玉环山。留下枫桥画溪晚,分水泽国雁荡南。刚才我念的这几句话,听起来是不是很像一首诗呢?对啦,它包含着浙江的六个县名和六个镇名。今天啊,我就和大家一起来聊一聊小地名里的大文化。大家知道'溪口'是怎么来的吗?其实啊,这里是灵溪(灵山江)和柘溪(庙下溪)双溪汇合的地方,所以就叫作'双溪口',后来简称'溪口'……这些地名的背后啊,都是我们龙游人的美好记忆和文化积淀,了解了这些地名,就能知道'我们从哪里来',更能知道'我们该往哪儿去'……"宣讲员马婷刚一下台,就围上来几位听众:"姐姐,我还知道有一个'清廉社区',就是为了纪念龙游宋朝时候的一位状元郎——刘章!"宣讲结束后,大家伙儿仍兴趣盎然,兴奋地谈论着,"今天的收获真是不少!特别高兴能通过8090新时代理论宣讲团将家乡的文化讲给更多人听"。

一个民族的复兴既需要坚实的物质基础,也需要强大的精神力量。做理论宣讲工作,本质上也是在做文化工作,正如习近平总书记在党的十九大报告中所强调的:"没有高度的文化自信,没有文化的繁荣兴盛,就没有中华民族伟大复兴。"[1]每一场宣讲,都如一缕文化春风吹拂着龙游大地,滋润着老百姓的心田,让当地的群众都对自己家门口的文化有了更加强烈的认同感、自豪感和归属感。

文化是城市的根和魂。文化力量,也成为龙游的独特韵味,展现着龙游的别样精彩。在秀美的灵山江畔,龙游县博物馆里,宣讲员王琳正手拿三块陶片,讲述着文物背后的龙游记忆和文化密码:"现在我手里拿着的是一块砖雕的残片,很多同学是不是觉得有点似曾相识,没错,它来自咱们龙游商帮的故里——

---

① 习近平:《论党的宣传思想工作》,北京:中央文献出版社,2020年,第10页。

民居苑。说起龙游商帮,相信大家都不陌生……如今,龙游商帮虽渐行渐远,但商帮文化流传到现在,已经成为'龙游之治'的不竭动力、'浙商之源'的文化底色、浙江精神的重要支撑。""万年文明、千年古城、百年商帮。三块陶片的故事,展现了我们龙游灿烂的历史文化,让我感到特别自豪。它涵养着我们的根和魂,给我们带来坚定的文化自信,让我们心中有梦、脚下有力。"话还没说完,台下的观众纷纷点头称是。现场气氛十分活跃,大家都听得津津有味。

通过开展8090新时代理论宣讲,博物馆也成了市民们补充"精神能量"的充电驿站。"我就是龙游本地人,时光荏苒、岁月变迁,小时候记忆中的城墙遗址、老街县衙依然能够穿越时空,向我们传递着千年古城的历史变迁。作为龙游儿女,更应该将古城文化传承下去,记住历史、记住乡愁。"

无远弗届,遍地龙游。龙游和龙游人,有着"心怀天下"的胸襟、"闯荡天下"的豪迈、"天下有我"的自信和"天下遨游"的梦想。"天下龙游"也传承了龙游商帮文化的精髓,体现了龙游人海纳百川和敢为天下先的精神特质,与"衢州有礼"一脉相承。

南孔圣地,古来风韵,有礼衢州,天下龙游。龙游作为有着2240多年建城史的三衢之地核心区,也一直秉承着"相敬有礼"的底蕴,留下了丰厚的文化积淀。衢江浩浩荡荡奔流东去,灵山江更是龙游人的母亲河,拥江而立的龙游石窟、姜席堰、龙游民居苑等人文景观,历代名家为"两江"留下的名篇佳作,无不承载着积淀深厚的"两江"文化。8090新时代理论宣讲让"有礼"元素传遍龙游大地、让"有礼"精神渗透龙游人血液、让"有礼"成为龙游的显著标识、让"有礼"在龙游蔚然成风。

"见面不握手,作揖更有礼。"在每次开始宣讲前,宣讲员们总要向观众行作揖礼,"可别小看了作揖这个礼仪,它不仅历史悠久,还有不少学问呢。今天,我就带大家一起来学习一下作揖究竟怎么做才得体……"听众们纷纷对这支青年宣讲队伍竖起大拇指。"我认为,在疫情之下,行作揖礼是一份责任,既避免了身体接触,又起到了自我防护的作用,应该大力提倡!""作揖礼的文化回归,是个人自信、文化自信的表现,行作揖礼、推广作揖礼既可以配合疫情防控,还可以弘扬我们的传统文化,我觉得非常好!"

◎吴俊驰、雷鸣《文化强国青年说》

国民之魂,文以化之;国家之神,文以铸之。从古至今,文化始终是耀眼的时代底色,8090新时代理论宣讲团用青春的声音讲述文化自信,以丰富多样的宣讲活动积累社会精神文化财富,把中华优秀传统文化讲好,把文化软实力的"硬道理"讲透,彰显了新时代的文化价值和精神力量,使社会公众的关切点、社会发展的关键点、思想感情的共鸣点相统一,活泼了学习氛围、活跃了民众思维、活化了文化记忆,不断强化文化呼唤信仰、承担主流意识形态的功能,进一步增强了人民群众的文化认同,提振起人民群众的文化自信。

延续文化基因,萃取思想精华,展现精神魅力。如今,浓浓的文化新风充盈着龙游大地,曾经"藏在深闺人未识"的文化瑰宝越来越多地显露在世人面前,文化"活"了起来、发展"快"了起来,一幅山清水秀、百花齐放的秀美图景正在龙游大地徐徐展开。

第二节 走群众路线

人民群众是宣讲的源头活水，只有扎根人民，理论宣讲才能获得取之不尽、用之不竭的源泉。习近平总书记指出："宣传思想工作创新，重点要抓好理念创新、手段创新、基层工作创新，努力以思想认识新飞跃打开工作新局面。"[①]如果说用理论武装干部是有难度的，那么用理论武装群众就更非轻而易举，一定要有好的办法。龙游县8090新时代理论宣讲团始终以人民为中心开展宣讲，坚持走群众路线推进工作，真正把理论"想说的"和群众"想听的"结合起来，把"有意义"变得"有意思"，把"政策理论"变成"生动道理"，让"根本办法"变成"管用方法"，让党的创新理论"飞入寻常百姓家"，飞到群众心坎儿里，切实打通理论宣讲的"最后一公里"。

一、从田间到云端引发共鸣

在年轻人的"后浪潮音"中，让宣讲时尚起来；在贴近生产生活、符合年轻人喜好的各式场景里，让宣讲既有意思又有意义。群众想听什么，宣讲就讲什么；群众在哪里，宣讲就到哪里。让理论的"学术气"增加更多的"泥土味"，使"党声"转换成"乡音"，这样，老百姓对理论就更能亲近、更易接受，并自觉运用，还乐意口口相传。青春的力量由"线上＋线下"齐发力，从"指尖"延伸到"心尖"，推动宣讲走"新"更走"心"，让宣讲得以活起来、鲜起来、暖起来。在一次次的真学真悟中，在一次次的走心表达里，理论得到共鸣共情，信仰之基愈发坚固。

[①] 习近平：《论党的宣传思想工作》，北京：中央文献出版社，2020年，第16页。

（一）讲好人民事，温暖千万心

理论之树常青，越讲越有生命力。如果把握不好群众喜欢听什么、怎么讲，宣讲就会像一顿缺乏营养的饭菜，内容再丰富也会让听众难以接受。理论宣讲，要有理论的高度和深度，但也不能纯讲理论，否则哪怕只有五分钟，群众也可能分分钟想逃。8090新时代理论宣讲团始终从实际出发，坚持做老百姓的"翻译官"，把党的指导思想和科学理论用生动鲜活、深入浅出的话语讲给百姓听，提升了群众的思想境界和理论水平，让理论武装群众；坚持做老百姓的"传声筒"，把老百姓最关心的民生实事和时事政策用充满讲述感、"故事味"的话语讲给百姓听，赢得了群众信任、获得了群众支持。

人民群众的故事是丰富的，是取之不尽的精神宝库。8090新时代理论宣讲团的导师们也常常教导新入团的宣讲员要沉下来备课，站起来讲课。

那么，宣讲到底要讲什么？群众想听什么，宣讲就讲什么，讲到群众的心坎儿里，让老百姓听了还想听。宣讲员经常走进社区、下到车间、坐到村头，面对面和群众交流，开展选题等实地调查，收集群众关心关注的问题和困惑，收集"长在泥土里"的故事和事例，向老百姓"取经"，了解不同群体的不同声音，以此为基础不断挖掘新故事、讲解新政策，用青春的力量讲好"国家事""本地事""新鲜事"。

宣讲团始终奔着群众最想听的内容去，在农村讲好"绿水青山就是金山银山"，在企业讲好"由中国制造向中国创造转变"，在校园讲好"扣好人生第一粒扣子"，在社区讲好"政府惠民政策"……在龙游县小南海镇团石村村口的大樟树下，一场宣讲正在如火如荼地进行中。

共产党，就是好，医保全民都参保；
生了病，莫要慌，符合政策就报销；
得重病，不用急，大病保险还可报；
贫困户，别担心，医疗救助来撑腰；
守初心，为人民，医保惠民保健康，保健康！

简明的台词、嘹亮的声音、欢快的节奏，一段清脆响亮、脍炙人口的快板声在大樟树下响起。宣讲也奔着群众最喜欢的方式去，从大爷大妈喜欢的快板、三句半到年轻人熟悉的漫画、说唱，从传统的电视大赛到时尚的抖音短视频，只要群众"点单"，宣讲员就能"下菜"。每次宣讲结束后，宣讲员都会走到老百姓中间，问一问大家有什么收获，哪里还可以再提升，让大家提提建议，下次还想听什么内容。通过现场交流、问卷调查等形式，从群众的反馈中掌握情况、吸取经验，不断补充宣讲的"大菜单"。

听年轻人的故事，讲年轻人的话，让宣讲更青春、更有活力。"以前，我看到热搜的话题只是看热闹而已，现在就会更加关注。我会思考，这个是否可以跟党的理论发生什么样的关系，怎么样把它结合起来讲给年轻人听。""90后"宣讲员施维嘉了解年轻人的"刁钻"口味，为了讲好"后浪：我们都是追梦人"这堂理论宣讲课，他尝试把理论变成有趣的段子，结合热

◎ 施维嘉《后浪：我们都是追梦人》

搜话题引出理论，设身处地地从年轻人的角度出发，用诙谐幽默的语句，把党的理论政策送到青年人的心里。

龙游县8090新时代理论宣讲团用"群众视角"看问题，用"百姓语言"讲道理，用"喜闻乐见"的新形式，将大理论具化细化为小选题，不仅将党的创新理论送到人民群众当中去，还把党和政府的惠民政策带到老百姓的日常生活中，从而使理论宣讲实现了由"盆景"到"风景"再到"风尚"的华丽蜕变，为老百姓呈现了一场场精彩的精神盛宴，让党的声音以更接地气、更有活力、更有温度的方式传递到"基层末梢"，在群众中落地生根、开花结果。

（二）走入万家户，守好主阵地

哪里有群众，哪里就是宣讲的"主阵地"。群众在哪里，宣讲就到哪里，宣讲团就延伸到哪里。8090新时代理论宣讲团始终奔着群众最多的地方去，将宣讲带到群众的"家门口"，跟着群众走到田间地头，把党的创新理论送到"寻常百姓家"。既在文化礼堂、乡村振兴讲堂、企业职工之家等有屋顶的地方讲，也在田间地头、村社广场、农家院坝、墟会集市、乡村舞台等没有屋顶的地方讲，像"大樟树下话初心""田坎边上说变迁"等已经成为8090新时代理论宣讲团的"招牌

菜"。就这样，宣讲架起了一座桥，这座桥就是青年深入基层、理论走进群众的连心桥。

随着现代科技的发展，"触网"年龄趋于低龄化。在龙游县实验幼儿园，传媒集团分团宣讲员李坤洋为孩子们带来了一场以"网络安全从娃娃抓起"为主题的宣讲。宣讲中，他向孩子们抛出一个个有趣的问题，吸引着台下的小朋友们争前恐后地回答。"回去我要把这个事讲给爸爸妈妈听。""我要跟爸爸妈妈说不能泄露个人隐私，不能相信天上掉馅饼。"听完宣讲后，郑博楷小朋友和吴承钰小朋友总结道。而在龙游县西门小学东南面的凤梧广场上，这里是接送孩子的家长们等待歇脚的地方，也是一处8090宣讲游廊。"我们家孩子明年小升初，有什么好的政策吗？给我们大家讲讲吧。"平日里，在学生的上下学时段，一场无组织宣讲可以随时开讲。不仅如此，通过发挥8090新时代理论宣讲团的桥梁和纽带作用，也动员了家长们广泛支持参与，更多的亲子宣讲、家庭课堂将党史理论、德育教育等带给更多身边的人。

在华电浙江龙游热电有限公司厂区，趁着饭后的午休时间，工人们自发搬来折叠椅聚集在一起。"公告中提出要坚持开拓创新，坚持独立自主……"宣讲员楼华栋既是衢州市劳模，也是公司生产技术部主任。"车间、食堂、会议室，甚至办公场所，哪里都是宣讲的舞台，我们借这次宣讲机会，鼓励大家积极开拓创新，攻破我们国家一些空白的技术难点。"一直在台下仔细聆听的机务专工张昊备受鼓舞："宣讲中特别讲到了我们科技创新和开拓进取的精神。我们要向劳模学习，发扬工匠精神，学习创新精神，努力在自己的工作岗位上，为公司为国家做出更大的贡献。"

在龙游新晋"网红桥"——凤翔洲景观云桥上，住建分团的宣讲员们也在进行宣讲，向大家介绍城东建设的进度与成果，激励青年干部们要继续努力，为龙游城市建设添砖加瓦。县住建局办公室副主任方鹏表示："我们不光要建设，还要把自己平常在书本上学到的知识，用到现实生活中来，做到身体力行。"而宣讲进农村的脚步也从未停歇，纯朴的笑脸、热烈的掌声，传递着村民们最炽热、最淳朴的感情。"当时，我只是随口说了一句'咱们村好像都没有搞过党史宣讲哩'，没想到，他们就来了。"赵晓芬是驿前村党支部委员，她口中说的"他们"，正是龙游县8090新时代理论宣讲团的宣讲员们。

乡村振兴讲堂、文化广场、龙游港老码头、矛调中心、龙游沿江公园、村民家门口、工厂车间……处处都能看见宣讲员们的身影，时时传递着党的好声音。理论宣讲的受众不同，内容形式也应有所不同，这样才能做到"一把钥匙开一把锁"，与群众"零距离"交谈。开展个性化宣讲，做好入乡随俗的"特色菜"，才能满足群众的差异化"口味"。

党的创新理论，只有群众懂了才能用，只有用了才能变，只有变了才能形成一种风尚。理论宣讲不拘泥于某一种形式，也不拘泥于某一个场景，只要能给群众带来一些思考和收获，就是一场成功的宣讲，让老百姓在潜移默化中被感知、被引领、被教育，凝聚起形成新风尚的强大力量。8090新时代理论宣讲团让党的理论政策在群众的欢歌笑语中入脑入心，真正打通了理论宣讲走进群众、服务群众的"最后一公里"。

（三）跟紧新时代，开拓新实践

青年最具创新活力，也最具奋斗激情。让青年讲给青年听，年轻人更懂年轻人。在信息传播渠道多元、价值多元的时代，宣讲的方式也在不断跃迁。全面拥抱数字化改革的浪潮，以创新方法推动理论宣讲"出圈出海"不断迭代升级，是一道必须要答好的实践题。

当今时代，信息技术快速发展，人民群众接触信息的渠道也变得日益丰富和多元。特别是短视频、直播等互联网传播新形式的出现给8090新时代理论宣讲团带来了新的思考和契机。这群朝气蓬勃、思维活跃的年轻人，把讲堂搬上了"云"，实现了从点上先行，到线上延伸，再向面上覆盖的持续跃变，让宣讲从"延伸到家门口"变为"辐射到手机端"，走出了理论宣讲的新路径，让宣讲更加活泼、更加生动、更具时代感和吸引力，从"指尖"传递到"心间"。

在龙游，除依托农村文化礼堂、乡村振兴讲堂、新时代文明实践中心这"两堂一中心"开展线下宣讲外，8090新时代理论宣讲团还积极借助拥有50万人以上粉丝量的掌上平台"龙游通"、微信公众号"微龙游"、抖音、"学习强国"学习平台等载体，通过直播、拍摄短视频的方式开展线上宣讲，让老百姓能够随时随地学理论、长知识、提技能。

在疫情特殊时期，一堂以"复工复产复学"为主题的暖心宣讲在龙游人的朋友圈中"刷屏"。宣讲员方瑜化身"线上主播"，用身边的故事，讲起了防疫小知识。除此之外，她还介绍了"龙游通"App上有关疫情防控工作的各项功能——解决老人和小孩的出行难题、预约疫苗、观看核酸采样点的慢直播等。"运用这样的宣讲形式，能够打破时间、空间的限制，让更多人参与到宣讲中来，从中受益。"宣讲员兰海毅说道。对于龙游广大市民最关心的"新冠疫苗对德尔塔毒株是否有效"这一问题，8090新时代理论宣讲团邀请了县人民医院的专家坐镇，通过"龙游通"App，以线上直播的形式，给全龙游老百姓解读疫情防控工作当中的热点问题。面对直播间的网友，龙游县新冠疫苗异常反应救治专家组组长、县人民医院副院长程燕东用通俗易懂的语言，从不同角度对德尔塔毒株进行解读。有了专家权威的解读，直播间内的网友纷纷发"弹幕"表示对变异病毒有了更深的了解，消除了心中的恐慌，在今后日常生活和工作中会继续做好个人防护措施。

云上开讲，让基层理论宣讲不止步、不缺席。通过线上宣讲的方式，老百姓们可以自由、自主、自愿点击观看、下载收藏，获得了更多的学习空间，有效放大了理论宣讲的受众面，实现了"流量"与"口碑"的双丰收。

"大家好，欢迎来到'8090直播间'，大家看我手上有一张呈茶汤色的纸张，大家可以猜猜它有多少年的历史了……"在龙游县新时代文明实践中心的"8090直播间"，来自龙游商帮文化品牌打造和推广推进专班的宣讲员张盛正以"百年手造纸岁月绘龙商"为题，从龙游"纸"的故事出发，讲述龙游"纸"的发展历程。随后，来自湖镇分团的王奕蓥以"塑造变革　争当先锋"为题，从时下热点故事切入，围绕创新精神、责任担当、干出实效三个方面，对如何提升塑造变革能力进行了深入剖析。宣讲员毛丽萍则将古田会议召开的背景故事娓娓道来，用讲故事的方式呈现中国共产党自我革命的伟大历程和辉煌成就，激励大家奋勇前进。

"直播宣讲的受众面更广，形式也更加新颖，通过直播的形式还可以与观众实时互动，能收到更好的宣传效果。"宣讲员毛丽萍笑着说道。截至2022年10月，直播间已开展"疫情防控""防诈骗""市县全会精神""四个龙游""8090学党史讲党史"等主题直播宣讲400余场，累计在线观看人数500万余人次。

如今的宣讲，既有"面对面"，又有"屏对屏"，既"走新"又"走心"。龙游县

8090新时代理论宣讲团用青年人充满朝气的语言和方式，让理论宣讲"潮"了起来，实现了平台互动、优势互补、资源共享，在实力"圈粉"的同时，也让党的声音传遍千家万户，让青年第一时间发出内心的最强音。

二、推动中心工作落实与反馈

理论宣讲天地广阔，越走路越宽。龙游县8090新时代理论宣讲团始终抓住一个"干"字，紧盯一个"实"字，坚持"实战练兵、宣讲先行"的实干导向，以宣讲凝聚人心、以宣讲服务中心，中心工作推什么就宣讲什么，中心工作推到哪里就宣讲到哪里，真正聚焦群众所盼、企业所难、基层所需、发展所向的大小事，让党的方针政策转换成指导基层工作的"路线图"，让群众听得见党的声音、让基层做得实党的政策，努力闯出了以宣讲促实干的龙游实践新标杆、新路径。

（一）青年讲出基层的未来

经济发展是基层中心工作的首要任务，做好经济发展就要搞活市场，丰富市场要素，做好招商引资工作。龙游县8090新时代理论宣讲团为此也做出了自己的努力和贡献。来自龙游经济开发区的宣讲员邵悠涵回忆起"一桶水"招商的故事："曾经啊，有位北方客商在闲聊中夸赞龙游社阳乡源头水的清澈，当时招商员记在了心里，不远千里扛着一桶水去洽谈合作事宜。客商深受感动，后来将一个投资二十亿元的绿色食品饮料项目落户在了龙游。招商员说：'我们的招商服务，像源头水一样，既清澈又甜美。'"后来她将这个故事融入日常宣讲，也获得了其他客商的连连点赞，优厚的招商政策加上生动有趣的宣讲，以实际行动为龙游"双招双引"添砖加瓦。

授人以鱼，只供一餐；授人以渔，可享一生。习近平总书记指出："接续推进全面脱贫与乡村振兴的有效衔接。脱贫摘帽不是终点，而是新生活、新奋斗的起点。"①为了实现乡村发展和产业发展相融通，乡村振兴的宣讲台不只建在村头上，也建在了产业项目上。

---

① 习近平：《在决战决胜脱贫攻坚座谈会上的讲话》，《人民日报》2020年3月7日，第2版。

在龙游县罗家乡席家村,自2017年流转了200多户300亩土地开展精品黄茶规模化连片种植经营后,"黄叶子"变成了百姓致富的"金叶子",当年的"扶贫路"也变成了如今的"共富路"。后来,8090宣讲员们来到席家村,和干部群众齐聚一堂,就如何更好地实现特色发展进行思想碰撞,绘蓝图、讲政策、读思想。深受感染的党员群众拧成一股绳,宣讲也成了激发席家村发展内生动力的"法宝"。如今,全村已种黄茶茶苗约70万株,600多位村民每年共计增收150万元。村民赵军智感慨道,席家村不仅环境日新月异,村民生活也跨上了新台阶:"'绿水青山就是金山银山'现在是我们席家村最好的写照!"

而这仅仅是龙游县8090新时代理论宣讲团通过宣讲帮助群众解难题、做好事,助推基层经济发展的众多例子之一。"团石要实现巨变,就要把风景变黄金,还要用8090的力量,讲好团石故事,说好团石巨变。"小南海镇党委副书记琚建斌说。在团石村,8090宣讲员王莘子讲述了如何推进乡村振兴的后半篇文章,鼓励大家在"网红村"培植"网红业态"。在新思想、新理论的指导下,小南海镇组织策划了"团石湾啤酒音乐节""潮起龙游,嗨翻十月""醉美两江,夜秀团石湾"等系列活动。特别是团石湾啤酒音乐节,共进驻各类商家60余家,引流超15万人次,拉动内需消费近200万元。

在龙游县湖镇镇地圩村,也有一处"网红打卡点",被称为"一米菜园",吸引了众多游客慕名而来。但谁能料想到,这个地方原来是一块闲置的荒地呢?事实上,由"荒地"变"网红"的秘密就在于宣讲的魅力!地圩村党支部书记徐庭友说:"村里想把'一米菜园'打造成乡村旅游景点,但少数村民不同意,搁置了一年多。今年5月,咱们8090的宣讲员在得知情况后,专程进村宣讲,拿当地的'网红村'为例,讲述如何把生态优势转化为发展优势,实现村庄变美、村民增收。"就是这次宣讲,讲清了开发生态旅游的惠民政策,打消了村民的顾虑,让村里人明白了什么叫作"绿水青山就是金山银山"。自此以后村里的年轻人纷纷行动,和村干部一起做通了其他村民的工作,不少村民都获得了增收红利,幸福感得到进一步提升,把"一米菜园"办得红红火火,小山村也"华丽转身",农旅融合的路子越走越宽,在乡村振兴的路上迈开了大步子。

在龙游,8090宣讲员用自己的真诚和智慧,在共同富裕、乡村振兴、集聚转化、招商引资等中心工作中,交出了一张张让群众满意的答卷,赢得了老百姓的支持和认可,为推动经济发展注入了"青春活力",把理论宣讲在基层做出了实效,让新时代理论宣讲成了一种"新常态"。

(二)青年讲出人民当家作主

群众利益无小事,一枝一叶总关情。村社换届选举工作与老百姓的生活息息相关,是基层群众十分关心关注的中心工作。在村社换届期间,龙游县8090新时代理论宣讲团以常态化理论宣讲助力村社组织换届,仅2020年,宣讲团就紧扣"五好两确保"目标、"十严禁十不准"纪律等重点工作,深入一线开展主题宣讲达800余场次,宣讲团成员活跃在全县273个村社,实现了宣讲与换届同频共振、互促共进。

"打竹板、竹板响,叔叔阿姨听我讲,选举号角已吹响,换届选举来宣讲,选民登记走在前,十八周岁是'门槛'……"在龙洲街道阳光社区服务大厅,一场特别的宣讲活动正在进行。宣讲员们打起了快板,用快板、三句半等形式把人大代表换届选举相关知识唱了出来,这样的宣讲让现场市民们感到耳目一新。阳光小区居民王雪花高兴地说:"通过这次宣讲啊,我了解和学习到了关于选举的权利、义务以及规章流程和纪律要求,这对我们后续参加换届选举投票非常有帮助。"当天下午,宣讲员们还来到了龙洲街道大板桥村进行宣讲。台上,宣讲员快板打得响亮,唱得有劲;台下,村民们听得入神,连连叫好。"我听了非常高兴,因为我们龙游县新一届人民代表就要在群众中产生了,我会积极参加,在选举中把真正为人民办实事的好代表选出来。"大板桥村村民王炎生说。

"现在是人大代表换届选举的集中宣传期,推出让老百姓喜闻乐见的活动,就是希望通过宣讲,把换届选举这项工作为基层群众讲清楚,营造一种风清气正的选举氛围,为我们的新征程服务。"宣讲员胡旭东说。在龙游,像这样助力换届选举的宣讲活动数不胜数,一次次的宣讲,既展示了青年干部的风采,也把村社换届选举的政策、纪律和变化讲给老百姓听,为今后组织开展换届工作夯实了基础、提供了参考和思路。

龙游县8090新时代理论宣讲团围绕"投资养老""购买保健品""免费低价游"等常见的养老诈骗形式,用最通俗易懂的语言,结合常见的典型案例,以案普法,帮助老年人增强了反诈骗意识和能力,提高了老年群体的反诈"免疫力",

帮助老百姓实实在在守住了"钱袋子"。

就业是民生之本，就业是有劳动能力的个人自身价值在社会价值中最直接的体现。同样，残疾人也需要通过就业解决生活问题，平等参与社会生活，实现其人生价值。在方门街社区莲花小区，居民们早早地坐在板凳上，迎接盼望已久的8090宣讲团。"女儿明年就毕业了，我叫她回来上班，怎么能找份好工作？""帮社区照料的残疾人找份简单的工作吧！"……江桃芳也在现场提出了自己的需求。结束宣讲后，来自县人力社保局的宣讲员们马上将相关情况汇总，向县人社局进行了汇报。通过走访考察，县人社局决定把"就业驿站"安在"残疾人之家"，开发管理、保洁、门卫等公益性岗位，被安置的残疾人劳动者每月增收了552元。局机关还免费为他们开设网络直播、民宿管家、茶艺等技能培训。"政府帮我找的工作，我在这里挺好！"江桃芳激动地说。

2022年6月20日上午，中国共产党浙江省第十五次代表大会在省人民大会堂隆重开幕。下午，时任浙江省委书记袁家军同志以普通代表身份参加了衢州代表团，审议十四届省委的报告。会上，他对理论宣讲工作提出要求，强调"要把理论宣讲和老百姓急难愁盼问题结合起来"[①]。按照省委指示精神，龙游县8090新时代理论宣讲团立即开展围绕解决群众急难愁盼问题的专题宣讲，并把理论宣讲作为县两会期间的固定保留环节。随后，为了更好地广泛收集群众生活中的急难愁盼问题，宣讲团以群众喜闻乐见的形式，有针对性地开展宣讲，为老百姓排忧解难，在县委、县政府的支持下，8090宣讲服务热线正式上线。群众可以通过拨打12345-8090宣讲热线，或者在"龙游通"App"8090专栏"填写问卷，留言来反馈问题，对宣讲主题"点单下菜"。

如今在龙游，说起宣讲团的这群年轻人，老百姓纷纷竖起大拇指，为他们点赞。他们坚持深入基层一线、主动担当作为，努力当好基层宣讲的服务员，聚焦基层需求办实事，推动了基层治理提质增效，提升了服务质量、提高了工作效率、促进了工作落实，赢得了人民群众的积极参与和热情赞誉。

---

① 《袁家军在参加衢州代表团审议时强调：解放思想　勇闯新路　在勠力奋斗中扎实推进"两个先行"》，《衢州日报》2022年6月21日，第1版。

第**三**节 | 育时代新人

青年人才是党和国家事业发展的关键资源、宝贵财富和重要后备军。培养青年人才就是奠基未来，用好青年人才就是创造未来。龙游县 8090 新时代理论宣讲团以青春的名义宣讲伟大理论、解读大政方针、回应时代命题，这是培养担当民族复兴大任时代新人的必然要求，是推动党的创新理论"飞入寻常百姓家"的关键之举，是为"重要窗口"建设提供动力后劲的基础工作。

一、宣讲队伍量质齐升

青年人才的培养和使用，是整个人才队伍建设工作的重要组成部分，是关系全局、关乎长远的一件大事。龙游县 8090 新时代理论宣讲团深刻意识到健全宣讲人才队伍的重要性，不断通过机制内外联合的方式，畅通宣讲人才流通渠道，以赛引才、以赛成才，构建起适合龙游、适合青年的宣讲平台；同时借助大数据平台以及线上直播等新媒体技术优势，打造全场域、全时域宣讲模式，锤炼了青年宣讲员的综合素质与能力，进一步锻造了新时代有为青年。如今的龙游县 8090 新时代理论宣讲团，宣讲队伍规模逐步扩大、体系不断完善、能力显著提升，真正把理论宣讲做成了青年人当家、青年人助力、青年人成长的大舞台。

（一）队伍规模几何化扩充

我身在最好的时代，

让青春多彩绚烂！

……

我站在蓝天之下，

让青春绽放出最亮的光！

　　后浪奔涌，因为有大海力量；青春成长，需要给平台机会。8090新时代理论宣讲团就是这样一个不断强化的"练兵场"。就像《8090青春之光》里唱的那样，在宣讲团的队伍里，总能感受到一种蓬勃向上的力量。宣讲员和导师们虽然来自各行各业，人生经历和背景都大不相同，但都对宣讲充满了无限的激情与热爱。不同的时空场景，拥有相同的热烈互动场面；不同的宣讲主题，引发相同的情感共鸣。他们怀揣着共同的热情与梦想走到一起，用年轻人的方式，让理论宣讲更加通俗易懂、生动活泼，努力淬炼过硬本领，宣讲时代新声。

　　给青年一个舞台，就能绽放一片灿烂。8090新时代理论宣讲团的成立，也为青年提供了更为广阔的舞台、更多"被看见"的机会。这些来自体制内外、各行各业、经历不同的新时代青年，在理论宣讲中找到了自己工作、生活的"诗和远方"，也从"旁观者"化身为"参与者"，从"受教者"成长为"施教者"，从"小粉丝"蜕变为"金牌讲师"，汇入新时代理论宣讲的"大潮"，争做时代的"弄潮儿"。

　　"当我站在群众面前，大声说出我是龙游县8090新时代理论宣讲团交通运输局分团成员时，我的内心充满了自豪和喜悦。记得第一次接触8090宣讲的时候，我是作为华东师范大学的大三学生，到龙游县8090工作专班实习。聆听一场场鲜活生动的宣讲，看着宣讲员与大家频频互动……我被这里的氛围感染，在心里埋下了一颗种子——希望自己能像他们一样，通过小故事，讲好大理论。幸运的是，2021年8月，我进入龙游县交通运输局，成为一名基层干部。恰逢龙游县组织开展'共同富裕·8090青年说'主题宣讲比赛，我也报名了……""00后"宣讲员龙泽荣回忆说。近年来，龙游县通过开展"微党课"大赛、"百团大战"等一系列活动，吸引了大批青年体验和感受宣讲的魅力。仅2020年，浙江省参加微型党课大赛的选手就有9.2万余人，其中90%以上都是"80后""90后"的新青年，而且赛后多数青年也选择继续加入常态化理论宣讲的

◎宣讲员李姗做党史教育主题宣讲

◎宣讲员范磊做党史教育主题宣讲

队伍。

一批又一批的"后浪"开始走向台前绽放光彩,更多的青年成了"学"的主角、"听"的主体、"讲"的主力。作为2021年度"五星金牌讲师",龙游县公安局东华派出所的雷怿轩不仅走遍了辖区20所学校、35个村社和65家企业,为老百姓送去安全"套餐",他还利用业余时间,积极组建宣讲团队,讲好公安故事;不仅自己累计参与宣讲活动100余场,还发展了10余名有共同爱好的青年宣讲员主动宣讲、积极作为,为持续写好理论宣讲这篇"大文章"贡献青春力量。据统计,仅2020年8月龙游县新一轮干部人事调整中,累计新提拔的46名县管干部里,参与过理论宣讲的有28名,担任过宣讲团总团骨干宣讲员的有7人,占比分别达到了60.9%和15.2%。

如今的龙游,理论宣讲的主角不仅仅是"80后""90后",还有活跃在校园内外的学生。他们以来自小学、幼儿园各个年龄段的学生为主,通过理论与故事、文艺与网络的深度融合,当好政策的"小喇叭"、学校的"代言人"、家校沟通的"小娘舅"。越来越多的"00后""05后"甚至"10后"一同汇入宣讲的浪潮,他们以激情、创新、奋进的姿态崭露头角,激起层层浪花,成了理论宣讲的"青春后浪"。来自宁波大学医学院的"00后"蒋亦淳说,她感受到了家乡日新月异的发展变化,期待着学成归来。来自清华大学的严菲儿、北京大学的江欣越也感慨道,8090新时代理论宣讲发源于龙游,她们深感骄傲,会积极加入大学生联盟宣讲队伍。

借助"双减"政策的东风,在8090新时代理论宣讲团的感召和带领之下,学子宣讲团也开始迅速向全县辐射、覆盖。截至2022年5月,全县教育系统学子宣讲团已达到53支,从最初的10余人发展到500余人,成了龙游宣讲方阵中的一股新兴力量。"因为我也是宣讲团的'金牌讲师',所以就和成员商量,每次带几个学生来参加相关活动。对于学生来说,这样能快速提高宣讲水平。"宣讲员

◎何家豪《发展均衡教育 同筑共富之路》

何家豪笑着说道。

如今在龙游，这些各领域、各战线选拔吸纳的"80、90、00、10后"宣讲员不断吸引着各行各业的青年加入宣讲的队伍，做大做强了宣讲队伍体系建设，彰显了龙游的人才优势，走出了青年理论宣讲的龙游实践，形成了更大范围参与青年理论宣讲的大格局，为推动新时代青年理论宣讲贡献了龙游力量。

（二）思想技能立体化跃升

"好事尽从难处得，少年无向易中轻。"没有哪一代人的青春是容易的，宣讲员能够在台上自信满满、游刃有余地宣讲，其实背后都付出了许多的汗水和努力。许多人在起初并不熟悉宣讲稿的写作技巧，对理论知识的掌握不够全面，也不够了解龙游的实际情况，所以在"入门"时也都经历了一个"煎熬"的过程，而跨过这一道道关卡，也就真正迎来了快速成长的阶段。每一堂集中培训、每一次现场PK、每一场实地宣讲，都让宣讲员们在实践中收获、在收获中成长、在成长中成才。

讲好党的创新理论是理论宣讲工作者的看家本领。龙游县8090新时代理论宣讲团从提升宣讲员的理论水平出发，通过特聘宣讲团导师，进行"一对一"结对帮带等方式，给宣讲员们补理论、补语言、补专业。让有知识、有信仰的青年宣讲员成长为优秀的理论传播者、先人一步的理论学习者。

回想加入宣讲团以来的变化，对理论态度的转变让宣讲员李姗感触尤为深刻："这不仅仅是我自己的改变，更是一群人的变化。从一开始的备课会上，每个人只能就自己的业务谈看法，到现在大家可以互相出主意、提意见。这样的自信就来源于理论的积累和交流。以前的我们聚在一起或许会讨论'哪里有美食'，如果有人挑起理论的话头，可能还有点不好意思。但现在，我们的话题会自然而然地向理论宣讲靠拢。大家一起抛出自己的迷思，赞赏他人的巧思，也会在这样的头脑风暴中发现自身的不足之处，思考如何才能做得更好。"在这里，宣讲员之间不仅仅是PK场上的对手，也是宣讲线上的战友，更是生活中的朋友，他们以讲会友，共同见证着彼此间的成长。

学习的深度决定了宣讲的效果，宣讲的激情又能提升学习的热情。对罗家乡干部俞施来说,宣讲过程中最难的环节就是理论学习,要把理论"吃透",就需要平时的点滴积累。为此,她一遍遍地翻阅《之江新语》《平易近人——习近平的语言力量》等理论书籍,每当看到书中一个关键点,就会在脑海中把身边发生的故事与之建立联系,进行更深入的思考。"只有自己先把理论学懂弄通、学深悟透了,才能精准把握其内涵,才会拥有理论自信,从而取得良好的宣讲效果。"俞施说,自己的思维能力、学习能力都因此得到了很大提升。

"每一次"的进步都从"有一次"的收获之中积累。如今,8090的宣讲员们都把学习党的创新理论当作一种日常习惯和生活方式。8090工作专班的工作人员介绍说,像这样从宣讲"小白"逐渐成长为宣讲"老手"的青年还有很多,他们利用书报、新媒体等多种途径学习,利用业余时间开展交流研讨,许多宣讲员放下了心爱的小说和电视剧,跑起了图书馆,做起了笔记,遇到志同道合的宣讲员,也会主动联系、相互切磋。每一次的宣讲,都是对内心信仰的一次洗礼,他们犹如一颗颗火种,让新思想在之江大地上迸发出更加璀璨耀眼的光芒。

一组组鲜活的"大数据"折射出新担当,一张张漂亮的"成绩单"提振起精气神。所有宣讲员的宣讲数据和积分,每月、每季度都会上报到"8090系统",这种做法也极大地调动了宣讲员的积极性和主动性,提升了他们的获得感和幸福感。而在宣讲中,成长最多的还是宣讲员自身,在调查、学习、宣讲的过程中,他们的群众工作能力、理论学习能力、自我表达能力等综合素质都得到了极大的提升,也收获了归属感、成就感和使命感。在大众传播技术手段日新月异的今天,以短视频、微信、微博等为代表的新媒体平台不断兴起,这也对宣讲员提出了更高、更新、更全面的要求。因此,宣讲员不仅要有高度的政治和理论素养,还要紧扣时代脉搏,掌握良好的实践技能。"我觉得我们龙游真的是8090新时代理论宣讲的孵化地、发源地,每一次参加活动我都感触良多,一次比一次好,长江后浪推前浪,新的选手表现也越来越出彩。"8090新时代理论宣讲团导师刘恩聪说。

宣讲员们每个人都勇于尝试,敢于挑战。在宣讲之余,这群年轻人也扮演着许多新的角色,或是直播间里的值班主播,或是招之即讲的招商专员,或是博物馆、展示厅的讲解员,或是上级考察的随车导游……每一次的宣讲舞台,都给予了青年人锻炼成长的机会,给予了青年人提升的荣耀和价值。

8090工作专班负责人金敏军说："如今，8090宣讲团已经不仅仅是一个理论宣传的品牌，更是宣讲员们自我锤炼提高的平台，给新时代青年干部全面提升综合素质能力提供了机会。""不说别的，就看每位宣讲团成员逻辑清晰的表达、落落大方的仪态，就能让人感受到一种扑面而来的青春朝气和自信内敛的涵养。"

从无到有、从有到优、从优到精，宣讲之花已然结出累累硕果，成为青年人锻炼和成长的"思想前线"，广大青年在宣讲中强化了思想淬炼、政治历练、实践锻炼、专业训练，真正从心底里认同和热爱理论宣讲，把宣讲工作视为一种崇高的事业，使青年理论宣讲的队伍永葆青春活力和旺盛生命力。如今，这群充满朝气的青年正把8090新时代理论宣讲这一"金字招牌"擦得更亮、把青春"宣讲曲"奏得更响，不仅照亮了青年心灵，也照亮了龙游未来。

二、复兴"后浪"踔厉奋发

青年者，人生之王、人生之春、人生之华也。时代造就青年，奋斗成就青年。中国的未来属于青年，中华民族的未来也属于青年，他们是最有朝气、最具理想、最有韧性的群体。青年一代有理想、有担当，国家就有前途、民族就有希望，实现中华民族伟大复兴就有了源源不断的强大动力。龙游县8090新时代理论宣讲团始终聚焦习近平新时代中国特色社会主义思想主题主线，加强对青年群体的思想引领，深刻把握青年理论宣讲工作的重大意义，切实增强做好青年理论宣讲工作的思想自觉和行动自觉，使广大青年成长为新时代乘风破浪、开创新局的"奔涌后浪"，担当起党和人民赋予的历史重任，踔厉奋发、勇毅前进，用青春的能动力和创造力激荡起民族复兴的澎湃春潮，让8090宣讲成为培育担当有为时代新人的重要平台，打造出更多具有龙游辨识度的示范样本。

（一）奔涌吧！新时代的青年宣讲员

寻真理之光，担青年之责，扬梦想之帆。

时代向前，青年向上。青年时期多经历一点摔打、磨炼和考验，有利于走好一生的路。龙游县8090新时代理论宣讲团为青年人提供了锻炼提升、展示自我、成长成才的"星舞台"。这群年轻人于沉稳中透着几分青涩、自信中藏着几分谦逊,走进他们的内心世界,就能强烈地感受到一股阳光、真诚、向上的力量。宣讲台上,他们自信满满、激情澎湃;宣讲台下,内心炽热的信仰与热爱,让他们在人生的舞台上同样发出耀眼的光芒、绽放属于自己的独特美丽。

"一场好的宣讲,是宣讲者和宣讲对象共同完成的,是润物细无声的共同受教育过程。宣讲结束,我收获了雷鸣般的掌声,心里顿生一种满满的成就感。他们给了我信心和鼓励,更让我感受到了作为一名宣讲员的光荣使命。""宣讲往往只需要不大的舞台,这个小舞台可以在村口的大樟树下、可以在社区的小广场上。宣讲员们的点缀,赋予了这些小舞台无限的活力与无尽的精彩。青春的活力在这里彰显、思想的火种在这里传播,这是我们的宣讲,这是8090的声音!"8090青年宣讲员们如是说。

中国梦熠熠生辉,青年宣讲员更需大步前行。8090新时代理论宣讲团既为宣讲员们提供了展示自我、互相学习的舞台,提升自我、不断升华的平台,也勉励宣讲员们在青春旅途中磨砺成长,在各行各业中以实干创造新业绩,逐步凝聚起打造四省边际共同富裕示范区的青春力量。

宣讲员吴益良感慨道:"作为派驻镇海的一名挂职干部,同时作为一名8090宣讲员,我是承接两地'山海桥'的重要纽带,同样也是对外展现龙游干部良好形象和作风的重要窗口……新征程上,更要全面展现龙游8090青年的风采。"检察院分团的严晨也深有体会:"作为一名人民检察院的青年宣讲员,我要不断加强理论学习,学深悟透,提升思维格局,提高政治判断力、政治领悟力、政治执行力,始终做到思想靠前,将自身发展与检察事业推进同频共振,将所学与宣讲结合起来。新时代的我们扬帆远航,致广大而尽精微,干一行爱一行、钻一行精一行,做好检察人,当好宣讲员,坚信不疑、坚定不移、坚持不懈,方能不负历史、不负时代、不负人民。"

青春逢盛世,奋斗正当时。奋斗是青春最亮丽的底色,行动是青年最有效的磨砺。在日常学习与工作中,他们坚守本职,在各自岗位上默默奉献,甘于做一颗永不生锈的螺丝钉;理论宣讲时,他们慷慨激昂、激情澎湃,在宣讲台上发光发热、不负青春。理论宣讲,春风化雨,浸润一方水土,新时代的青年在实现中国梦的历史接力赛中努力跑出这一代人的好成绩,不断续写中华民族伟大复兴进程中激昂的青春乐章。

（二）奋发吧！新时代的青年先锋

青年是标志时代最灵敏的晴雨表，也是展示一地形象和风貌最恰切的代言人。龙游县8090新时代理论宣讲团始终具有浓浓的"青年味"，坚持立足青年视角、聚焦青年主角，让青年召唤青年、让青年带动青年、让青年影响青年，让更多青年在自我教育中得到提升、受到洗礼。

在龙游，宣讲对于台上的年轻人来说是一次自我充电的好机会，对于台下的广大青年群体来说更是一次鞭策和鼓舞。来自县林业水利局的宣讲员邱霖从小就对造纸有着憧憬和向往，他告诉学生们，龙游的造纸产业历经多年的筚路蓝缕，已经形成了基础雄厚、特色鲜明的现代工业体系，而今造纸产业市场大、结构优、创新强，靠的就是挥洒青春汗水的造纸技能人才。"磨砺一技之长，走技能成才之路，在产业振兴中找到施展本领的舞台，同样可以拥有出彩的人生。""工匠们之所以能够匠心筑梦，凭的是专注与磨砺。"来自县人社局的"95后"宣讲员来慧雪也希望能与同学们一起传承工匠精神，在拼搏的岁月里燃烧青春、砥砺前行。

点亮一盏灯，照亮一大片。一个个鼓舞人心、催人奋进的故事流淌而出，宣讲员们声情并茂、慷慨激昂、豪情满怀，饱含对家国的热爱和对道路的自信，举手投足间昂扬着蓬勃向上的朝气，台下的年轻人都被他们的热情、真实、自信的风采打动。听完"80后""90后"大哥哥、大姐姐们的宣讲，"00后""05后"的学生"评委们"也围绕梦想畅所欲言。"我是学电子商务的，以后想开一家公司，朝着'京东'看齐！"龙游县工商学校20电商三班的郑稀怡立下了雄心壮志。21机电五班的童均灿则语气坚定地说："我的梦想很小，想成为一名车工，做一颗建设'幸福龙游'的小小螺丝钉。"青春的绽放、梦想的追逐、匠心的磨砺，在这些青年学生身上得到了全新的展现。

青春之花为谁而开？奋斗之火为谁而燃？只有把青春奋斗融入党和人民的事业，青春奋斗才有意义。在庆祝中国共产主义青年团成立100周年大会上，习近平总书记强调："实现中国梦是一场历史接力赛，当代青年要在实现民族复兴的赛道上奋勇争先。"①以奋斗为底,青春的底色永远鲜红。在这场宣讲与青年的双向奔赴中,8090新时代理论宣讲团积极投身于高质量发展建设四省边际共同富裕示范区,展现出了亮丽的青春风采、迸发出了豪迈的青春激情。

人才是城市发展的宝藏,青年宣讲员也在用宣讲的方式让更多青年人才回龙游就业创业。"我是龙游人,归'阙里',和我一起服务发展,看家乡美丽蝶变。""我是新龙游人,来龙游,和我一起安居在龙游、乐业在龙游、扎根在龙游。"2021年9月3日下午,龙游县新时代文明实践中心内气氛热烈,8090新时代理论宣讲团人社分团的吴焱、卫健分团的刘文学喊话:"同学们,回家啦! 归'阙里'咯!""大姐姐们讲得太好了! 这是一次难忘的主题党日活动,我真真切切感受到支部的温暖、家乡的温暖。"龙游县人才交流中心党支部的党员汪达,作为"98后",他曾在省外"漂泊"过一段时间,但乡愁恣意滋长,他决定返乡。热爱烹饪的他,梦想开一家主题餐厅。正考虑自主创业时,宣讲员就为他送来了就业创业帮扶政策和创业培训课程⋯⋯

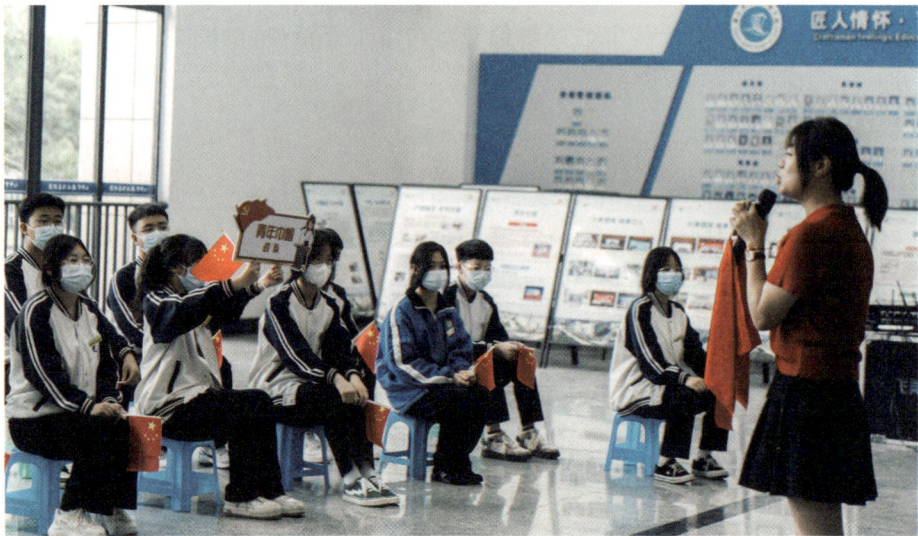

◎ 宣讲员在衢州工商学校开展宣讲

---

① 习近平:《在庆祝中国共产主义青年团成立100周年大会上的讲话》,《人民日报》2022年5月11日,第2版。

生逢盛世，肩负重任，当代中国青年是与新时代同向同行、共同前进的一代。从五四运动到建设新中国，从改革开放到建设共同富裕示范区，在每一段波澜壮阔的历史进程中，都激荡着青春龙游的旋律、闪耀着龙游青年奋斗的身影。在新的征程上，广大青年更要自觉听从党和人民的召唤，胸怀"国之大者"，在担当中历练、在尽责中成长，争当伟大理想的追梦人、伟大事业的生力军，让火热青春在祖国和人民最需要的地方绽放绚丽之花。

"请党放心，强国有我！"铿锵有力、自信坚定的青春誓言回荡在龙游的秀水天地间，而在风云奔腾的三衢大地之上，8090新时代理论宣讲也以星火燎原之势迅速发展壮大，绽放出灿烂的光辉。

小　结

　　自2019年9月以来,龙游县创新组建以各行业各领域优秀青年为主体的8090新时代理论宣讲团,始终围绕"理论进万家、最后一公里、走群众路线、育时代新人"的目标要求,以青春的视角和群众喜闻乐见的方式,深入街头巷尾、田间地头,围绕中心、服务大局,全域宣讲党的声音、播撒信仰火种、厚植精神土壤。在龙游,8090宣讲员用青春的力量不断掀起宣讲的热潮,从田间到云端引发共鸣,推动了习近平新时代中国特色社会主义思想往深里走、心里走、实里走,切实打通了理论宣讲的"最后一公里",让党的创新理论"飞入寻常百姓家",让老百姓品尝到"真理的味道非常甜"。

　　在助推广大青年成长成才,培育更多堪当民族复兴重任的时代新人的同时,8090新时代理论宣讲工作也正从"盆景"变"风景"、由"风景"变"全景",鼓舞了广大干部群众埋头苦干、勇毅前行的昂扬斗志,踔厉奋发、笃行不怠的精神状态,激励了龙游人民以实干促辉煌,同心同向共同建设美好区域明珠型城市,让理论宣讲在基层落地生根、开花结果,为"共同富裕示范区"和"重要窗口"建设赋能增色,取得了阶段性成效。

第七章

燎原：从风景到全景

自 2019 年 9 月以来,从龙游到整个三衢大地,一场场青春四溢的宣讲活动持续接力,为党的创新理论插上了"青春"的翅膀。梦想的召唤鼓舞人心,奋进的步伐坚实有力!如今,学习新思想、传播新思想、用好新思想,在衢州青年人中渐成时尚,在衢州市委"理论进万家、最后一公里、走群众路线、育时代新人"的号角声中,凝聚起共建"重要窗口"的青春力量。

在青年人中播撒信仰种子,这是新时代赋予的新使命,是新征程呼唤的新担当。2019 年 9 月,龙游县创新成立 8090 新时代理论宣讲团,结合"不忘初心、牢记使命"主题教育,开展习近平新时代中国特色社会主义思想宣讲。衢州市委、市委宣传部及时发现龙游 8090 新时代青年理论宣讲工作的重大实践价值,组织专家团队赴龙游调研,并将此评为"2019 年度衢州市宣传思想文化工作十大创新案例"之一。

2020 年 6 月 21 日,习近平总书记对 8090 新时代理论宣讲工作做出重要批示。随后,王沪宁、黄坤明等中央领导及省委、省政府领导相继做出指示批示。2020 年 6 月 30 日,衢州市委、市政府在龙游县召开"全市 8090 新时代理论宣讲工作现场推进会"①,会议指出:"要总结龙游经验,打造实践样本,全市域体系化推进 8090 新时代理论宣讲工作。"也就是从那时开始,三衢大地上一篇壮阔辉煌的青年宣讲精彩华章翻开了。

学思践悟中,青年宣讲时!

一段段青春潮音饱含光荣与梦想,引发声声回响……

---

① 《全市 8090 新时代理论宣讲工作现场推进会在龙游举行》,《今日龙游》2020 年 7 月 1 日,第 1 版。

第一节 | 青春之歌，唱响三衢

田间地头，我们走来。

东南阙里，讲出精彩。

理论之光，点燃梦想。

穿山越海，自信洋溢在言语间，青春绽放在宣讲台。

……

一段动听的旋律燃起青年宣讲的熊熊之火。三衢大地上，一群追梦的青年燃烧着火红的青春，用他们的宣言讲出理论的光彩，他们就是——衢州市8090新时代理论宣讲团。

习近平总书记强调："青年一代有理想、有本领、有担当，国家就有前途，民族就有希望。"①一批8090新时代青年，扎根三衢大地，学习党的理论、传播党的声音、奏响了一曲嘹亮的青春赞歌。在"不忘初心、牢记使命"主题教育期间，衢州一群年轻人走到一起，用通俗的语言把党的创新理论讲给群众听，得到了越来越多群众的欢迎和社会关注，成为一张闪亮的"金名片"。

一、一场理论下沉的新实践

理论与后浪碰撞，回荡起时代的潮音。党的十八大以来，习近平总书记高度重视青年思想政治工作，在多个重要场合就青年学习、传播党的创新理论发表了一系列重要讲话，为我们做好青年理论宣讲工作提供了根本遵循。

---

① 中共中央党史和文献研究院编：《十九大以来重要文献选编》(上)，北京：中央文献出版社，2019年，第49页。

推动党的创新理论大众化、通俗化，春风化雨"飞入寻常百姓家"，是习近平总书记赋予新时代宣传思想工作的基本职责和重要任务。近年来，衢州市委、市政府深入贯彻落实习近平总书记关于青年宣讲工作的指示精神，在理论宣讲方面做出一系列探索的新实践，特别是牢牢把握青年这一关键群体，在创新探索中先行示范、在传播真理中挥舞青春、在群众之间追梦前行。三衢大地上，发端于龙游、推广在衢州的一场场青年宣讲的理论下沉新实践徐徐展开。

（一）创新的探索真行

时代的呼应，召唤青春的奏鸣。青年一代是最富有创新精神的群体，青年一代的活力昭示着青春中国的勃勃生机。8090新时代理论宣讲团是衢州理论宣讲工作的重大创新。8090新时代理论宣讲团最早诞生于衢州市龙游县，因主要成员都是"80后""90后"的年轻人而得名，是深化主题教育和创新理论宣讲相结合的产物。2019年9月，在第二批"不忘初心、牢记使命"主题教育期间，龙游县从历届"微党课"大赛选拔出的佼佼者中，挑选组建了一支30余人的8090新时代理论宣讲团。

衢州市坚持"理论进万家、最后一公里、走群众路线、育时代新人"的总体目标，总结龙游经验，打造实践样本，在全市范围内推进8090宣讲工作，取得了一系列创新成果。理论宣讲做的是群众工作，讲的是人民话语，宣讲员必须要让宣讲出现在百姓的生活中，出现在群众常去、常待的地方。

衢江区廿里镇白马新村的乡村振兴凉亭是当地村民休闲娱乐的核心地带，也是8090新时代理论宣讲团的主阵地。在这里，宣讲员们打破传统"会议室"党课模式，用通俗易懂的语言生动讲述党史故事；同时，利用LED大屏，每周不定期播放党史电影，通过"宣讲＋观影"模式将理论宣讲搬到百姓的房前屋后，让宣讲更接地气、有人气。

常山县新华书店坐落于行人如织的县中心，一直都是市民朋友们周末自习"充电"的好去处。常山县8090新时代理论宣讲团新华书店分团充分发挥新华书店的地理优势与功能优势，依托三楼学生弧形阅读角打造宣讲场景，主要突出了三个特色，可总结为三个"新"：一是受众新。来访新华书店的顾客多为中小学生，其中不乏刚进入校园的"05后""10后"。他们常常在选购文具、书籍的过程中被宣讲吸引，小到一篇美文分享，大到一种精神传承，短短六分钟的宣讲，就在这群校园"新人"心中埋下了种子。二是内容新。新华书店宣讲场景面向中小学生群体，宣讲内容紧跟时事。从发布"七一"重要讲话的天安门广场一路讲到东京奥运赛场，现场观众的思维随着宣讲员们的宣讲"坐地日行八万里"。三是形式新。针对学生群体，新华书店分团开展过天文科普、新书分享、安全教育、智力问答等多种形式的活动。而今新华书店宣讲点已是学生们口中的"老地方"，周末约上三五好友来到新华书店，购买几本学习资料，听上一场宣讲，手中心中都是满满当当。

青年宣讲不仅要理论进万家，更要解决好常态驻扎、潮音常鸣的实际问题。对此，衢州市各区县的8090新时代理论宣讲团不断搭建常态化宣讲基地、孵化基地和研习基地等常驻宣讲阵地。

比如，柯城区8090工作专班在荷花街道腾退的新荷社区原办公用房300平方米的空间布局里，结合邻里中心建设，打造8090宣讲之家。并在此设置8090红荷颂研习小组，开辟8090宣讲研习空间和幸福食堂、阅读角、书画厅、舞蹈房、乒乓球室等功能室，并增设玻璃盒T8小站、楼道共享屏、海绵共享车位等智慧应用场景，为社区居民和8090宣讲员提供便民惠民、研习交流服务。自从宣讲之家成立以来，8090线上线下宣讲研习活动得以常态化开展，宣讲员的获得感和居民的幸福感也随之节节攀升。

江山市8090新时代理论宣讲团在市青少年宫二楼设立了宣讲研习基地。作为江山市8090新时代理论宣讲团的起源地和宣讲员成长的摇篮，该宣讲场景本身就自带"青春流量"。场地面积约80平方米，可容纳百人，硬件设施完善，在展示教室旁边就是可供宣讲员打磨稿件的备课室。江山市8090新时代理论宣讲团自成立以来，曾多次在此地举办小组PK赛、读书交流、理论培训、备课磨稿等活动，是宣讲员提升宣讲水平、增强个人能力的"练兵场"。

每一场宣讲都是一次实践创新。苟日新，日日新。创新是一个民族进步的灵魂，是中华民族最深沉的民族禀赋。衢州市的8090青年们，用青年的创新之力探索出一条具有时代特色、青年特征、理论特性的宣讲之路，真正把宣讲做到了入得了千家万户，行得了久久为功，赢得了群众的满意和支持，获得了社会的广泛赞誉。

◎衢州学院"00后"新时代理论宣讲团赴基层宣讲

（二）真理的味道真甜

"大家有没有听过一个故事，叫'真理的味道有点甜'？对，就是总书记说过的那个。其实啊，故事的主人公陈望道原来并不叫这个名字。1919年1月，在日本留学时，他在《新青年》第六卷第一号首次署名'陈望道'，'望道'寓意着'展望新的道路'……"衢州市钱江源8090新时代理论宣讲团成员陆君羚如是说。

陆君羚也是为陈望道先生追求真理的精神所感召，自愿加入青年理论宣讲团的一员，《真理的味道真甜》也是她最喜欢宣讲的故事。她在宣讲时常常讲道："一代人有一代人的长征，一代人有一代人的担当。陈望道翻译的《共产党宣言》为黑暗中国指明了希望之道，无数先辈殒身不恤、接续奋斗走出了一条强国之道，我辈青年要将自己的人生融入中国特色社会主义的建设之路，共同守望民族复兴之荣光大道！"

像陆君羚这样被马克思主义真理的魅力影响，加入青年宣讲，走入群众讲真理，推动马克思主义大众化的宣讲员不计其数。他们在宣讲后也常常交流自己的思想感悟,发出自己对真理的不同体悟。

一个时代有一个时代的精神底色。习近平新时代中国特色社会主义思想是当代中国马克思主义、21世纪马克思主义。马克思主义也总是在历史的继往开来中展现新的气象、新的内涵、新的境界。衢州市8090新时代理论宣讲团在宣讲马克思主义科学真理的同时也聚焦传播21世纪马克思主义,让青年宣讲为传播21世纪马克思主义创造新途径和新力量。

"党的十九届六中全会是在'两个一百年'奋斗目标历史交汇关键节点上召开的一次重要会议……"2021年11月30日,来自衢州市8090新时代理论宣讲团的宣讲员们走进衢州学院和衢州职业技术学院,为同学们带来了几场别开生面的宣讲,激发了广大师生的爱党爱国热情,推动全会精神深入人心。

在衢州职业技术学院图书馆,"'两个确立'是经过人民检验的正确方向","共同是全民、全面、共建、共享,一个都不能少……",宣讲员们围绕"千秋伟业复兴有我"主题展开宣讲。现场不仅有情景剧生动演绎西柏坡敢于斗争、敢于奋斗的彻底革命精神,还有别具一格的快板说唱唱出新中国百年征程,以及共产党人不忘初心和使命的担当……宣讲员们声情并茂、娓娓道来的宣讲赢得了阵阵掌声。每到精彩之处,还能听到不少表示认同的附和声。宣讲员讲得入心,观众听得也入心。

"听完宣讲员们讲的故事,我更加认识到了年轻一代的使命和担当,同时对党的十九届六中全会精神有了更加深刻的理解。"来自衢州职业技术学院的学生孙晟恺说。

百年大党风华正茂,青春中国蓬勃奋发。建党百年之际,衢州市8090新时代理论宣讲团的宣讲员们为老百姓带来了一场场精彩纷呈的党史宣讲,把党的理论、党的思想、党的苦难与辉煌讲到街头巷尾。

在柯城区,"8090红色宣讲专线"成为百姓津津乐道的话题。

"8090红色宣讲专线"由公交502路、503路和505路三辆洋溢着青春气息的巴士组成,分别开往沟溪乡余东村、七里乡大头村及九华乡妙源村。作为流动的党史学习教育课堂,"8090红色宣讲专线"用创新、互动的方式,讲述建党百年感人故事,展示建党百年史诗画卷,借助公交车让党的创新理论、党史学习教育走进村落、走近村民。全车以象征革命精神的红色与蓬勃青春的蓝色为主色调,车身左右两侧分别写着"以青春力量传播红色精神""庆祝中国共产党成立一百周年"字样,并绘有"衢州有礼"和"8090"标识。专线上还设计了三种宣讲方式:8090宣讲员定期在专线上进行"面对面宣讲";公交车吊环上挂有"扫一扫"就能"听宣讲"的二维码;车载电视播放红色宣讲视频,直观呈现建党百年光辉历程。

人民有信仰,国家有力量,民族有希望。习近平总书记在谈及新时代宣传工作时,强调要"提高人民思想觉悟、道德水准、文明素养,提高全社会文明程度"[①],要"使革命文化成为激励人民奋勇前进的精神力量"[②],要"继续推进马克思主义中国化时代化大众化"[③]。时代的流动,淬炼出如铁的真理。衢州市8090新时代理论宣讲团的成员们满怀青春理想、胸中有信仰、脚下有祖国,不仅自己学深悟透马克思主义的科学真理,还将它送入"寻常百姓家",融入百姓生活,把党的创新理论和百年奋斗,如歌一般传唱在大街小巷,为自己和群众点燃了信仰的火光。

(三)百姓的故事真暖

人视水见形,视民知治不。人民是国家的主人,是党的执政根基。习近平总书记对新时代的宣讲工作明确要求:"多宣传报道人民群众的伟大奋斗和火热生活,多宣传报道人民群众中涌现出的先进典型和感人事迹,丰富人民精神世界,增强人民精神力量,满足人民精神需求。"[④]

坚持人民导向,讲人民的故事,让人民自己讲出自己的真实感受,衢州市8090新时代理论宣讲团真正做到了!

衢州市8090新时代理论宣讲团在宣讲中,坚持以百姓为中心,找准发力点和切入口,主动设置议题、引导舆论,把宣传党的理论和路线方针政策与反映人民心声结合起来,把党"想说的"和人民群众"想听的"结合起来,把党中央的重大决策和人民的伟大实践结合起来。对不同层面的受众对象,坚持精准分类、

---

① 习近平:《论党的宣传思想工作》,北京:中央文献出版社,2020年,第12页。
② 习近平:《论党的宣传思想工作》,北京:中央文献出版社,2020年,第25页。
③ 习近平:《论党的宣传思想工作》,北京:中央文献出版社,2020年,第285页。
④ 习近平:《论党的宣传思想工作》,北京:中央文献出版社,2020年,第16页。

精准施策，上下联动，有效扩大宣讲覆盖面和吸引力，确保理论宣讲贴近生活、回应现实、深入人心。

比如，衢江区以讲活创新理论、讲明惠民政策为出发点，紧紧围绕群众需求点和关注点，用好用活新时代文明实践中心、农村文化礼堂和乡村振兴讲堂等阵地，努力让到这些场所来听宣讲成为老百姓的一种习惯和常态。组织开展"理论进万家·百姓进讲堂"区8090宣讲团入驻乡村振兴讲堂活动，实现全区近200个讲堂的宣讲全覆盖，累计授课300多节、受众人数1万余人次，60名优秀宣讲员进入乡村振兴讲堂讲师约课平台。8090宣讲员逐步成长为乡村振兴讲堂小讲师，发挥了8090宣讲和基层文化阵地的叠加效应，让8090宣讲更接地气、文化阵地更有人气。

宣讲工作讲的是党的声音，讲的是人民的故事，讲的是人民生活的变迁和发展。

2006年8月16日，时任浙江省委书记的习近平来到开化县金星村考察新农村建设。2017年，习近平同志看到金星村的银杏古树，根须外露，枝叶稀疏，已经没有生机了，便告诉村民"这是金星村的象征，十分珍贵，不能让它死掉。保护古树，就是保护村庄"[1]。如今的银杏树已经成了金星村的象征，8090新时代理论宣讲团也活跃在银杏树下，为前来参观的人们带去"绿水青山就是金山银山"发展理念主题宣讲以及"习近平在金星"主题宣讲。

龙游县团石村是一个风景秀丽的古村庄。沿江古树林立，江边的樟亭驿一直以来都是村民活动聚集的场所。曾经，树下是生产性用房，在两江走廊诗画风光带建设中，这里进行了"微改造"，建了休息亭、漫步道等景观设施，并成为8090新时代理论宣讲的重要阵地，取名为"石话实说"。

同样，柯城区沟溪乡余东村同心广场8090宣讲点，依托农民画等资源禀赋，将人文、艺术、风景等融为一体，可容纳150余人开展宣讲等各类活动。8090宣讲员围绕百年党史、防诈骗、医保政策、余东未来乡村建设等主题，已经在此开展过多场宣讲。

家是人民生活中最深沉、最富情感的载体。家乡的变化总能诉说出人民无

---

[1] 徐蕾、吴莉莉：《千年银杏见证乡村振兴》，《浙江日报》2017年10月23日，第8版。

数的心声。江山市8090宣讲员徐轶群曾这样说道:"时代的发展日新月异,需要越来越多的青年人走向城市,在灯火通明的城市高楼间奋斗。但田野山间更需要一代又一代的坚守,祖国的每一个角落,都需要光芒。"

8090新时代理论宣讲团的成员大都来自基层,他们最懂百姓的想法,也最知道宣讲对百姓的意义。如今,衢州的发展迎来时代重大机遇,需要越来越多的人才在衢州留下,为衢州贡献力量。许多宣讲员从自身经历出发,诉说着衢州的温暖。

老詹曾是一家美发连锁店的老板,十几岁南下广州打拼多年,在他乡实现了事业与爱情的双丰收,却在不惑之年回到家乡衢州二次创业。有次去理发,8090宣讲员姚振忠疑惑地问他:"老詹,广州机会多、空间大,你已经闯出了一番天地,为何还要再回来折腾一遍?"老詹淡淡一笑,眼睛里满是成熟的味道:"最朴素的想法就是累了,想家了,人在异乡终是客,回家了才有归属感。当然也有其他因素。衢州是一座包容性很强的城市,传统与时尚碰撞交融,这种交汇会给我的事业带来很多灵感。更重要的是,衢州的营商环境特别好,一方面为创业提供了安全、法治、诚信的软环境;另一方面,交通网的辐射效应也能带来大量潜在客源,对于未来我还是很有信心的。"老詹说话时眼睛里闪烁着光芒,满是对未来的殷殷期望。

人民对美好生活的向往是我们党的奋斗目标。新时代的宣讲工作必须把人民放在宣讲的中心,从人民中寻找故事、在人民中讲人民的故事,把党为人民谋幸福、为民族谋复兴的初心之志讲好,把走中国特色社会主义道路的必然逻辑讲透,用百姓身上的故事讲述社会主义现代化建设的过去、现在和未来,把国家富强、人民安康的奋斗愿景化成温暖人心的动人故事、化成激励奋发的冲锋号角。

二、一张青年宣讲的"金名片"

时光不老,青春正好。穿越世纪风云,百年大党风华正茂,新时代青年正当其时。"请党放心,强国有我!"在庆祝中国共产党成立100周年大会上,从天安门广场发出的青春誓言,响彻神州大地,激荡在亿万青少年心中。这是后浪奔涌的时代潮音，这是开创未来的青春担当。

一个有前途的民族，总是把关注的目光投向青年；一个有远见的政党，总是把青年看作推动历史发展和社会进步的重要力量。讲好党的创新理论，讲出中国特色社会主义的精彩，是党赋予新时代青年的重要课题。衢州市委、市政府和衢州市8090新时代理论宣讲工作专班注重发挥青年优势，激发青年热情，通过理论宣讲，让8090青年收获认同感、存在感、成就感和价值感，不断迸发出更加热爱理论的激情；越来越多青年听众也备受感染，被理论宣讲吸引，不断从"小粉丝"成长为"小讲师"。新时代的青年也用自己的创新视野和独特思维，在宣讲中放飞梦想、超越自我、实现价值，为广大基层群众献上一道道色香味俱全的理论"大餐"。

（一）青年的视野透视未来

时间之河川流不息，每一代青年都有自己的际遇和机缘。青年凝聚着梦想，蕴藏着巨大能量。青年作为时代的晴雨表，总是能够以发展的眼光，回望过去、正视当下、透视未来。新时代下，做好理论宣讲工作，青年是最具战斗力和进取力的群体。特别是在依靠谁来引领走好"最后一公里"的问题上，需要新的眼光，穿破迷雾、破局。回顾党的百余年历史，青年历来是推动马克思主义及其中国化理论创新成果落地生根、开花结果的关键力量。衢州市8090新时代理论宣讲团的实践表明，如今的青年一代具有前瞻的眼光、新颖的思想观念，能够以更具创新的前沿之位，引航宣讲工作不断破局重塑，不断激起宣讲入脑入心的层层"浪花"，青年一代也完全有能力承担起、承担好让党的创新理论"飞入寻常百姓家"的历史重任。

做宣讲，选题是宣讲员要克服的一大难关。衢州市8090新时代理论宣讲团的成员们总是发挥青年人独具特色的眼光和视角，发现不寻常的选题，找到不一样的故事，这些故事经常充满了趣味性，像酒酿一般，细品后回味绵长。

就拿党史宣讲来讲，宣讲员王晶从三张方寸邮票的变迁说起，诉说我们党的百年沧桑。

"打土豪、分田地，山欢笑、水开颜，革命歌谣如号角，农民奋起成主人。"这一幕幕的情景就汇聚在这第一张邮票里。邮票中老农手握土地证，两个青年正凝视着前方,远处的人们正在愉快地耕耘。王晶说:"这张邮票发行于1952年,记录了中国共产党通过土地改革,彻底废除了两千多年的封建土地剥削制度,带领广大农民第一次翻身成了土地主人。民以食为天,正是中国共产党让广大农民真正吃上了饭。""交足国家的,留够集体的,剩下的都是自己的!"表达了广大农民生产积极性高涨的激动心情。第二张邮票描绘的就是安徽凤阳小岗村"包产到户"的情形。王晶讲到这里的时候激动地说道:"人民是改革的创造者,党是人民的引路人,在党中央大力推行家庭联产承包责任制的情况下,小岗村的星星之火迅速燎原,广大农村的生产力得到了极大的解放和发展,中国共产党带领广大老百姓吃饱了饭。"土地活、全盘活、产业兴、百姓富,现如今一幅幅乡村振兴的画卷正在新农村徐徐展开,这正是第三张邮票描绘的场景。王晶把这张邮票和衢州柯城区的发展联系起来,说道:"柯城区609平方千米的土地上念活了'土地经'、变身'绿富美',一个个现代农业、乡村旅游产业化项目相继开花结果,逐步实现了'农村变景区''农房变客房''村民变股东',更进一步打开了共同富裕的新大门……"

三张邮票、三个时期、三个窗口,宣讲员王晶以独特的视角切入,让群众看到了我们党的改革、担当和作为。在他的笔下、口中,中国共产党带领广大农民在"吃好饭"的道路上不断探索、勇毅前行的形象栩栩如生。

(二)青年的思维打通全局

青年的知识结构新、思维方式新、观念理念新,更有旺盛的精力和充沛的时间。为他们搭建一个什么样的成长平台、设计一条什么样的成长通道,这不是一堂自上而下灌输的思政课就能彻底解决的问题,而是由"到我这儿来"向"到你那里去""你参与进来"转变,以自主的学习和真实的体验,感悟理论的力量,看到真理的光芒,形成道路认同、理论认同、情感认同,进而内化于心、外化于行。8090新时代理论宣讲团就是这样一个开放、互动的思政课堂,一个活力四射、朝气蓬勃的青春平台,更是一个引领、帮助青年成长的实践舞台。

新时代的宣讲面临着高度发达的信息网络冲击,如何在纷繁复杂的互联网时代守好理论宣讲的阵地,把牢群众思想的关卡,是亟待理论宣讲工作者思考破局的一大课题。同样,青年理论宣讲的主体是青年,受众也包括广大青年,青年人是当下社会生活节奏最快的群体，如何让他们面对宣讲能够坐下来、听进去、回得来，也是一个难题。

青年最懂青年。衢州市的青年宣讲员们从时代特点和社会全局出发，结合青年的生活喜好、生活习惯，从青年的角度打通宣讲的"最后一公里"，做到了全局贯通。

比如，柯城区的宣讲员们创造的"徐徐道来"宣讲平台，实现了短、快、准的宣讲。柯城区的"徐徐道来"是在8090新时代理论宣讲开展线上宣讲过程中诞生的"网红宣讲员"，是衢州首个组合式的宣讲队伍。徐宇强和徐瑜琳两位骨干宣讲员以"徐徐道来"为名，发展成具有自己品牌的宣讲直播工作室——"徐徐道来"宣讲工作室，并结合8090新时代理论宣讲年轻化、个性化的特点，在工作室内设计出年轻人喜闻乐见的场景，实现在有限的空间中进行多维度、多场景的宣讲直播。

青年的创造性思维不仅让理论宣讲如流水一般，流入生活的每个角落、流入百姓的心田，更带来群众经济生活的巨大变化。

比如，常山县青石镇结合直播新业态，打造青石镇"柚石兴"乡村振兴综合体，借助直播带货销售农产品，开辟柚石产业发展的新路径，建立"村播基地"；同时，巧妙结合8090新时代理论宣讲平台和乡村振兴讲堂平台，在"柚石兴"乡村振兴综合体开设"村播讲堂"。一方面，以"讲堂＋宣讲"的方式积极培育8090宣讲员，通过邀请优秀讲师开展培训、优秀宣讲员开课分享等，学习党史、政策、文化、精神文明等各类宣讲内容；另一方面，以"讲堂＋村播"的方式积极培育乡土村播宣讲员，线上线下吸引参训人员超1000人次，已培育乡土村播宣讲员近100名，吸引入驻主播八家，推动特色产品销售近900万元。

理论的事业薪火相传，青春的力量生生不息。衢州市8090新时代理论宣讲工作已成为青年人补足精神之钙、把稳思想之舵、筑牢信仰之基、淬炼成长的有效途径，成为实施党的创新理论走心工程、实现党的创新理论大众化、推动党的创新理论"飞入寻常百姓家"的生动实践。

（三）青年的话语高唱梦想

礼赞青春，不只是因为青春代表年轻，更因为青春充满无限可能。青年具有可塑性,青春成长的过程就是找寻自我的过程,也是发现自我的过程,更是提升自我的过程。衢州市8090新时代理论宣讲团的成员在宣讲中得到了成长和提升,他们不仅在各行各业成为中流砥柱,更成为理论宣讲的时代先锋。

衢江区8090新时代理论宣讲团的俞轩在回顾自己的宣讲工作时,这样说道:"作为8090新时代理论宣讲员,我接触宣讲工作已经快一年了。第一次宣讲的那种彷徨、不知所措,以及跟着导师走村入户走访群众、一起连夜奋战赶稿、挖掘红色资源的场景还历历在目。每一次宣讲,在影响听众的同时,也在坚定我的信念,因为相信,所以奋斗;因为相信,所以看见。"从一开始做宣讲紧张到说话都是断断续续的"小白",到现在可以指导新入团宣讲员的小小导师,俞轩已经成为一名群众经常点单收听的"网红"。她还说:"群众都是很实在的。我们之前去宣讲,如果讲得不好,群众连看都不看,就盯着要发的小礼物,这就逼着我不得不用心去磨稿、选题,这和基层驻村工作是一样的,只有出成效了群众才会买账。作为一名理论宣讲员,要讲好每一堂课,让群众了解党史、了解现在的政策、了解未来的发展。了解了之后就会期待,有了期待就会有动力,有了动力才能去实现。"

宣讲的舞台给8090青年铺就了追梦的舞台。青年对梦想的追逐,从来都刻印着社会发展的脚步,也标注着历史前行的轨迹。

常山县8090新时代理论宣讲团的郭芳把宣讲团视为自己的家。在这里她遇到了和蔼可亲的领导长辈,遇到了意气风发的同龄伙伴,遇到了充满朝气的弟弟妹妹。大家虽然来自不同的区域、不同的岗位,但是有一个共同的心愿,那就是一起做新时代的"堂前燕",推动党的创新理论"飞入寻常百姓家"。岁月如诗,情谊如酒,郭芳在她的"新家",结识了一个又一个志同道合的伙伴,她的人生也因此多了浓墨重彩的一笔。她说道:"自2020年7月加入8090新时代理论宣讲团以来,至今我已经开展宣讲数十场,传播观众近千人。宣讲团见证了我的成长、沉淀,热情始终;我也见证了宣讲团的丰盈壮大、步步攀登。如今,它已然成了我生活的一部分,是我人生篇章中无可替代的美丽章回。我非常享受宣讲的舞台。我愿做一只积极向上、传播红色精神的燕子,带着新理论、新思想飞进千家万户,为更多百姓带来希望、带来力量、带来光明!"

少年负壮气,奋烈自有时。无拼搏不青春,有志者奋斗无悔。8090新时代理论宣讲工作聚集的宣讲主体是"80后""90后"，也是随着复兴中国不断成长的8090群体。青年兴则国家兴，青年强则国家强。习近平总书记强调："青年最富有朝气、最富有梦想，是未来的领导者和建设者。"①青年是民族复兴的逐梦者和筑梦者，中华民族伟大复兴的中国梦终将在一代代青年的接续奋斗中化为现实。衢州市8090新时代理论宣讲以"80后""90后"青年为主力，并且吸引了更多"00后""10后"的新生力量加入，通过以讲促学、以讲促思、以讲促行，在青年群体中掀起了学习党的创新理论新高潮，推动青年进一步学懂弄通做实习近平新时代中国特色社会主义思想，不断增强"四个意识"、坚定"四个自信"、做到"两个维护"，让青年一代与时代同频、与祖国同行。

三、一部南孔圣地的宣传片

衢州，一座具有1800多年历史的江南文化名城，一直是浙、闽、赣、皖四省边际交通枢纽和物资集散地，"衢通四省""五路总头"的区位优势，让衢州自古为浙、闽、赣、皖四省交通之门户。

习近平同志任职浙江期间，多次调研衢州，他指出："衢州历史悠久，是南孔圣地，孔子文化值得很好挖掘、大力弘扬，这一'子'要重重地落下去。"②衢州是一座因文而盛的城市。文化正成为这片沃土最具魅力、最吸引人、最具辨识度的标识。高质量打造文化高地"金名片"，是衢州接续奋斗的愿景。衢州市8090新时代青年理论宣讲工作立足衢州、展望浙江、放眼全国，在一次次宣讲实践中，把一个个动听的衢州故事传播到全国百姓家中，成为推广美丽衢州、活力衢州、文化衢州的生动宣传片。

（一）泗浙同源，讲出历史绵长

"说到衢州的网红地标，大家马上想到的是哪儿？对了，就是我们的网红街

① 习近平：《习近平主席在联合国教科文组织第九届青年论坛开幕式上的贺词》，《人民日报》2015年10月27日，第1版。
② 《干在实处　勇立潮头——习近平浙江足迹》，北京：人民出版社，杭州：浙江人民出版社，2022年，第235页。

区、打卡胜地水亭门。在衢州流传着这样一句话：'不识水亭门，枉为衢州人！'"宣讲员傅雯静这样讲道。

衢州自古以来水运发达，衢江连接着钱塘江和大运河，是商帮会聚、千帆竞逐之地。浙、皖、闽、赣四省的米粮、茶叶、名瓷、丝绸等在此处汇集，或转道京杭大运河被运送到上海、江苏、山东等地，或借道沿海港口走向世界。

古诗曾以"日望金川千张帆，夜见沿岸万盏灯"来形容当时航运之繁华。那时候的水亭门外就是衢州最大的码头，有着"天下三十六码头之一"的美誉，过衢江的船只大多选择在这里停泊，门内就是衢城当时最繁华的商业地段，也就是现在说的CBD、商业街，这里茶坊酒肆、当铺银楼应有尽有，福建、徽州、江西等地的商业会馆也都设在此处。水运的兴盛，让衢州在北宋时期税收排到全省第二，仅次于杭州。

讲到这里，傅雯静向大家展示一张水亭门的照片。这张照片是近代的水亭门。照片中的水亭门非常破败，杂草丛生，连城门楼子都没有。饱经沧桑的水亭门印刻着衢州的千年历史，也见证了"铁衢州"的变迁。"据统计，衢州历史上经历过40余场大小战争，坚固的城墙接受着战火一次次洗礼，守护着城内的百姓免于流离。抗日战争时期，日军飞机的轮番轰炸炸毁了城墙，也让曾经依托护城河和城墙'易守难攻'的铁衢州失去了屏障。到了近代，随着汽车、高铁、飞机的兴起，内陆水运渐渐衰落，靠水而兴的水亭门也风光不再了。"傅雯静深情地讲道，"2013年，市委、市政府启动'水亭门历史文化街区保护利用项目'，通过'修旧如旧'恢复了水亭门原有的风貌，也让这条千年古街重新焕发了生机。"

如今，高耸的天王塔流传着蓬莱铁拐仙取砖砌塔，让衢州百姓免遭风灾之苦的古老传说；百年老店邵永丰通过非遗文化"邵永丰麻饼的上麻绝活"，为群众带来独具特色的衢州味道；南孔爷爷书房中长胡子长眉毛的南孔爷爷可是衢州的新网红IP，作为衢州文化的形象代言人，他代表衢州走出国门，两次登上美国纽约时代广场纳斯达克大屏，向全世界发出了衢州邀请；正在上演的水亭门·信安湖光影秀以江水岛屿为背景、以城墙帆船为幕布，生动还原了南孔文化的发展历史和古代水亭门的繁华场景，全面展示了衢州未来发展的宏伟蓝图。

"就在前两天，我们'衢州有礼号'夜游画舫正式扬帆起航，这可是衢江黄金水道复航钱塘江和长江的重要标志，泛舟衢江上，喝喝茶，看看夜景，吹吹江风，别提多惬意了,我去买票,咱们亲自感受一下。"傅雯静激动地讲。

习近平总书记指出:"文化是城市的灵魂,城市历史文化遗存是前人智慧的沉淀,是城市内涵、品质、特色的重要标志。"[①]水亭门反映了一条街的历史变迁,是文化赋能城市的生动体现,也是一座城的发展缩影。

习近平总书记在全国抗击新冠疫情表彰大会上强调:"文化自信是一个国家、一个民族发展最基本、最深沉、最持久的力量。"[②]传统文化总是在坚守和传承中,带给我们意想不到的自信和满足。

自1985年建市以来,衢州作为"东南阙里,南孔圣地",南孔儒学文化始终是衢州城市发展中不可或缺的重要元素。从复建孔氏南宗家庙到恢复南宗祭孔仪式,从儒学文化核心区水亭门的复兴到"南孔圣地·衢州有礼"城市品牌的推出,南孔古城正重新焕发出强大的生命力。古道新衢,鉴往知来。市委七届八次全会正式提出大小三城的建设规划,在衢州未来的城市发展格局中,南孔古城如同一颗熠熠生辉的璀璨明珠,记录着衢州的过去、见证着衢州的当下、映射着衢州的未来,使得传统文化和地域特色得以延续。

让文化薪火相传,让创造生生不息。站在历史的端口,年轻的时代青年,必须执着坚守、守正创新,用坚定的文化自信,为祖国的发展,为中华民族的伟大复兴,注入源源不断的最基本、最深沉、最持久的力量,来自文化自信的力量!

一代人有一代人的使命,一代人有一代人的担当。如何深入挖掘南孔儒学文化内涵、全力推进南孔古城建设、讲好新时代的衢州故事,成为新时代衢州青年的历史使命。大势已至,未来已来。建设四省边际中心城市的接力棒已经交到衢州青年手中。

8090携手共进,接续奋斗,为衢州发展一起打Call!

(二)东南阙里,讲出有礼之治

有一种好礼,叫"衢州有礼"。

---

① 习近平:《深入学习贯彻党的十九届四中全会精神 提高社会主义现代化国际大都市治理能力和水平》,《人民日报》2019年11月4日,第1版。
② 中共中央党史和文献研究院编:《十九大以来重要文献选编》(中),北京:中央文献出版社,2021年,第693页。

青山作揖,衢州向您问好。

衢州市8090新时代理论宣讲团的宣讲员郭芳正在述说一个关于衢州"礼"的故事:"大家最近有没有听说过常华的故事啊。对,就是这个孩子,今年啊,他以527分的成绩顺利考上了大学,成为常山县福利院走出来的第一个大学生。他双腿残疾,刚出生不到四天就被父母遗弃,常年只能在轮椅上生活。读中学这六年以来,常华一直寄养在王根文的家中。王妈妈为了让常华安心读书,每天早上四点多钟就要起床为常华做早饭,五点半出发送他去学校。说实话,要背起100多斤的常华确实很吃力,所以王妈妈每次在背起常华之前都要先把他抱到桌子上,再背到背上。2022年4月,王妈妈在给常华送饭的途中因为雨天路滑,不小心滑倒摔伤,导致手臂骨折缝了九针,她的儿女们看着心疼,就多次劝她向福利院申请再为常华换一户人家,可王妈妈每次都坚持说:'现在正好是孩子读书最关键的时候,不能让他分了心,我要坚持把他背到高中毕业。'六年,王妈妈骑坏了两辆电瓶车;六年,王妈妈一头青丝也增添了几许白发;六年,王妈妈更是变不可能为可能,托举起了常华的大学梦!可当我向她表示敬佩时,她却这样说:'关键还是孩子自己读书用功啊,我也只是搭了把手而已。'"

习近平总书记说过这样一句话:"当有人需要帮助时,大家搭把手、出份力,社会将变得更加美好。"①如今的衢州,正在全方位打造一座最有礼的城市。

"作为衢州的一分子,我想我们是不是都应该搭把手、出份力呢? 哪怕是雨天伸出来的一把雨伞,哪怕是弯腰捡起的一个烟头,哪怕是顺手撕下的一张小广告。这搭把手的力量虽小,但当千千万万只温暖有爱的手搭在一起就能托举出城市文明的高度;当一个个搭把手的善举成为习惯、成为文明路上的常态时,我们就是最有礼的衢州人!"郭芳这样讲道。

宣讲员周靖正在分享她工作中的故事:"在执法过程中,有一个现实问题摆在我们面前,怎样才能做到既符合创建全国文明城市标准、停车规范有序,又能够满足群众诉求、使卸货方便快捷呢? 经过前期的走访调研,我们在合适的区域规划了有礼装卸规范点,就是这个亮蓝色的小框框,供沿街店铺临时卸货短暂停

---

① 习近平:《习近平总书记给"郭明义爱心团队"的回信》,《人民日报》2014年3月5日,第1版。

靠之用，这样一来，既方便了他们卸货，又避免了吃罚单，可谓'一举两得'……"

"文明城市有一个，一定是衢州，今天我们可以自豪地宣布：全国文明城市就是咱们衢州！"周靖自豪地讲道。

258万衢州人民共同用信念托起一座城市的光荣与梦想，也点燃了平凡人生中善与美的光芒。只要功夫深，铁杵磨成针。党的十九届五中全会擘画出"十四五"发展的宏伟蓝图，站在创建全国文明城市成功的新起点上，衢州人民将更有自信和底气迎来加快建设四省边际中心城市的新征程！

（三）山秀水美，讲出自然和谐

"首先来带大家认识一个地方。在西区大草原旁边、信安湖中间和水亭门相对的地方有一个小小的湖心岛，上面有一家叫桥庵里的酒店。可能很多人压根不知道衢州还有这么个地方，我和大家一样，每次路过的时候都要好奇地往上瞅几眼，觉得这个湖心岛是一个神秘的地方，一般人肯定都上不去。不过，最近召开的市委七届八次全会提出，湖心岛桥庵里要在西区悦榕庄酒店群建成之后'还岛于民'，市委、市政府要把这个位于信安湖中心位置的小岛还给广大的市民朋友。不仅如此，我们还要在信安湖上发展旅游、游船、水上运动等项目，把信安湖打造成衢州的'西湖'，让'水城唱响三江汇、总把信安比西湖'成为现实。以后，咱们的衢州不仅颜值更高，可以共享的公共空间也更多了。晚上我们能在大草原、鹿鸣公园和更多的公共绿地上散步、遛狗，周末可以到家门口的南孔书屋和即将建成的文化艺术中心里看书、喝茶，肚子饿了偶尔能去社区里的共享食堂改善伙食，朋友来衢州玩时除了去水亭街，还可以带他们去湖心岛看光影秀、坐游船饱览'南孔圣地'的夜景，以后的衢州将是一座没有围墙的城市，大妈们有更多的地方跳广场舞，年轻人也有更多的地方玩耍。"8090新时代理论宣讲团成员陈逸翔分享着他眼中的美丽衢州。

衢州是一座好玩的城市，"好看、好听、好玩、好吃"就是"四好衢州"的元素。衢州的好看，是在温润气候下四季绽放的花海，是有地域情缘的特色小镇，是延绵江水孕育的诗路文化。在这里可以领略六春湖百里杜鹃的壮美、万田荷花池中的柔情，可以在江南儒城水亭门翻阅这座千年历史古城，也可以在年年红红木小镇、根缘小镇、赏石小镇、颐养小镇等特色小镇里寻找自己心爱的宝物。在长达280千米的"衢州有礼"诗画风光带中,有山水自然之风、有文化艺术魅力,无论哪一种美,都可以在这里找寻到。

◎ 龙游县8090新时代理论宣讲团赴红木小镇宣讲

"衢州地处浙西山区,全市农村公路里程为7424千米,占公路总里程的88%。可以说,农村公路的发展,在缩小城乡差距、改善农村交通、促进城乡一体化建设的进程中具有极为重要的作用。'四好农村路'是习近平总书记亲自决策部署的重大民生工程,大家知道'四好农村路'是指哪四好吗?由于时间关系,今天我就不卖关子了,现在,谜底揭晓——所谓'四好',就是指要把咱们农村公路建好、管好、护好、运营好。"宣讲员徐丽正在讲述开化县把"绿水青山"变成"金山银山"的故事。

道路通则百业兴。"四好农村路"同时还是留住绿水青山的"生态路"、是农业转型的"致富路"、是传承文脉的"乡愁路",更是振兴乡村的"复兴路"。

此时,徐丽拿出一张照片并讲述道:"我们来看这张照片,这是距离开化县城40千米的长虹乡台回山村,在衢州市地图上,也许它只是一个不起眼的小黑点,但每年春天,漫山遍野的油菜花梯田,将整个村子装点成一幅美丽的油画,成为享誉省内外的'江南小布达拉宫'……"

然而，酒香也怕巷子深。徐丽带着听众回到了过去："十多年前的台回山，那时候整个村子里只有一条一米宽的石板路——每天，村民们挑着沉甸甸的担子进出，所有与山下的交往，都由两条腿来完成。"2008年以来，一条盘山公路的建成，唤醒了这个有着"行路难"问题的贫困村。如今，台回山村成了远近闻名的古村落，成了浙西自驾游的绝佳选择。独特的梯田风光，深深吸引了国内外众多摄影爱好者。

事实上，"一条路盘活一个村"的佳话，正在广袤的三衢大地不断上演着。

江山市也借着"四好农村路"建设的东风，成功打造六条美丽公路景观带，分别是世遗江郎风采线、七彩保安风情线、古镇养生风韵线、幸福乡村风光线、村歌文化风俗线和醉美碗窑风行线，可谓"一村一景、一路一带"，真正实现了把"绿水青山"转化为"金山银山"的衢州实践。

人民对美好生活的向往就是我们的奋斗目标。近年来，衢州市推出"全球免费游衢州"活动，境内烂柯山、龙游石窟、江郎山、根宫佛国等15个核心景区，除国家法定节假日、双休日外，每周一至周五向全球免费开放。寒暑假，同学们可以约上好友和爸爸妈妈们一同游览家乡衢州的胜景。

愿衢州的每一处盛景，皆如初见般美好；愿在衢州的每一次旅行，都能循心而动，不负时光！

（四）物阜民丰，讲出人民安康

在党的十九大报告中，"不忘初心、牢记使命"成为会议主题。如今，这"八字箴言"更是成为新时代的主旋律。

对于新时代开化人来说，一片丹心忠诚于党，要始终牢记习近平总书记"一定要把钱江源头生态环境保护好""变种种砍砍为走走看看""人人有事做，家家有收入"的殷切嘱托，来理解、来把握、来推进基层建设。

"为此，我们坚持产业扶贫，大力实施特色农业、乡村旅游、民宿农家乐等富民产业项目；深入实施'龙顶振兴'战略，推进茶园扩面提质；推广清水鱼'一口坑塘、万元增收''户养十桶蜂、增收万元钱''高粱一亩地、农户入万元'和'户结户共致富'等模式；对标'两不愁三保障'要求，全面提升了开化教育、医疗、卫生等公共服务水平。"宣讲员黄斌向老百姓讲述着衢州开化近些年的变化。

新时代开化人就是要认真做好群众关切的每一件事,2020年5月18日的《浙江日报》上刊登了《穷山变金山,钱江源头脱贫记》,讲述了开化县三任扶贫办主任用30多年来书写用恒心接续扶贫的故事。30多年间,让4.7万名农民走下了山;30多年间,让大山深处换了人间、让钱江源头村美民富。这颗恒心啊!就像扶贫干部所说,"事再难,都能一件件干出来;路再长,都能一步步走出来"。

在开化,有许多地域性极强、有口皆碑的土特产,有些是祖祖辈辈世代相传的老手艺,有些是当地盛产的农作物。这些土特产,往往受产能限制等因素,停留于"提篮小卖",无法成为山区群众共同富裕的"金钥匙"。在开化县苏庄镇,他们却摸索出这样一把"金钥匙"——苏庄山茶油。

"开——榨——啦!"随着山村里一声欢快的叫喊声响起,掌锤的榨油师傅执着悬吊在空中的一只石锤,一锤一锤地砸着榨槽,被挤压的油茶坯饼间流淌出的就是苏庄山茶油……因为采收成本高、加工工艺复杂,之前,苏庄镇的绝大多数榨油坊停留在小作坊阶段。如何让山茶油走出"小作坊",苏庄镇开始了自己的探索。

"他们按照区域相近原则,由三个村集体组建联盟公司,进行统一的油茶低改和茶林抚育工作,在此基础上连片成规模套种黄毛耳草。招引贝因美、艺福堂等主体入驻,开展婴儿辅助油等产品研发。结合中小流域治理工作,打造串联油茶研学的绿道体系。"

位于衢州江山的白沙村是一个移民村。2002年初,因白水坑水库建设需要,205户白沙村人整体搬迁至凤林镇开始重建。白手起家,如何蝶变?白沙村以"加快科学发展,促进村强民富"为目标,致力于盘活各类资源,从而实现村域经济社会持续发展。2004年10月10日,时任浙江省委书记的习近平来到白沙村调研,并留下了"百尺竿头,更进一步"的深情嘱托,这份嘱托成了白沙村人努力的方向和动力。这些年来,白沙村持续开展党建强村、产业富村、文化兴村,自建村级园区,盘活军旅资源,发展体育事业,推进社会、经济、文化"三大融合",村劳动力外出打工率,从最高的67%降到10%,村民人均年收入从不到2000元到增长到31000元。实现了建村时"儿童不留守,老人不空巢,夫妻不分居,人人口袋富"的乡村振兴美好愿景……

衢州的8090宣讲员们就这样传唱着一个又一个致富的故事。

第二节 "浙里"启航，追梦中国

近年来，衢州围绕"理论进万家、最后一公里、走群众路线、育时代新人"总体目标，按照一年见成效、两年成"风景"、三年成"全景"的时间节点，致力于打造"青年理论宣讲工作先行区""全域青年思政工作创新实践区""党的创新理论大众化示范区"，将8090新时代青年理论宣讲工作作为重要政治任务和"重要窗口"建设的标志性成果狠抓落实、持续推进，取得明显成效，成为极具衢州辨识度的闪亮"金名片"。2021年6月18日，衢州成功举办"新时代青年理论宣讲研讨会"。会上，时任浙江省委常委、宣传部部长朱国贤强调，"要贯彻落实习近平总书记关于青年思想政治工作的重要指示精神，不断增强做好青年理论宣讲工作的紧迫感使命感，全省域体系化推进新时代青年理论宣讲工作，使之真正成为新时代文化浙江工程的硬核成果"[①]。带着浙江省委和衢州市委各级领导的殷殷嘱托，衢州市8090工作专班继续推进8090新时代青年理论宣讲工作转化为"两个维护"的自觉行动，学习借鉴兄弟地市好的做法和经验，不断探索实践完善，为全省乃至全国提供衢州经验、衢州素材、衢州样本。

在新的赶考征程上，浙江以守好"红色根脉"的政治担当扛起了中央赋予的高质量发展建设共同富裕示范区的历史使命。时任省委书记袁家军在多个场合提出，要对内出成果、出经验、打造标杆，对外多参与、多发声、展示形象。学好讲好党的创新理论，是坚定不移做"两个确立"忠诚拥护者、"两个维护"示范引领者的"首要任务"，迫切需要理论宣讲工作创新思路、方法、机制、举措，在凝聚智慧力量、展示窗口形象中发挥更大作用。

---

① 徐双燕：《推动新时代青年理论宣讲 成为新时代文化浙江工程的硬核成果》，《衢州日报》2021年6月21日，第1版。

一、青年的舞台在"浙里"铺开

2020年7月21日,浙江省新时代青年理论宣讲工作现场会在龙游召开,会议强调要把准"让青年人讲给青年人听"的定位,秉承"群众在哪里宣讲就到哪里"的理念,贯穿"让理论传播有朝气接地气"的要求,保持久久为功打基础蓄能量的韧劲,巩固和发展浙江省青年理论宣讲工作成果。此后,衢州市8090新时代青年宣讲工作在习近平总书记重要指示精神的指引下,在浙江省委重要领导同志的殷切关怀和不断支持下,以新时代开拓奋进的青年使命,不断扛起理论宣传的使命担当,以更加饱满的热情、更加充沛的战斗力、更加睿智的思想创新、更加奋发有为的工作作风、更加贴近群众的宗旨原则,把衢州市8090新时代青年理论宣讲工作推向新的高潮、开辟新的局面,不断引领新时代青年宣讲的漫漫航途。

(一)青年宣讲的"浙活力"

高质量发展建设共同富裕示范区,是需要全体浙江人民共同奋斗的伟大事业,青年是其中的主力军,理应扛起重担。推进8090新时代青年理论宣讲工作不仅是深化党史学习教育和"四史"宣传教育的内在要求,也是培育"为党代言"的青年力量,打造新时代高校党建工作"金名片"的重要探索,旨在推动广大青年"知责、明责、尽责",勇担历史使命。

近年来,镇海区紧贴群众实际,创新方式方法,着力打造具有镇海特色、突出政治理论、体现群众分享的"镇理享"宣讲品牌,组建起了初心宣讲团、青年宣讲团、乡音宣讲团、文艺宣讲团四支队伍,广泛开展分层分类的理论宣讲活动。其中,青年宣讲团是"镇理享"宣讲矩阵中最具活力的力量,有宣讲员近百人。"目前,我们在11个青年之家和34个文化礼堂建立了45家线下青年宣讲'门店',开展常态化宣讲活动。"镇海区委宣传部相关负责人说。根据宣讲主体的不同,镇海青年宣讲团分建有一线青年宣讲队、青年科学家宣讲队、机关青年宣讲队、思政教师宣讲队四支队伍,各个宣讲"门店"可以通过点单形式,各取所需。

讲好红色故事,赓续红色血脉。近年来,临海市不断创新理论宣讲模式,通过推行基层理论宣讲"0576"工作法,由宣传部总揽全市宣讲工作,做到政治方向零偏差、打造"云上、堂前、红色、书香、游学"五大示范阵地、构建"总揽、实训、创作、赛马、传播、激励、保障"七大宣讲机制、实施"主体、话语、技术、供给、媒介、受众"六大"破圈"行动,用更时尚、更走心的宣讲把新思想送到群众心坎里,将理论宣讲活动从"盆景"变"风景"、从赛事成常态,在全市遍地开花结果并涌现出一大批优秀宣讲(团)队、宣讲员。

讲台进院落,堂前有互动,宣讲内容变实了;说唱写画展,网络微端屏,宣讲内容变"活"了。140多个宣讲团,2600多个宣讲员,专题宣讲活动8200余场次,专题党课7500余场次、专题学习800余场次……2021年以来,临海市紧贴不同受众特点,用活党史宣讲载体,将理论宣讲队伍建设作为做优做实宣讲工作的重要基础,不断提升理论宣讲的传播力、引导力和影响力,让新思想在基层群众入耳、入脑、入心。

近年来,金华市广泛开展微型党课大赛、新时代金华精神好故事宣讲、八婺乡音宣讲等形式多样的比赛活动,通过基层、行业层层选拔,重点挖掘遴选了一批以"85后"为主的年轻力量,分层分类组建金华市青年宣讲团、青兰宣讲团、"红领菁英"宣讲团,"信仰的味道"宣讲工作室、"声人人心"宣讲工作室等青年宣讲团队(工作室)20余支。

绍兴市以全市130家"青年之家"为主载体,辅之以党团活动室、农村文化礼堂、红色教育基地等,定期组织开展"青年公益课堂""青春Party""青阅读"等"青年大学习"宣讲活动。宣讲团成员在宣讲中注重与青年形成有效互动,引导青年结合所思所见所闻分享交流、碰撞火花。青年受众还就宣讲效果、宣讲内容等进行打分、评价,以便宣讲员更好地完善宣讲内容、更新宣讲形式,使青年宣讲更有情感、更具温度、更显实效。

近年来,桐乡市积极推进基层理论宣讲大众化,坚持以"百姓需求"为导向,在明确"谁来讲""讲什么""怎么讲"基础上,进一步延伸宣讲阵地、创新宣讲载体、充实宣讲内容、拓展受教对象,打造由100余名青年宣讲员组成的"桐乡·青年名嘴说"理论宣讲团。近三年,围绕学习宣传党的创新理论、推动"'八八战略'再深化、改革开放再出发"、开展"不忘初心、牢记使命"主题教育等,累计开展专题宣讲100余场次,受教育党员群众达5万余人次,有力推动了习近平新时代中国特色社会主义思想进机关、进社区、进礼堂、进学校、进军营和进企业。

为了让党的创新理论"飞入寻常百姓家",宁波市海曙区努力探索新时期理论宣讲工作的创新与实践,在2019年五四期间组建了以"8090"年轻人为主体的"小红曙"青春宣讲团。宣讲团成员采用生动活泼的形式,依托丰富多样的载体,把党课搬到中小学校、机关企业、村社广场、田间地头,实现了理论基层普及和宣教工作的"接地气、聚人气"。组建一年多后,"小红曙"青春宣讲团累计开展"守初心担使命""抗疫情话担当"等主题巡讲20余场,覆盖群众3万余人次。

在实践中,理论宣讲有时容易陷入呆板的说教、枯燥与乏味的阐释,缺乏吸引力。近年来,杭州市积极探索理论宣讲工作创新模式,以青年为中心,让青年唱主角,推出各种线上线下理论宣讲"潮课",打造"三分钟理论快讲"宣讲团、余杭"乔司好声音"宣讲团、建德"堂前燕"宣讲团、拱墅"墅说心语"宣讲团、西湖"博士"宣讲团、萧山"弄潮儿·云厅"宣讲团、淳安"新农村大喇叭微广播"、临安"天目新农人"宣讲团、团市委"青年大学习"等一批青年理论宣讲团队,呈现出"青年讲给青年听"的理论宣讲新风貌。

近年来,温州市共青团紧紧围绕"加强青年思想政治教育"这个大命题,牢牢把准"让青年人讲给青年人听"这一定位,以"青年大学习"为主抓手,创新开展新时代青年理论宣讲工作,推动党的创新理论在温州市广大青年中落地生根,努力为建设"重要窗口"凝聚青春智慧和力量。

(二)接好青年的接力棒

《浙江省哲学社会科学发展"十四五"规划》明确指出:"推动8090新时代理论宣讲团理论宣讲品牌形成全国示范,推动党的创新理论'飞入寻常百姓家'。"对新时代理论宣讲工作做出具体部署,为浙江省坚定不移做"两个确立"忠诚拥护者、"两个维护"示范引领者,守好"红色根脉",打造"重要窗口",争创社会主义现代化先行省,高质量发展建设共同富裕示范区凝聚智慧力量。

党的十八大以来,习近平总书记对推进理论大众化工作高度重视,对做好新形势下理论宣讲工作做出了一系列重要论述。2019年,中央办公厅印发了《关于加强和改进新时代党委讲师团工作的意见》,要求各地精心谋划党委讲师团建设的实施意见。

浙江是习近平新时代中国特色社会主义思想重要萌发地。2015年、2020年浙江省"领导干部上讲台""衢州市8090新时代理论宣讲团"工作先后得到中央领导同志批示肯定，这既为浙江做好新时代理论宣讲工作指引了方向，也对浙江推动党的创新理论"飞入寻常百姓家"提出了更高要求。如何结合实际，全面加强各级讲师团建设，争当党的创新理论传播的排头兵，要求浙江拿出更多硬核举措。

浙江新时代理论宣讲就是要讲好习近平新时代中国特色社会主义思想：讲清楚新思想的科学体系、精髓要义；讲清楚习近平总书记治国理政的精彩实践；讲清楚新思想在浙江的萌发与实践。讲好中央重大决策部署：着眼重大会议、重要政策、重点任务，讲清楚习近平总书记的系列重要论述和指示要求；讲清楚相关政策决策的重大背景、战略意义、主要内容、创新举措。讲好党史、新中国史、改革开放史、社会主义发展史。讲好浙江行动：讲清楚浙江立足新发展阶段、贯彻新发展理念、构建新发展格局，推进数字化改革、科创高地建设、新时代文化浙江工程、新时代美丽浙江建设等重大任务的深远意义、工作成效；特别是要围绕高质量发展建设共同富裕示范区，讲清楚实现共同富裕的浙江方案、浙江路径、浙江成果。

任务明确之后，队伍建设就是推动工作的重要支撑。理论宣讲工作要更好地体现时代性、把握规律性、富于创造性，就要根据新任务、新要求，推动体制机制、方法手段、平台载体创新。

一要完善"一个系统"。建立理论宣讲工作激励创新、以赛促讲、评价考核、培训提升、服务保障等闭环管理体系，实现工作推进全要素统筹，理论宣讲典型、品牌发现、培育、总结、宣传工作全链条推进，对宣讲员的成长成才进行全周期管理。

二要建好"两大平台"。拓展线下平台，建立从镇街村社到机关大院、从高等院校到科研院所、从国有企业到大型民营企业、从行业协会到志愿服务团队、从为民办事之窗到对外宣介之窗的宣讲阵地。做强线上平台，打造宣讲团队和宣讲员"育、管、用、评"一体化的数字化改革应用场景，运用网络社交平台、短视频平台、学习平台、热门App，推出"云宣讲"，打造一批吸粉引流的宣讲网红达人。

三要建立"三项机制"。导师制——资深专家、宣讲名师"传帮带";结对制——推动高校与地方、机关与基层、国企和民企、省域结对帮扶地区理论宣讲团互学共建、互助提升;赛马制——每年举办宣讲大赛、微视频展播等活动。

四要应用"四种场景"。建立固定宣讲点、流动宣讲点、特色宣讲点、海外宣讲点,打造新时代理论宣讲阵地。

五要集成"五个资源库"。建立完善省级专家库、基层名师库、文献资料库、宣讲视频库、优秀教案库,推动宣讲资源"云"上集结、全省共享。

二、共富的愿景由"浙里"引航

守好"红色根脉",扛起历史使命。近年来,一场场别开生面的"共同富裕"主题宣讲在各个地市轮番上演。激情澎湃的演讲者,有来自党校、高校、社科研究机构的青年学者,也有来自不同地区的优秀青年宣讲员。他们围绕习近平总书记"七一"重要讲话精神和关于共同富裕的重要论述,结合省委十四届九次全会精神,着眼中国共产党的初心使命,就"什么是共同富裕""为什么要实现共同富裕""怎样实现共同富裕",深入宣讲习近平同志在浙江工作期间,在省域层面围绕推进共同富裕做出的一系列论述、进行的一系列探索。

他们深入宣讲浙江高质量发展建设共同富裕示范区的目标任务、实现路径和需要抓好的创新性突破性举措,引导广大青年深刻认识肩负的历史重任,把青春奋斗融入忠实践行"八八战略",奋力打造"重要窗口",争创社会主义现代化先行省,高质量发展建设共同富裕示范区的新征程。

(一)宣讲让共同富裕真实可感

"我从共同富裕是什么、为什么、怎么办三个方面向大家阐释了中华民族的共同富裕之梦。其实共同富裕并不是一蹴而就的,而是阶段性的,由普遍富裕出发,走向差别富裕、全面富裕,最终实现共建共享的大同社会。浙江省是充满机遇与希望的省份,湖州市是充满潜力与动力的城市。我们在实践与探索中不断前行,开拓创新,并且有目标、有方向、有动力地朝着共同富裕迈步。我们与千千万同胞一同前进,我们坚信人民有信仰,民族有希望,国家有力量!"这是来自湖州青年宣讲员周梦姣的声音。

一场场关于共同富裕的宣讲在群众心中渐渐扫清了奋斗征程中的迷雾，让共同富裕变得更加贴近群众，成为可以实现的现实。

浙江传媒学院的学生金瓯羽说："宣讲员李攀老师讲的'你所不知道的山区26县'和我的家乡息息相关，在和老师交流后，我发现尽管对家乡的一些问题弱项看得清楚，但并不是揭露就能解决，更多时候要多调研、多思考、多呈现，其实正向报道也能达到赋能的效果。之前我对共同富裕的理解仅停留在表面，感谢宣讲员老师们用翔实的例子让我真实触摸到了共同富裕之路。"

"使老有所终，壮有所用，幼有所长，矜、寡、孤、独、废疾者皆有所养，男有分，女有归。这是古人对大同社会的美好愿景，我认为，这恰恰也是共同富裕的美好写照。消除两极分化，达到普遍富裕上的差别富裕，是未来社会的必然结果。我十分荣幸，我的家乡浙江成了共同富裕的示范区！这对于我们来说，不仅是一项极大的肯定，也意味着我们要扛起这一项伟大的责任，为全国实现共同富裕先行探路！作为青年学子，我们应当不负学校培养、不负时代所托，不断奋斗，为实现共同富裕铺垫光明道路！"

金瓯羽又说："此次宣讲，让我对共同富裕有了更深刻的理解。我也对浙江成为共同富裕的先行者感到非常高兴！在过去，我通过新闻等途径关注国家关于共同富裕的政策。而现在，我深刻地认识到共同富裕并不是侃侃而谈，而是要落实到细节之处。作为有志青年，也作为国家未来的栋梁，我们要主动接住时代的接力棒，加入共同富裕的主战场，以青春之我、奋斗之我，为共同富裕的实现铺路架桥！"

（二）青年让共同富裕触手可及

青年因城市而聚，城市因青年而兴。党的二十大报告指出，"全党要把青年工作作为战略性工作来抓，用党的科学理论武装青年，用党的初心使命感召青年"[1]。赢得青年才能赢得未来，塑造青年才能塑造未来。从理论到实践，从宣

---

[1] 习近平：《高举中国特色社会主义伟大旗帜 为全面建设社会主义现代化国家而团结奋斗——在中国共产党第二十次全国代表大会上的报告》，北京：人民出版社，2022年，第71页。

讲到创造,衢州龙游做出了有益的探索。

近年来,衢州市委、市政府高度聚焦"推进青年发展型城市建设"这一命题,深入实施青年人口招引集聚工程、青年成长成才提升工程、青年青春活力迸发工程和青年品质生活提质工程,不断提升城市对青年的吸引力、凝聚力和承载力。而在8090新时代理论宣讲的发源地——龙游,青年理论宣讲显示了青春的磅礴力量。在深入开展基层理论宣讲的三年时光里,这支"草根"队伍赢得了一大批群众"粉丝",也吸引了全国各地的青年人才来到龙游。

2023年1月11日,中共龙游县委宣传部联合《凤凰生活》共同组织开展"在浙里,看见未来乡村"——8090中外青年对话第一季活动。来自加拿大、俄罗斯、格鲁吉亚、阿根廷、津巴布韦、韩国、孟加拉国等国的青年和龙游籍海外留学生、8090骨干宣讲员们走进溪口镇溪口村、小南海镇团石村、詹家镇浦山村,实地感受新时代美丽乡村建设的喜人成效,在宣讲互动中开展文化交流。就读于加州大学圣地亚哥分校的龙游籍留学生裴辰阳以"美丽乡村的变化看未来"为题,从自己的视角出发,以真实故事讲述家乡龙游发生的精彩蝶变。他说:"我在加州大学圣地亚哥分校就读时,曾听爷爷奶奶提起过老家的8090新时代理论宣讲团,对宣讲团有了初步的了解。现在有机会能成为宣讲团的一员,心情非常激动,也希望通过自己这个媒介向美国当地及世界各地的同学宣传好自己的家乡。"活动现场,这群外籍青年和龙游籍海外留学生共同组建了第97个分团——海外宣讲团。讲好中国故事成为这些青年宣讲员的共同愿景。

从最初的31人到如今的4000多人,从最初的1个小分队到如今的97个分团,在龙游,有高校博士生宣讲团、青年企业家宣讲团、"劳动者之歌"宣讲团、"巾帼"宣讲团、海外宣讲团……全县20多个特色青年宣讲团相继成立。这些特色宣讲团里有很多年轻的新龙游人。他们相继开发了"阵地式"宣讲、"课堂式"宣讲、"点单式"宣讲、"艺术式"宣讲、"组队式"宣讲、"云端式"宣讲、"蹲点式"宣讲等各式各样的宣讲形式。从中央到省、市,广大党员干部纷纷为这群有想法、有活力的青年"打call"、点赞。总结过去五年成就时,浙江省第十五次党代会报告指出，"8090和00后新时代理论宣讲品牌更加响亮"①。当"青年宣讲员"成为新时代广大青年最引以为傲的身份标识，"8090新时代理论宣讲"也就成为了凝聚人心、催人奋进的强大法宝。越来越多的年轻人被理论所吸引，加入到8090新时代理论宣讲的队伍中来，加入到创造城市美好未来的征程中来。

从青年宣讲为何能到青年创造？马克思说："理论一经掌握群众，也会变成物质力量。"②科学的理论是正确行动的先导，青年人在价值观念、政治思想和发展道路上的判断和选择，深刻影响着中国的长远发展。一大批担当有为的新时代青年对党的创新理论有了强烈的认同和深刻的理解，就可以更好地理解国家的政策，更好地分析和判断世界的发展变化趋势，就可以与城市更好地"双向奔赴"、同频共振。这样，城市建设和青年成长才能双向发力、相互融合，创造出美好未来。

城市有担当，青年有可为。龙游作为青年发展型城市，不仅要搭建青年创业舞台，更要创造条件，让青年拥有属于自己的舞台。龙游县作为8090新时代理论宣讲的源起之地，一直坚持以8090新时代理论宣讲工作为牵引，立足"青年发展型明珠城市"的建设目标，引领青年、激励青年、赢得青年，扎实推进青年思政教育、人才集聚、品质生活、发展活力、共创美好五大高地建设，驱动青年与龙游"双向奔赴"。在持续放大8090新时代理论宣讲品牌效应的同时，龙游县不断深化十万青年汇龙游行动，发出"一城十地百校千岗万人"青年人才招募令，打造青年"圆梦之城"。从常态化开展由年轻人主导的"青年创造季"活动，到建立青春联合会探索"研学＋乡村振兴"发展模式，再到开拓青年城市"第三空间"、优化"一老一小"普惠服务，龙游县致力于打造最优营商环境，让广大青年"心有所往"。

2014年，1989年出生的龙游小伙王阳返乡创业，开启了养羊之旅。在政府部门的支持下，羊舍四次升级改造，华丽转身为现代化农场。经过不断努力，截至2022年底，他创办的浙江弘洋牧业有限公司存栏湖羊有3500只，带动10多家

① 袁家军：《忠实践行"八八战略"　坚决做到"两个维护"　在高质量发展中奋力推进中国特色社会主义共同富裕先行和省域现代化先行——在中国共产党浙江省第十五次代表大会上的报告》，《浙江日报》2022年6月27日，第1版。
② 中共中央马克思恩格斯列宁斯大林著作编译局编译：《马克思恩格斯选集》（第一卷），北京：人民出版社，2012年，第9页。

农户养殖3000只羊,年产值达到600余万元,其中带动农户增收300余万元,唱响了新农人的田园牧歌。"我的爱,在龙游;有意义,不浪费。"这是"牧羊人"王阳的肺腑之言。"我愿意扎根在龙游,创业、结婚、生儿育女,可谓吾心安处是龙游。"从事幼教行业的龙游媳妇董钰雯娓娓道来。"贝尔的未来在龙游,贝尔的未来在青年。"贝尔轨道新一代"掌舵人"方津的话掷地有声……像这样的青年故事,在龙游比比皆是,它们出现在一次次掷地有声的理论宣讲中,传递给更多的人。

思想在交融,共识在凝聚,龙游与青年向着美好前进。数据显示,截至2022年底,龙游新增青年大学生8000余人,青年产业人才、高技能人才同比增长13%和40%,高新技术产业投资同比增长82.9%。如今,从产业工人到创二代企业家,从快递小哥到海外留学生,无数龙游青年在学中讲、讲中干,奋力投身共同富裕建设,成为青春探路的"先锋队"。

未来属于青年,希望在于青年。把促进青年全面发展摆在城市工作全局中更加重要的战略位置来抓,是深入贯彻落实习近平总书记关于青年工作重要思想的具体举措,也是适应新型城镇化趋势、推动青年发展型城市的必然选择。在2022年8月召开的中共龙游县委十二届二次全体(扩大)会议上,龙游旗帜鲜明地提出要探索建设青年发展型的明珠城市,"城市对青年更友好,青年让城市更美好"成为龙游的亮丽名片。下一步,龙游将继续以8090新时代理论宣讲工作为牵引,围绕青年发展,聚力塑造向上向美、创梦创富、宜居宜游、成长成才、共建共享的大场景;共享资源、抱团发展,强化创业扶持与技能培训,搭建"青年新联"平台和青创赛事,千方百计地为青年提供创业发展机会、开辟孵化空间;建好"龙游瀩"青年发展型县域建设主平台,鼓励青年群体主导策划、设计、创造全过程,构建青年心目中理想的空间形态、产业形态、社会形态,为青年尽情施展才华、创造价值搭建广阔舞台。相信通过全县上下和广大青年的共同努力,龙游将成为一座令人向往的青春之城、活力之都。

最激昂是少年志,最闪耀是追梦人。环看如今的姑蔑大地、三衢大地、之江大地、神州大地,在这片古老而神奇的热土上,一个个有志青年必将书写属于自己的新时代荣光。

小　结

　　一场发端于龙游、盛行于三衢大地的8090新时代理论宣讲,让党的创新理论飞入农家庭院、田间地头、学校企业。在浙江,青年理论宣讲的星星之火已成燎原之势,8090新时代理论宣讲正走出浙江、走向全国、面向世界,发出新时代的洪亮声音!

未 央

发现、挖掘、报道 8090 新时代理论宣讲团的经过和感想

怎么发现的

2019年4月7日，一个偶然的机会，我从一位龙游县委领导那里获知：浙江省首创的创新理论教育新模式——微型党课大赛，已连续开展10届，成为基层党员群众自我教育、凝心聚力的鲜活载体，发挥着凝聚基层党建力量、宣传党的创新理论的作用。因为连续10年参加省里的"微党课"比赛，龙游成立了一个8090新时代理论宣讲团。

闻讯，我顿时非常兴奋。认真学习习近平总书记在全国宣传思想工作会议上的讲话，让我感觉这个内容或许有重大的新闻价值和时代意义！

随后，我马上向衢州市委宣传部负责同志详细了解相关情况。他们站在一个更高的层面向我介绍了一些背景和情况。

在采访时任龙游县委书记张晓峰和县委副书记、县长祝建东时，我进一步了解到，在推进、推动党的理论武装工作创新发展中，龙游县委、县政府既要求年轻人特别是年轻干部先行一步、深学一层，也创造各种条件，支持年轻人，为年轻人特别是年轻干部成长成才搭建平台、创造机会。

随后，县委宣传部特意组织青年宣传团的几个骨干宣传员和县委党校的金敏军等指导、辅导老师们一起开座谈会。4月底，我向报社做了选题推荐报告。

时代意义是什么

习近平总书记强调："青年一代有理想、有本领、有担当，国家就有前途，民族就有希望。"习惯带着时代问题去思考、去发现典型的我，感觉这个8090新时代理论宣讲团具有重要的时代性、典型性和示范性！

大家都知道，一代人有一代人的使命！建党百年，有建党初期觉醒的一代，有红军长征不怕流血牺牲的一代，有八年全面抗战艰苦卓绝的一代，有建设新中国的一代，有改革开放以来勇于开拓创新的一代……他们无愧于先烈、无愧于中华民族、无愧于国家人民，为我们做出了表率！

但是，在中华民族迎来伟大复兴的今天，当接力棒交到我们今天这一代，尤其是8090这些年轻一代人的手上时，我们应该怎么办？我感觉8090新时代理论宣讲团的背后，蕴含着新青年在新时代的新觉醒。面对西方的围堵，面对错综复杂甚至是险恶的国际环境，我们需要新的觉醒、新的一代！而且，非常现实、非常紧迫！

2020年5月18日，《光明日报》第5版"红船初心特刊"，以整版推出《青春力量让创新理论飞入寻常百姓家》，立即引起强烈反响和广泛关注。这支年轻的新时代理论宣讲团通过群众喜闻乐见的形式，用年轻人的视角和表达方式在田间地头、街头巷尾宣讲，收获社会各界的纷纷点赞。

当天，时任浙江省委常委、宣传部部长朱国贤同志对报道做出批示。时任《光明日报》总编辑张政同志给我来电话说："要努力培养担当民族复兴大任的时代新人，这是习近平总书记反复强调的。当前，坚持马克思主义指导地位，用习近平新时代中国特色社会主义思想铸魂育人，把学习好、领会好、传播好、实践好习近平新时代中国特色社会主义思想作为思政课最好的教材、最重要的授课内容、最本质的要求，已经成为高校思政教育的普遍共识。但是，对于青年一代，特别是走出校门、走向社会、走上工作岗位的新时代青年，如何将习近平新时代中国特色社会主义思想作为立德修身、成才成长的行动指南，作为坚定理想、提升本领、推动工作、解决问题的重要法宝，变被动学、被动用为主动学、主动用，变组织学、组织用为自发学、自发用，变要我学、要我用为我要学、我要用，激发青年人思政学习内生动力，真学、真懂、真信、真用，仍然是一个需要不断创新推动的重大课题。"他认为，龙游县8090新时代理论宣讲团的年轻人从理论的"粉丝"成为"讲师"，把党课搬到村社广场、田间地头，用年轻人的话语为家乡代言，以青春力量让创新理论飞入寻常百姓家的探索、实践，很有意义。

根据张政同志的指示，5月下旬，我又赶赴龙游做进一步的跟踪采访。

如何做好"后半篇"文章

2020年6月13日,张政同志率《光明日报》调研组来衢州,对龙游县8090新时代理论宣讲团进行深入的调研。6月19日,我报以内参形式向中央呈送专报。

两天后,6月21日,习近平总书记对我们的专报做出了重要批示。王沪宁、黄坤明同志就贯彻总书记重要批示精神提出了明确要求。

根据浙江省委全会指示精神,结合衢州、龙游实际情况,6月28日,龙游8090新时代理论宣讲团通过调查问卷,反馈收集到的许多群众关心的问题。年轻的宣讲员们,又奔赴乡村、社区、企业,去讲好"本地事"、讲好"新鲜事"、讲好"国家事"。

7月21日,浙江全省新时代青年理论宣讲工作现场会在龙游县召开。

做好了"学"与"讲"的"前半篇"文章,如何再深化做好"用"与"做"的"后半篇"文章?在这个过程中,龙游县委有意识地给8090新时代理论宣讲团的骨干成员"压担子",通过导师帮带、个性化培养、定向挂职等方式,从宣讲团中培养选拔了一批有想法、有"说法"、有办法的青年干部。让他们在实际工作的项目推进中,在基层治理中,在干部使用中得到锻炼、磨炼、提拔和重用。

"根深叶茂,本固枝荣。如何在新的起点上更加有力地继续推动8090新时代理论宣讲,提升它的内涵,这一两年来,我们一直思考、探索、实践着。"龙游县委常委、宣传部部长李莉对我说,知所从来,思所将往,他们正在积极探索创新理论宣讲新模式,全面推动"8090"新时代理论宣讲工作迭代升级。

我欣喜地了解到:3年来,龙游县通过体制内外、党内党外、县内县外等人员招募,充实组建了新生代企业家、劳模工匠等体制外特色宣讲团,现已形成1个县团+97个分团的宣讲团架构。同时,通过"单位推荐、宣讲PK、新秀踢馆"等个性化方式,广泛吸纳各行业各领域优秀青年参与,这支队伍从最初的30多人发展到如今的4000多人。

为了充分调动体制内外宣讲员的积极性,龙游县全链条落实硬核保障机制,落实优秀宣讲员发展入党、晋升职称、晋升职级、提拔使用等"四优先"政策和关心关爱"八条措施",落实好体制外宣讲员人才奖励、评优评先等政策。

这是真正的重视和鼓励。3年来，龙游的宣讲员们列席理论中心组学习会、专题报告会等重要会议，在第一时间了解党委、政府重大决策部署。他们建立了百个青年研习小组，推行"一月一研学""一月一精品"等研习制度，全面提升理论素养。围绕中央、省、市、县重大会议、重大部署，每月撰写主题征稿，既练思维也练"笔头"。制定"十个一""十必讲"系列标准，进一步推进"8090"新时代理论宣讲规范化、体系化、精细化运作，积极打造可复制、可推广的青年宣讲标准体系，形成通用标准。总结好、宣传好青年理论宣讲创新实践经验，将相关工作经验总结出版，即本书《新时代青年理论宣讲的龙游实践》。

不务虚，只务实！我还欣喜地看到、了解到：龙游县8090新时代理论宣讲团在做好"学"与"讲"的"前半篇"文章的同时，也真正在深化探索做好"用"与"做"的"后半篇"文章。依托8090新时代青年理论宣讲研学中心、"8090"24小时有声书房和8090孵化基地构建起"一中心一书房两基地N场景"立体式研学体系。号召8090宣讲员们积极参与"八八战略"主题调研宣讲、采风实践等活动，深入工业强县、"双招双引"、项目攻坚等基层一线，在宣讲中强化思想淬炼、政治历练、实践锻炼、专业训练，加快提升能力素养。

到广场公园去！到车间去！到车站等群众聚集场所去！创立流动宣讲点和新时代文明实践中心，设立农村文化礼堂等固定宣讲点，龙游的新时代理论线下宣讲已经实现了常态化开展。"80后""90后"甚至"00后"的身影经常出现在理论快闪、流动宣讲、宣讲集市等活动中。他们围绕群众关心的急难愁盼问题进行答复，开展不同形式的宣讲。

龙游县还在思考、还在探索、还在深化、还在提升、还在推广。他们还紧扣数字化改革契机，谋划"8090＋"青年宣讲应用场景，构建"学、讲、用"的宣讲全链条体系。积极推动宣讲"走出去"，组织开展8090赴东西部协作县、山海协作地以及进高校、进外企等宣讲活动，2023年以来已"迎进来"40余批次。

迎接新时代、理解新时代、热爱新时代、拥抱新时代！时代呼唤、需要我们，新一代年轻人要有理想、有信仰、有活力、有追求！对此，我们充满期待、充满希望、充满信心！

《光明日报》浙江记者站原站长、高级记者 严红枫

2023年6月9日

附 录

1. 龙游县8090新时代理论宣讲工作迭代升级推进导图

龙游县8090新时代理

理论进万家、最后一公里

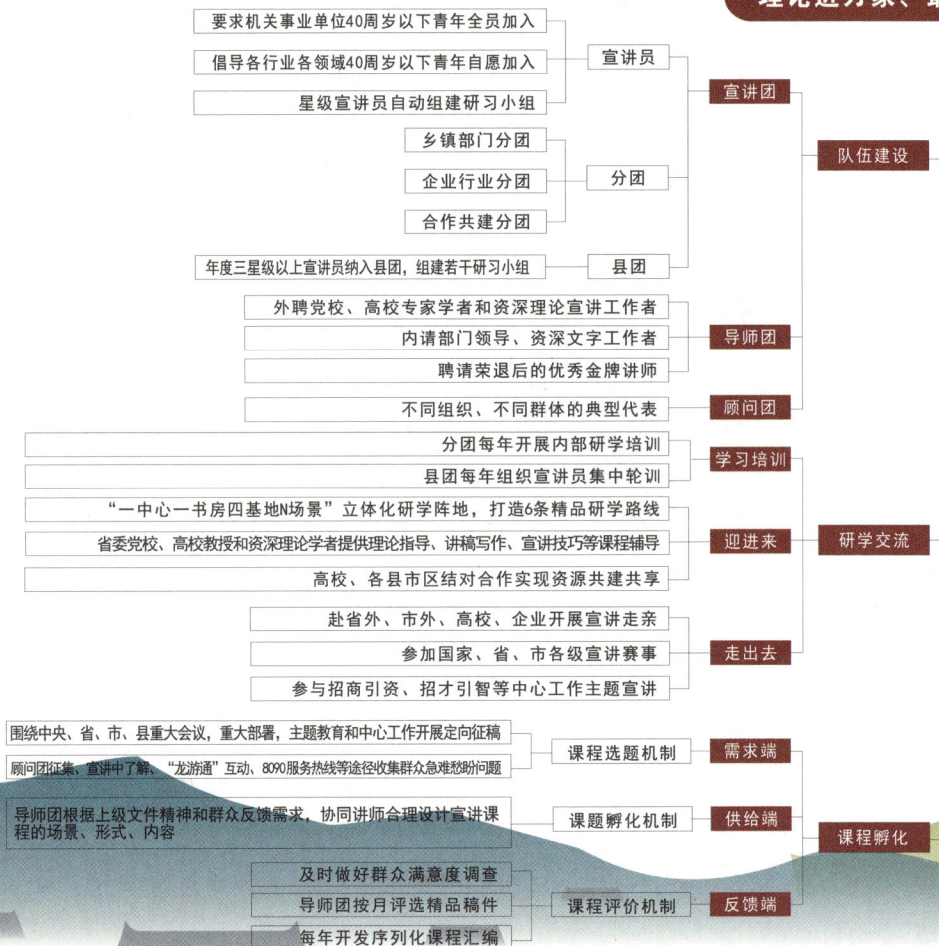

- 要求机关事业单位40周岁以下青年全员加入
- 倡导各行业各领域40周岁以下青年自愿加入
- 星级宣讲员自动组建研习小组 —— 宣讲员
- 乡镇部门分团
- 企业行业分团
- 合作共建分团 —— 分团
- 年度三星级以上宣讲员纳入县团，组建若干研习小组 —— 县团

→ 宣讲团 → 队伍建设

- 外聘党校、高校专家学者和资深理论宣讲工作者
- 内请部门领导、资深文字工作者
- 聘请荣退后的优秀金牌讲师 —— 导师团
- 不同组织、不同群体的典型代表 —— 顾问团

- 分团每年开展内部研学培训
- 县团每年组织宣讲员集中轮训 —— 学习培训
- "一中心一书房四基地N场景"立体化研学阵地，打造6条精品研学路线
- 省委党校、高校教授和资深理论学者提供理论指导、讲稿写作、宣讲技巧等课程辅导 —— 迎进来
- 高校、各县市区结对合作实现资源共建共享

→ 研学交流

- 赴省外、市外、高校、企业开展宣讲走亲
- 参加国家、省、市各级宣讲赛事 —— 走出去
- 参与招商引资、招才引智等中心工作主题宣讲

8090 新时代理论宣讲团

- 围绕中央、省、市、县重大会议，重大部署，主题教育和中心工作开展定向征稿
- 顾问团征集、宣讲中了解、"龙游通"互动、8090服务热线等途径收集群众急难愁盼问题 —— 课程选题机制 → 需求端

- 导师团根据上级文件精神和群众反馈需求，协同讲师合理设计宣讲课程的场景、形式、内容 —— 课题孵化机制 → 供给端 → 课程孵化

- 及时做好群众满意度调查
- 导师团按月评选精品稿件
- 每年开发序列化课程汇编 —— 课程评价机制 → 反馈端

青年理论宣讲

论宣讲工作迭代升级推进导图

群众路线、育时代新人

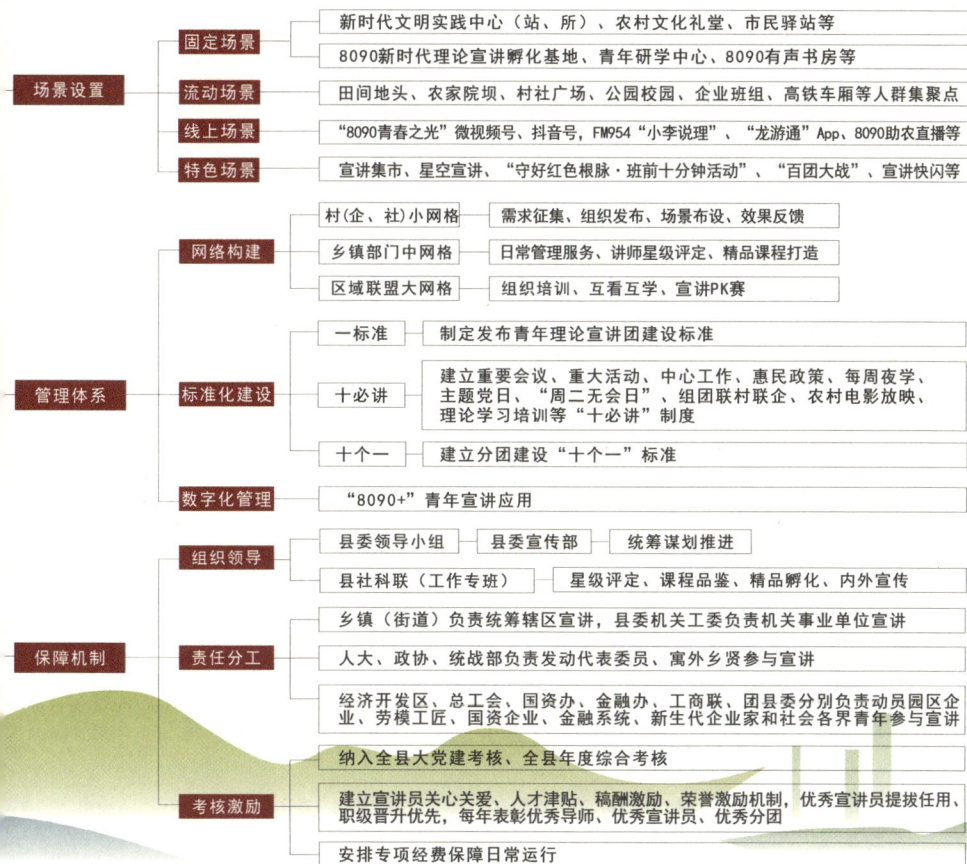

场景设置
- **固定场景**
  - 新时代文明实践中心（站、所）、农村文化礼堂、市民驿站等
  - 8090新时代理论宣讲孵化基地、青年研学中心、8090有声书房等
- **流动场景**：田间地头、农家院坝、村社广场、公园校园、企业班组、高铁车厢等人群集聚点
- **线上场景**："8090青春之光"微视频号、抖音号、FM954"小李说理"、"龙游通"App、8090助农直播等
- **特色场景**：宣讲集市、星空宣讲、"守好红色根脉·班前十分钟活动"、"百团大战"、宣讲快闪等

管理体系
- **网络构建**
  - 村(企、社)小网格：需求征集、组织发布、场景布设、效果反馈
  - 乡镇部门中网格：日常管理服务、讲师星级评定、精品课程打造
  - 区域联盟大网格：组织培训、互看互学、宣讲PK赛
- **标准化建设**
  - 一标准：制定发布青年理论宣讲团建设标准
  - 十必讲：建立重要会议、重大活动、中心工作、惠民政策、每周夜学、主题党日、"周二无会日"、组团联村联企、农村电影放映、理论学习培训等"十必讲"制度
  - 十个一：建立分团建设"十个一"标准
- **数字化管理**："8090+"青年宣讲应用

保障机制
- **组织领导**
  - 县委领导小组｜县委宣传部｜统筹谋划推进
  - 县社科联（工作专班）｜星级评定、课程品鉴、精品孵化、内外宣传
- **责任分工**
  - 乡镇（街道）负责统筹辖区宣讲，县委机关工委负责机关事业单位宣讲
  - 人大、政协、统战部负责发动代表委员、寓外乡贤参与宣讲
  - 经济开发区、总工会、国资办、金融办、工商联、团县委分别负责动员园区企业、劳模工匠、国资企业、金融系统、新生代企业家和社会各界青年参与宣讲
- **考核激励**
  - 纳入全县大党建考核、全县年度综合考核
  - 建立宣讲员关心关爱、人才津贴、稿酬激励、荣誉激励机制，优秀宣讲员提拔任用、职级晋升优先，每年表彰优秀导师、优秀宣讲员、优秀分团
  - 安排专项经费保障日常运行

的"龙游模式"

2. 浙江省衢州市地方标准《青年理论宣讲　第1部分：宣讲团建设》

ICS 03.080.99
CCS A 16

DB3308

浙 江 省 衢 州 市 地 方 标 准

DB 3308/T 133.1—2023

青年理论宣讲 第1部分：宣讲团建设

2023－06－25发布 　　　　　　　　　　　2023－07－25实施

衢州市市场监督管理局　　发 布

DB3308/T 133.1—2023

目 次

I

DB3308/T 133.1—2023

前 言

本标准按照GB/T 1.1—2020《标准化工作导则 第1部分：标准化文件的结构和起草规则》的规定起草。

本标准是DB3308/T 133《青年理论宣讲》的第1部分。DB3308/T 133已经发布了以下部分：

——第1部分：宣讲团建设；

——第2部分：数字化管理和服务。

请注意本标准的某些内容可能涉及专利。本标准的发布机构不承担识别专利的责任。

本标准由中国共产党衢州市委员会宣传部提出并归口。

本标准起草单位：中国共产党龙游县委员会宣传部、浙江省标准化研究院、中国共产党衢州市委员会宣传部、龙游县市场监督管理局。

本标准主要起草人：金敏军、江利良、朱宇翔、余子英、杨露、姜梅子、戴星、蒋伟、潘柳宁、姜素芸。

II

DB3308/T 133.1—2023

青年理论宣讲 第1部分：宣讲团建设

1　范围

本标准规定了青年理论宣讲团建设的术语和定义、基本要求、团队建设、文化建设、制度建设、阵地建设、课程建设、信息化建设、考核与评价。

本标准适用于青年理论宣讲团（以下简称"宣讲团"）的建设。

2　规范性引用文件

本标准没有规范性引用文件。

3　术语和定义

下列术语和定义适用于本标准。

3.1

青年理论宣讲团

在各级党委（党组）的统一领导下，由社会各类青年群体组成的，借助线上或线下两个阵地，采用形式多样的活动方式，向社会各阶层宣讲党的创新理论和党的路线、方针、政策等内容的团队。

4　基本要求

4.1　应组建理论宣讲专业师资队伍，鼓励和引导有识有志青年群体积极加入。

4.2　应健全理论宣讲各项规章制度，强化理论宣讲过程管理和考核评价。

4.3　应创新理论宣讲方式，运用数字技术手段，构建多维理论宣讲体系。

4.4　应全面总结理论宣讲做法经验，着力打造理论宣讲工作品牌。

5　团队建设

5.1　工作架构

5.1.1　在地方党委（党组）的统筹部署下，党政机关、企事业单位、社会团体等基层党组织组建宣讲团，负责组织策划理论宣讲活动、提供相关教育培训、开展理论研究和学习交流及对外宣传推广等工作。

5.1.2　根据宣讲工作和管理需要可采用总团、分团的层级管理模式，总团宜向社会团体登记管理机关登记报备。分团人数不少于3名，也可根据人数和实际需要联合组建分团或下设分队。

5.1.3　可设置团长、副团长、联络员等岗位，明确职责分工，任职人员由所在组织的党委（党组）任命、或选举后经党委（党组）确认。

5.2　队伍组成

1

5.2.1 宣讲员来源于党政机关、企事业单位、社会团体等组织内的青年及个人，通过单位推荐、公开招募或比赛遴选等方式确定，负责宣讲工作。

5.2.2 宣讲导师团从党校或高校的专家学者、行业专家以及具有一定实践经验的理论宣讲工作者中聘请，负责开展理论知识、宣讲技巧等方面的培训辅导；从民主党派、企业、青年团体协会、村社等组织以及"两代表一委员"、网评工作者、基层群众等群体中聘请，负责指导宣讲选题命题工作。

6 文化建设

6.1 形象标识

6.1.1 宣讲团名称统一设置为"衢州市 XX 青年理论宣讲团"，如有分团、分队时命名为"衢州市 XX 青年理论宣讲团 YY 分团 AA 分队"。

> 注："XX"代表衢州市下属某行政区域或某行业领域，"YY"代表党政机关、企事业单位、社会团体等组织，"AA"代表分团下设的分队序号，如第一、第二……

6.1.2 宣讲团的标识、团歌、团旗、团徽等应统一，并明确宣讲团的口号、宣言等。

6.2 空间文化

6.2.1 合理定位主基地空间的主题特色，规划设计办公空间、休息区、走廊、楼道等空间场景，结合空间功能适度增添标志性符号、经典性元素等装饰，或通过绘画、书法、摄影等艺术形式，创建内涵丰富的文化环境。

6.2.2 运用现代信息技术，突破静态展示限制，宜推动建设宣讲文化可视化、沉浸式的投影播放展示形式，或智能化交互式的宣讲体验环境，营造浓厚宣讲氛围引发群众共鸣。

6.3 培训

6.3.1 邀请导师团、顾问团或外部专家等，有计划地举办学习培训，增强宣讲员的理论知识文化素养、宣讲业务能力以及对宣讲团精神文化的感知和理解。

6.3.2 采取读书会、学习会、报告会、走访调研、宣讲比赛等方式，组织开展理论学习、实地考察交流等研学活动，建立宣讲员之间密切联系沟通的渠道，推动形成团队协作共享的学习氛围。

6.3.3 开展与兄弟城市、高校或分团之间等的横向交流宣讲活动，分享互通知识和经验。

6.4 仪式

举办宣讲团成立仪式、宣讲员荣退仪式等，强化团队建设增进凝聚力。

7 制度建设

7.1 人员管理制度

建立以下制度规范宣讲团的人员管理，包括但不限于：
a) 人员准入和退出制度；
b) 岗位职责管理制度；
c) 劳动报酬制度（宣讲课时报酬、稿费撰写报酬等）；
d) 培训管理制度；
e) 考核激励制度；
f) 廉政自律制度。

2

7.2　宣讲工作制度

建立以下制度规范理论宣讲的工作流程和质量的管理，包括但不限于：

a)　宣讲活动管理制度；
b)　宣讲课程管理制度；
c)　质量监督制度；
d)　信息管理制度；
e)　档案管理制度。

7.3　后勤保障制度

建立以下制度规范宣讲团对物资、经费等的管理，包括但不限于：

a)　设施设备管理制度；
b)　场所管理制度；
c)　财务管理制度。

8　阵地建设

8.1　线下阵地

8.1.1　主基地选址应综合考虑交通便利性、人员集聚性、周边环境等因素，场所面积宜不少于 500㎡，场所设置应符合：

a)　合理布局办公区、学习室、备课室、试讲间、直播间、宣讲区及展示区等功能区域，并配置各类办公、宣讲等所需设备；
b)　建筑外立面醒目位置悬挂宣讲团名称和标识，宜具备夜视功能；
c)　充分利用墙体、走廊、楼道等公共空间，展示宣讲团简介、发展历程、团队文化、宣讲员风采、宣讲经典案例、荣誉成果以及地域特色元素等。

8.1.2　宣讲分团宜结合地域文化特色和组织单位的优势条件，因地制宜地创建精致宣讲场景。

8.1.3　在新时代文明实践中心、农村文化礼堂等群众集聚、设施完善的室内室外场所，整合融入宣讲团的标识标牌、团旗团徽等元素设置为固定宣讲场所。亦可根据场地实际和活动开展需要，将公园凉亭、文化长廊、企业车间、车站、学校等设置为流动宣讲场所。

8.2　线上阵地

8.2.1　利用公共服务平台设置理论宣讲专栏、理论宣讲直播间等，开展线上理论宣讲。

8.2.2　通过社交网络平台推送短视频或音频等，开展微课直播理论宣讲。

9　课程建设

9.1　课程开发

9.1.1　根据中央、省、市重大会议重要精神和各级领导批示指示，结合当地中心工作，以及通过基层网格、宣讲现场、热线电话、线上平台等方式征集的群众对课程选题需求反馈，动态选取确定宣讲征稿主题。

9.1.2　组织宣讲员围绕征稿主题进行宣讲稿件创作，由导师团、顾问团进行研课指导，协同开发制作宣讲课程。

3

9.1.3 组织开展新课程试讲，持续推动课程在宣讲实践和稿件修改完善的双向循环中迭代优化。

9.2 宣讲策划

9.2.1 组织宣讲员、导师团、顾问团、宣讲参与群众等商讨确定不同主题课程的宣讲场景，设计选取适宜的宣讲语言表现形式，包括快板、三句半、朗诵、说唱等。

9.2.2 利用现代新媒体教学手段，配置与宣讲内容相关的情境（例如道具、场景等），构建具有吸引力和传播度的宣讲活动形式，包括情境式、文艺式、互动式、沉浸式等。

9.3 分级入库

9.3.1 建立宣讲课程库，对入库宣讲稿件按精品、优秀、普通进行评选后分级管理，评选要点可包括：

    a）与重要会议精神、时政热点、民众关切等主题的契合程度；

    b）具备的理论性、群众性、启迪性的教育指导作用程度；

    c）支撑性理论引用和分析的准确恰当程度；

    d）结构层次和内容逻辑的合理性程度；

    e）语言表达的说服力和感染力程度；

    f）具有一定原创性并能体现撰写人思想深度等。

9.3.2 按照党的思想理论、民生政策、历史人文、典型案例等内容不同对课程进行分类管理，围绕不同主题开发形成体系化序列化课程。

9.4 课程应用

9.4.1 将入库宣讲稿件汇编后予以公开发布，用于宣讲员开展宣讲活动。

9.4.2 精品稿件择优选取拍摄成视频在线上阵地予以发布，用于研习培训、线上宣讲等。

10 信息化建设

10.1 台账记录

10.1.1 建立理论宣讲工作台账记录，包括宣讲队伍名录、课程台账、宣讲活动记录等。

10.1.2 对文件资料、电子信息、信息存储载体（包括硬盘、光盘、磁性介质、U 盘等）进行分类存储管理，满足不同信息的查询使用便捷性和安全保密性需求。

10.1.3 明确台账记录的归档移交时限、查询调阅程序、保管期限及超期档案的销毁程序等内容。

10.2 信息与宣传

10.2.1 明确信息报送的内容、数量、时间节点等要求，规范信息报送工作。

10.2.2 依托报刊、杂志、电视台和新媒体开设专题专栏常态化刊发宣讲动态、特色亮点、精品文稿、理论文章等，利用户外大屏、广告牌和网络平台发布宣讲公益片和短视频等，线上线下联动营造理论宣讲浓厚氛围。

10.3 数字化应用

10.3.1 宜建设覆盖全市域的，适用于手机、电脑等终端的理论宣讲系统，与政务办公、社交网络等平台融合嵌入。

10.3.2 根据宣讲工作需要设置若干业务模块，为理论宣讲数字化管理和服务提供支撑。

10.3.3 开展理论宣讲系统的运维管理，保障系统运行和数据信息安全可靠。

4

11 考核与评价

11.1 宣讲团

11.1.1 制定宣讲团考核实施细则,内容包括宣讲团的建设和运行管理等方面,明确各项指标赋分规则。

11.1.2 根据工作情况或实际需要,可采取日常考核和年底考核相结合的方式。

11.1.3 考核结果纳入基层党组织党建工作考评中,作为县(区)、乡镇(街道)理论宣讲工作评优评先的重要依据。

11.2 宣讲员

11.2.1 建立宣讲员考评体系,包括个人能力素质、宣讲作品质量、研学和宣讲的活跃程度、宣讲效果、获奖情况等方面。

11.2.2 每年开展一次考核,程序包括个人自评、分团互评、总团评定、公开公示等。

11.2.3 考核结果采取排名位次或星级制等形式予以评价,对表现突出的优秀宣讲员通过身心关爱、荣誉奖励、晋升提拔等方式予以嘉奖,对违反宣讲团章程要求的宣讲员取消评优评先资格,对出现严重违法违纪行为的宣讲员予以劝退或除名。

5

3. 龙游县8090新时代理论宣讲工作事迹相关报道

浙江龙游有一支"8090"理论宣讲轻骑兵

2019-12-30 | 要闻　　　　来源：中国青年报客户端

中国青年报客户端讯（中国青年报·中国青年网记者 李剑平）12月28日，周六，5名"80后""90后"，围绕五个主题，给浙江广播电视大学龙游分校70多名学生讲了一场生动的党课。

"听得全、听得懂、听得进，这样的宣讲活动比单纯的理论知识更容易让人接受。"龙游分校学生陈塑说，年轻宣讲员结合党的十九届四中全会精神，以小切口反映大政策，以小故事讲好大发展，让现场学生入脑又入心。

龙游县委宣传部理论科副科长陈敏介绍，该县"8090"理论宣讲团为全县理论宣讲战

▲2019年12月30日，《中国青年报》客户端报道《浙江龙游有一支"8090"理论宣讲轻骑兵》

青春力量让创新理论飞入寻常百姓家

作者：本报记者 严红枫 陆健 本报通讯员 姜贤帅　　《光明日报》（2020年05月18日　05版）

"8090"理论宣讲团成员深入群众中间开展宣讲。　资料图片

▲2020年5月18日，《光明日报》专版报道《青春力量让创新理论飞入寻常百姓家》

青年人讲年轻话 国家事入百姓家（4）

新华社图片
2020-07-15 15:39　新华社图片新闻官方号　[关注]

新华社照片，衢州（浙江），2020年7月15日

青年人讲年轻话 国家事入百姓家

7月14日，在横山镇天池村，范磊、胡亦君夫妻在一次宣讲前就一个细节产生了争论。

◀2020年7月15日，新华社图片发布的《青年人讲年轻话 国家事入百姓家(4)》中选用了龙游县宣讲员的照片

▲ 2020 年 7 月 21 日，中国日报网发布《浙江："青年讲给青年听"成理论宣讲"新貌"》

▲2020 年 7 月 22 日，《光明日报》头版刊登《激发青年人讲好新时代新故事——浙江青年宣讲团用党的创新理论凝聚青春力量纪实》

让有信仰的年轻人讲信仰的故事——浙江青年宣讲团的"后浪潮音"

新华社　2020-08-05 15:28　新华社官方账号　　关注

新华社杭州8月5日电 题:让有信仰的年轻人讲信仰的故事——浙江青年宣讲团的"后浪潮音"

新华社记者魏董华、吴帅帅、李平

在浙江省衢州市龙游县,一位青年工程师正在分享一个关于小小轴承的大国重器故事;

在嘉兴南湖红船旁,一批青年师生用一出话剧"还原了一段峥嵘岁月;

在人迹罕至的罗布泊,一批"90后"浙大学子在寻找一种"马兰花"的精神……

他们是各行各业的"80后""90后",他们用小切口、身边事呈现大主题、大道理,他们既是新思想理念的"忠实粉丝",又是推动党的创新理论"飞入寻常百姓家"的"优秀讲师",他们正在用信仰的故事回应"时代之问"和"历史之问"。

人生如屋,信念如柱。在浙江,"青年讲给青年听"现象正蔚然成风,"后浪潮音"带着信仰的力量,在青年人中引发共鸣。

(小标题)青年人讲青年人听

透过办公室窗户,26岁的中浙高铁轴承有限公司员工张佩思每次都会被墙上的一句话激励——"大国重器,必须掌握在我们自己手里。"

▲2020年8月5日,新华社客户端发布《让有信仰的年轻人讲信仰的故事——浙江青年宣讲团的"后浪潮音"》

浙江龙游县8090新时代理论宣讲"百团大战"决赛打响

人民资讯　2020-12-17 15:35　人民科技官方账号　　关注

12月16日,"理论之光 等你哒放"浙江省龙游县8090新时代理论宣讲"百团大战"决赛打响,来自全县72个分团的912强选手入围决赛,巅峰对决。

龙游县"8090新时代理论宣讲团"成立于2019年9月,是一支由全县各行各业青年组成的理论宣讲队伍。现已形成了"1个总团+72个分团"的组织架构,宣讲员总人数达2050人。

▲2020年12月17日,人民资讯发布《浙江龙游县8090新时代理论宣讲"百团大战"决赛打响》

▲2021年1月4日,《学习时报》刊登《让宣讲的青春之声飞进群众心坎》

人民网
people.cn
人民网 >> 新疆频道

受衢州援疆指挥部邀请

龙游新时代理论宣讲团走进乌什

2021年01月07日16:55 来源：新疆日报　　　　　　　　分享到：

　　近日，龙游"8090新时代理论宣讲团"乌什宣讲报告会暨乌什县8090新时代理论宣讲月活动启动仪式在乌什县委党校举行。

　　浙江省衢州市龙游县"8090新时代理论宣讲团"组建于2019年9月，首批30余名成员来自当地参加"微党课"大赛的优秀选手。理论宣讲团又从全县各领域选拔和吸纳青年宣讲人才，截至目前，有骨干宣讲员115人、导师145人，累计开展宣讲5000余场次，现场受众14万多人次。他们通过群众喜闻乐见的形式，用年轻人的视角和表达方式在田间地头、街头巷尾宣讲，鼓励更多的年轻人去接触理论、学习理论、传播理论，为党的创新理论走向青年群体打通"最后一公里"。

◀2021年1月7日，人民网转载《新疆日报》的《龙游新时代理论宣讲团走进乌什》

铁路龙游地区团组织成立8090理论宣讲团

中国青年报　关注
2021-01-22 09:44·来自北京　原创

中国青年报客户端讯（中青报·中青网记者 李剑平）近日，铁路浙江龙游地区联合团总支暨8090新时代理论宣讲团铁路分团正式成立。杭州工务段团委书记吴浩存给大家宣讲了铁路发展史。

铁路浙江龙游地区联合团总支由中国铁路上海局集团有限公司杭州工务段、金华车务段、金华货运中心、杭州电务段、杭州供电段5家单位在龙游地区的车间班组青年团员共61人组成，设兼职团总支书记1名、副书记2名，总支委员2名，分别由车务、工务、电务、供电、货运专业青年担任。

由于铁路工作岗位的特殊性，大多数车间班组都分布在铁路沿线，部分驻地较为偏远，形成了点多、线广、难聚集开展活动的特点。青年职工所处的环境也较为封闭，长此以往易产生厌倦、对个人职业生涯产生迷茫，不利于青年成长成才。

针对实际情况，杭州工务段团委发挥团组织优势，贴近一线青工实际，打破传统壁垒，跨单位、跨系统开展融合强化团组织凝聚力、向心力，精准服务广大青年实际需求。通过成立联合团总支，将不同工种、原本分散的团员青年凝聚成一体。

◀2021年1月22日，《中国青年报》刊登《铁路龙游地区团组织成立8090理论宣讲团》

浙江龙游"8090"做防疫主播 引上万人次在线"围观"

2021-01-27 18:10:48

龙游县8090新时代理论宣讲团专题直播现场。吴森邦 摄

　　中新网浙江新闻1月27日电（黄金燕 罗意 吴森邦）日前，浙江省龙游县8090新时代理论宣讲团开展了一场特殊的理论宣讲专题直播，创新形式通过"龙游通"平台和"微龙游"抖音号同步直播，以青春力量助力疫情防控。短短半个小时的直播宣讲，共吸引了近2万人次观众收看。

　　"一个一，车让行人要牢记；二个一，烟头绝对不落地；三个一，自觉排队记心坎；四个一，'公筷公勺'成习惯……"在"龙游通"的8090新时代理论宣讲平台上，宣讲团的方能用一段轻松的快板将"龙游礼、八个一"的文明礼仪知识以及疫情防控"三个一"的内容娓娓道出。

◀2021年1月27日，中国新闻网发布《浙江龙游"8090"做防疫主播　引上万人次在线"围观"》

◄2021年6月23日,《人民日报》客户端发布《衢州市推进8090新时代理论宣讲工作,成效如何了?》

◄2021年11月23日,《人民日报》刊登《新时代文明实践中心试点工作成效显著——聚焦服务群众 弘扬时代新风》

◄2022年1月23日,《人民日报》客户端发布《牢记嘱托循足迹 龙游8090话未来》

学中干 干中讲 讲中学

——浙江龙游迭代升级新时代青年理论宣讲

作者：本报记者 陆 健 本报通讯员 求张锋 罗 意

《光明日报》（ 2022年06月12日　02版）

近日，一场名为"共同富裕·青年说"的宣讲赛在浙江衢州龙游县举行。比赛前半段为场景式，宣讲点就在楼树下、广场上、社区里。这场比赛与众不同的是，比赛的所有评委，是观众席上围坐着的村民和学生。

参赛者像在拉家常，谈理论、说政策、讲故事、答问题。讲的内容，既有通俗的理论解读，也有真切的"现身说法"，效果好得出人意料。

群众需要的，是真正的"声"入人心。龙游县紧紧围绕让党的创新理论"飞入寻常百姓家"这一课题，构建队伍、研学、课程、场景、管理、保障等宣讲"六大体系"，通过青年视野、青年思维、青年话语，让青年成为"学"的主角、"讲"的主力、"听"的主体，推动"8090"新时代理论宣讲工作迭代升级。目前，宣讲队伍从创办之初的31人增长至4000余人，累计组织宣讲活动1.2万场次。

孵化宣讲队伍，青春力量朝气蓬勃

▲2022年6月12日，《光明日报》刊登《学中干　干中讲　讲中学——浙江龙游迭代升级新时代青年理论宣讲》

浙江龙游"8090"，绽放青春之光！

2022-06-25 09:55:57　　浏览量：22.9万

来源：新华社

龙游传媒　　　　　　查看详情

播神青春

龙游8090新时代理论宣讲团

浙江龙游有这么一群人，他们走在时代的最前沿，传播的思想与时俱进，传递的正能量广泛而深刻；他们是党政精神的先锋队，是为人民服务的解读者，他们凝成了一股独特而又强大的力量，他们就是龙游县"8090新时代理论宣讲团"。

▲2022年6月25日，新华社发布《浙江龙游"8090"，绽放青春之光》

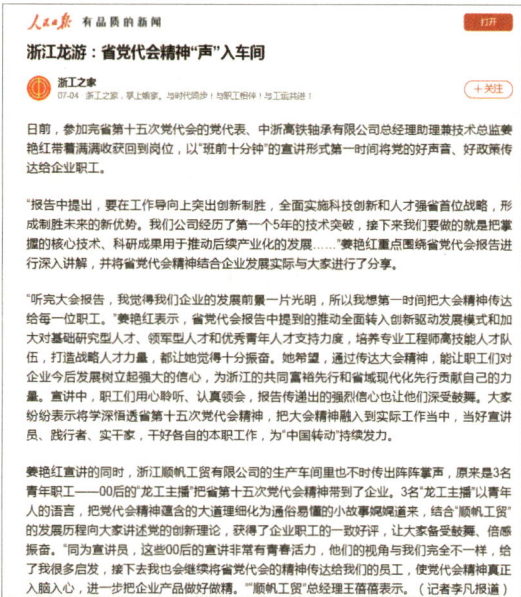

浙江龙游：省党代会精神"声"入车间

浙江之家

07-04 浙江之家，享上喽享。与时代同步，与职工相伴，与工匠共进！

日前，参加完省第十五次党代会的党代表、中洲高铁轴承有限公司总经理助理兼技术总监娄艳红带着满满收获回到岗位，以"班前十分钟"的宣讲形式第一时间将党的好声音、好政策传达给企业职工。

"报告中提出，要在工作导向上突出创新制胜，全面实施科技创新和人才强省首位战略，形成制胜未来的新优势。我们公司经历了第一个五年的技术突破，接下来我们要做的就是把掌握的核心技术、科研成果用于推动后续产业化的发展……"娄艳红重点围绕省党代会报告进行深入讲解，并将省党代会精神结合企业发展实际与大家进行了分享。

"听完大会报告，我觉得我们企业的发展前景一片光明，所以我想第一时间把大会精神传达给每一位职工。"娄艳红表示，省党代会报告中提到的推动全面转入创新驱动发展模式和加大对基础研究型人才、领军型人才和优秀青年人才支持力度，培养专业工程师高技能人才队伍，打造战略人才力量，都让她觉得十分振奋。她希望，通过传达大会精神，能让职工们对企业今后发展树立起强大的信心，为浙江的共同富裕先行和省域现代化先行贡献自己的力量。宣讲中，职工们用心聆听、认真领会，报告传递出的强烈信心也让他们深受鼓舞。大家纷纷表示将学深悟透省第十五次党代会精神，把大会精神融入到实际工作当中，当好宣讲员、践行者、实干家，干好各自的本职工作，为"中国转动"持续发力。

娄艳红宣讲的同时，浙江顺帆工贸有限公司的生产车间里也不时传出阵阵掌声，原来是3名青年职工——00后的龙工主播把省第十五次党代会精神带到了企业。3名"龙工主播"以青年人的语言，把党代会精神通俗的大道理细化为通俗易懂的小故事娓娓道来，结合"顺帆工贸"的发展历程向大家讲述党的创新理论，获得了企业职工的一致好评，让大家受益匪浅、倍感振奋。"同为宣讲员，这些00后的宣讲非常有青春活力，他们的视角与我们完全不一样，给了我很多启发，接下去我也会继续将省党代会的精神传达给我们的员工，使党代会精神真正入脑入心，进一步把企业产品做好做精。"顺帆工贸总经理王蓓蓓表示。（记者李凡报道）

▲2022年7月4日，《人民日报》客户端发布《浙江龙游：省党代会精神"声"入车间》

宣讲浙江省第十五次党代会精神，龙游"8090"巡回宣讲团出征

2022-07-08 21:01:08　　　　　　浏览量：32.4万
来源：新华社

龙游传媒　　　　　　　　　　查看详情 >

7月8日上午，浙江省龙游县举行"8090"省第十五次党代会精神巡回宣讲团出征仪式，"8090"新时代理论宣讲员奔赴田间地头、村社广场、车间工厂等开展党代会宣讲。

接过出征旗帜后，宣讲员们分别奔赴溪口未来乡村和溪口老街开展宣讲。"在共建共富的征程中，在'两个先行'的美好蓝图下，作为'8090'奋进的一代，传承创新、与时代同行，是我们的青春使命。"龙游

浙江推进青年理论宣讲 以青春力量传播党的声音

央广网
2020-07-22 09:14　央广网官方账号　　关注

浙江全省新时代青年理论宣讲工作现场会（央广记者 张国亮 摄）

央广网龙游7月22日消息（记者张国亮）浙江全省新时代青年理论宣讲工作现场会21日在衢州市龙游县召开。会议深入贯彻落实省委十四届七次全会精神，研究部署全面实施党的创新理论走心工程、推进全省青年理论宣讲工作。

▲2022年7月8日，新华社发布《宣讲浙江省第十五次党代会精神，龙游"8090"巡回宣讲团出征》

▲2022年7月22日，央广网发布《浙江推进青年理论宣讲　以青春力量传播党的声音》

中国网 浪潮新闻
china.com.cn
china.org.cn

English | Français | Deutsch | 日本語 | Русский

设为首页 | 加入收藏 | 手机版 | 邮箱登录 | 站点导航 | 梵华网 | 视讯中国 | 中国供应商 | 数字中国 | 联播 | 风采中国

最新原创　专题　新经济　曝光台　中国访谈　中国三分钟　冲浪特殊资产 潮评社

浙 江 淳 安

您的位置：首页 > 要闻 新闻详情

来自浙江基层的报告 | 文化铸魂，凝聚精神力量

发布时间2022-09-23 08:49:27

精神富有，是"共富"之魂。文化，正不断奏响精神富有的时代强音。

省第十五次党代会指出，浙江要在共同富裕中实现精神富有，在现代化先行中实现文化先行，要高水平推进文化强省建设，打造新时代文化高地。文化的强大辐射力，来源于人，作用于人。我们以浙江人的文化故事，揭开浙江城乡共富的幸福生活。

龙游县8090新时代理论宣讲团成员龙泽荣：

我和"8090"一起成长

我叫龙泽荣，出生于湖南，今年22岁，是一名00后。

▲2022年9月23日，中国网发布《来自浙江基层的报告 | 文化铸魂，凝聚精神力量》

◀2022 年 10 月 11 日,《人民日报》客户端发布《"奋进新时代"主题成就展图片选登》

◀2022 年 10 月 14 日,《人民日报》客户端发布《龙游县住房和城乡建设局进桥下小学宣讲活动》

◀2022 年 11 月 7 日,《人民法院报》刊登《宣讲团进乡村》

▲2022年12月9日,《光明日报》第7版刊登《聚青春力量 讲身边变化》

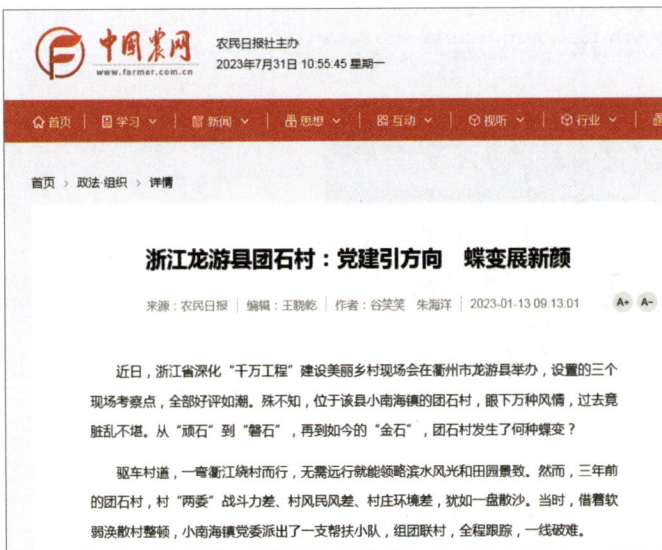

▲2023年1月13日,中国农网发布《浙江龙游县团石村:党建引方向 蝶变展新颜》

▲2023年1月16日，中国网发布《浙江龙游县8090中外青年对话第一季暨新时代理论宣讲团海外分团成立》

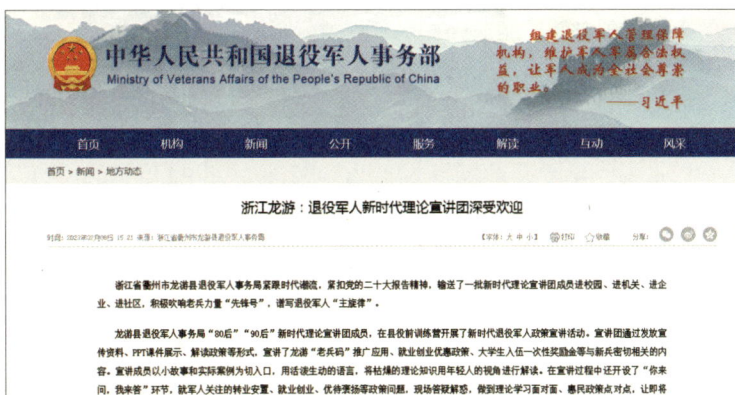

▲2023年2月8日，中华人民共和国退役军人事务部官网发布《浙江龙游：退役军人新时代理论宣讲团深受欢迎》

▲2023年4月12日，中国文明网发布《浙江龙游推动青年宣讲走出去》

新华全媒+|五四青年节：青春正当时 奋进不停歇

2023-05-04 17:52:03　　　　浏览量：151.4万
来源：新华社

新华全媒+　　　　　　　　　查看详情 ＞

有这样一些青年，青春是这样度过的：在乡村带动农民致富，在社区宣讲党的创新理论，在车间工厂钻研节能降耗，在职业学校为学生传授手艺，在实验室刷新医学影像分辨率极限，在体育赛场上拼尽全力……

有理想、敢担当、能吃苦、肯奋斗，他们用坚韧的奋斗，让青春闪光。

奋斗青春 与时代同频共振

"五一"假期，"90后"返乡创业青年梁祥会家的农家乐生意红火。梁祥会经营的农家乐位于广西百色市乐业县新化镇百坭村，也是"七一勋章"获得者黄文秀生前担

"钱不会从天上掉下来，咱们的发展靠的是啥？"5月1日，浙江龙游县詹家镇浦山村的一场理论宣讲活动中，8090新时代理论宣讲团成员陈昕正在宣讲《 "八八战略"到底是什么》。陈昕用当地人熟悉的春茶采摘、龙游商帮等例子，生动讲述了"八八战略"如何改变当地人的生活。

5月1日，浙江龙游县8090新时代理论宣讲团在詹家镇浦山村凤凰部落开展宣讲集市活动。新华社记者张璇 摄

8090新时代理论宣讲团是在浙江龙游县由各行各业"80后""90后"优秀青年组成的宣讲团，他们用年轻人的视角和表达方式，将党的创新理论讲解得生动有趣，飞入

▲2023年5月4日，新华社发布《五四青年节：青春正当时 奋进不停歇》

奋斗青春 与时代同频共振

"五一"假期，"90后"返乡创业青年梁祥会家的农家乐生意红火。梁祥会经营的农家乐位于广西百色市乐业县新化镇百坭村，也是"七一勋章"获得者黄文秀生前担任驻村第一书记的地方。受到黄文秀精神的感召，越来越多的年轻人来到这里，把青春投入乡村振兴建设。

出生于1994年的黄思露，和黄文秀同为广西百色的壮族女孩，2021年成为百坭村驻村工作队员。驻村两年来，她积极带动村里产业发展，帮助群众持续增收。

"只有向下沉淀，才能向上提升。乡村振兴离不开年轻人，要廉应时代之需，把个人的理想追求融入党和国家事业之中。"黄思露说。

到人民群众中去，到新时代新天地中去。与时代同频共振，成为当下很多青年人的主动选择和人生理想。无论是在基层社区，还是在课堂内外，都可观看青年奋斗的身影。

"钱不会从天上掉下来，咱们的发展靠的是啥？"5月1日，浙江龙游县詹家镇浦山村的一场理论宣讲活动中，8090新时代理论宣讲团成员陈昕正在宣讲《 "八八战略"到底是什么》。陈昕用当地人熟悉的春茶采摘、龙游商帮等例子，生动讲述了"八八战略"如何改变当地人的生活。

8090新时代理论宣讲团是在浙江龙游县由各行各业"80后""90后"优秀青年组成的宣讲团，他们用年轻人的视角和表达方式，将党的创新理论讲解得生动有趣，飞入寻常百姓家。

"党的创新理论是青年成长成才的最好养分，新时代的伟大征程是青年施展才干的广阔舞台。"宣讲团成员杨鑫说。

▲2023年5月5日，《光明日报》头版刊登《青春正当时 奋进不停歇》

▲2023年5月5日,《新华每日电讯》刊登《五四青年节:青春正当时,奋进不停歇》

▲2023年5月31日,"学习强国"学习平台发布《浙江省衢州市龙游县住房和城乡建设局开展垃圾分类主题活动》

▲2023年6月15日,人民论坛网发布《重构话语体系　重塑传播格局——以龙游县"8090"新时代理论宣讲工作的创新实践为例》

共话浙江美丽乡村

人民日报海外版 2023-06-15 00:00:01

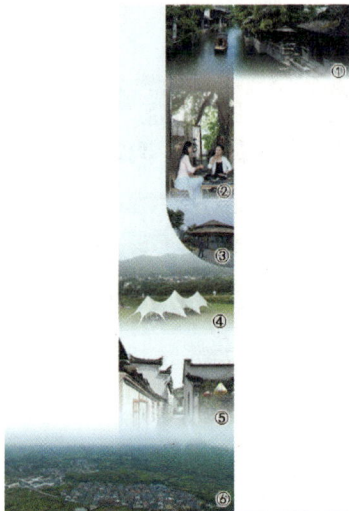

好家风滋润千家万户

■ 夏 冰 龙游县 新型婚育文化宣讲员

这几年，由于"千万工程"的推进，农村的婚育观发生了不小的变化。2022年11月30日，一场别开生面的集体婚礼在小南海镇团石村的龙游湖水上运动中心举行，6对新人身着华服，在众人的见证下举行了一场充满仪式感的集体婚礼，简单而隆重，喜庆而温馨。

就在今年3月份，县妇联联合县委宣传部、卫健局、计生协共同举办了"共富共美·龙有善育"新型婚育文化8090理论宣讲大赛。还没送完对集体婚礼羡慕的劲儿，我就作为一名宣讲员，走上台前，跟大家讲我和我老公的幸福秘籍。

今年是我和丈夫结婚十周年，在大家的眼中，我们是一个幸福美满的三口之家。总有人问我：家庭幸福的秘诀是什么？我想说，秘籍就是八个字："相互扶持，共同成长"。

▲2023年6月29日，《人民日报》海外版刊登《共话浙江美丽乡村》

新时代先锋｜凝心铸魂筑牢根本

2023-06-29 18:19:05
来源：新华社　　　　　　　　浏览量：50.8万

新华全媒+　　　　　　查看详情 ＞

一个理想崇高、志向远大的党，一旦掌握了科学的思想，就能够历经磨难而无往不胜。新时代中国共产党人坚持不懈用习近平新时代中国特色社会主义思想凝心铸魂，用党的创新理论统一思想、统一意志、统一行动，奔赴充满光荣和梦想的远征。

往昔已展千重锦，明朝更进百尺竿。新时代有这样一群人，他们在"学与讲"中坚定信仰、信念、信心，不断推动党的创新理论落地生根。

后浪潮音，为新时代发声。来自浙江衢州龙游县"8090新时代理论宣讲团"的青年们，探索以多种形式宣讲新时代党的创新理论。在村社广场、学校厂房……他们走进大众，用新思想影响更多的人。

▲2023年6月29日，新华社发布《新时代先锋｜凝心铸魂筑牢根本》

4. "8090青春之光"微信视频号二维码

扫描二维码，关注我的视频号

5. "龙游通"App二维码

6. 宣传片《播种青春》二维码

后　记

为迎接中国共产党第二十次全国代表大会，2022年2月，《新时代青年理论宣讲的龙游实践》编写计划正式启动。为保证这部书稿的写作任务顺利推进，课题组做了以下工作。

一是组建学术队伍，研讨书稿编写方案。课题组负责人李梦云教授牵头组建了由教授、博士和硕士研究生组成的科研团队，会同龙游县8090新时代理论宣讲工作领导小组和工作专班，数次召开研讨会和座谈会，围绕整部书稿的研究思路、总体框架、章节重点、写作风格等问题进行研讨，并明确人员分工、写作任务与时间进度。在课题研究和书稿撰写过程中，注重发挥龙游县8090新时代理论宣讲工作领导小组和工作专班的综合协调和保障优势，以保证课题的研究进度和书稿的撰写质量。

二是开展综合调研，搜集书稿写作资料。课题组通过理论研究和实践调研两种方式，尽可能详尽地搜集龙游县8090新时代理论宣讲团理论宣讲相关资料。其一，理论研究。课题组以图书、报纸、党中央与地方各级党委相关文件为基础，全面搜集关于宣讲团开展青年理论宣讲的时代背景、政策依据、工作方案、反响效果等方面的资料。对文献内容的分析进一步深化了课题组对龙游县青年理论宣讲的理论认知。其二，实践调研。课题组赴龙游县，在龙游县8090新时代理论宣讲工作领导小组和工作专班的支持和协调下，就宣讲团青年理论宣讲工作的开展情况进行实地调研，深入了解龙游县青年理论宣讲工作的开展动态。

三是建立案例数据库，丰富书稿案例。基于"龙游通"微信公众号及其他不同宣传媒体刊载的基层理论宣讲案例，建立龙游县及其他地区基层理论宣讲案例数据库。通过分析基层理论宣讲案例，更好地服务于书稿撰写工作，并为推广龙游县青年理论宣讲工作模式提供案例支撑。

自2022年3月以来，课题组共召开10余次编写会议，致力于扎实推动书稿写作工作,合力提升书稿撰写质量。经过多次研讨与反复打磨,至2022年10月,课题组完成书稿撰写工作,全书共计20余万字。

《新时代青年理论宣讲的龙游实践》是集体合作的成果,课题组负责人李梦云担任编委会主任,负责课题的规划设计、研究的学术指导、编写的统筹协调及书稿的统修定稿等工作。金敏军担任编委会副主任,负责课题调研的组织协调、书稿素材的审定、全书的统修校订等工作。本书的编写人员分工如下:王鹏负责前言、第一章,徐灿负责第二章,白树超负责第三章,吴雪妮负责第四章,聂冰清负责第五章,王楠负责第六章,孟洋负责第七章。龙游县8090新时代理论宣讲工作专班负责书稿素材的搜集整理和相关内容的校对修订工作,具体分工如下:金小燕负责前言、第一章,杨露负责第二章,周俞赟艳负责第三章,吴燊负责第四章,姜梅子负责第五章,蓝正伟负责第六章,何家豪负责第七章。同时,龙游县8090新时代理论宣讲工作专班的蒋爱军、倪嘉慧、徐愿、胡亦君等,为本书部分章节的修订做了诸多工作。

课题的研究与本书的出版工作,得到了中共浙江省委宣传部理论处与宣教处的精心指导和大力支持。长期以来,两部门对"李梦云理论宣讲名师工作室"和"浙江工商大学'星火'宣讲团"的工作给予了高度关注和帮助,对此,我们表示深深的感谢和崇高的敬意。课题的研究与本书的出版还得到中共龙游县委宣传部领导李莉、雷建春的大力支持。中共龙游县委办公室副主任钟宏亮、龙游县档案馆调研员黄国平等多次对书稿的撰写提出建设性意见。感谢浙江工商大学出版社金芳萍编辑对本书的悉心编辑与校对。同时,也要感谢浙江省新时代青年理论宣讲志愿者联盟、衢州市委宣传部在本书编写过程中给予的支持与帮助。本书的出版得到浙江工商大学马克思主义学院出版基金的部分资助,本书也是浙江工商大学中国化时代化马克思主义研究院科研团队取得的重要成果。由于团队组建时间紧迫、学术水平有限,书中的缺点错误在所难免,敬请包涵。在写作过程中,我们借鉴了部分相关研究成果,参考了大量文献资料,在此,我们对相关作者表示诚挚的谢意!

本书课题组

2024年3月